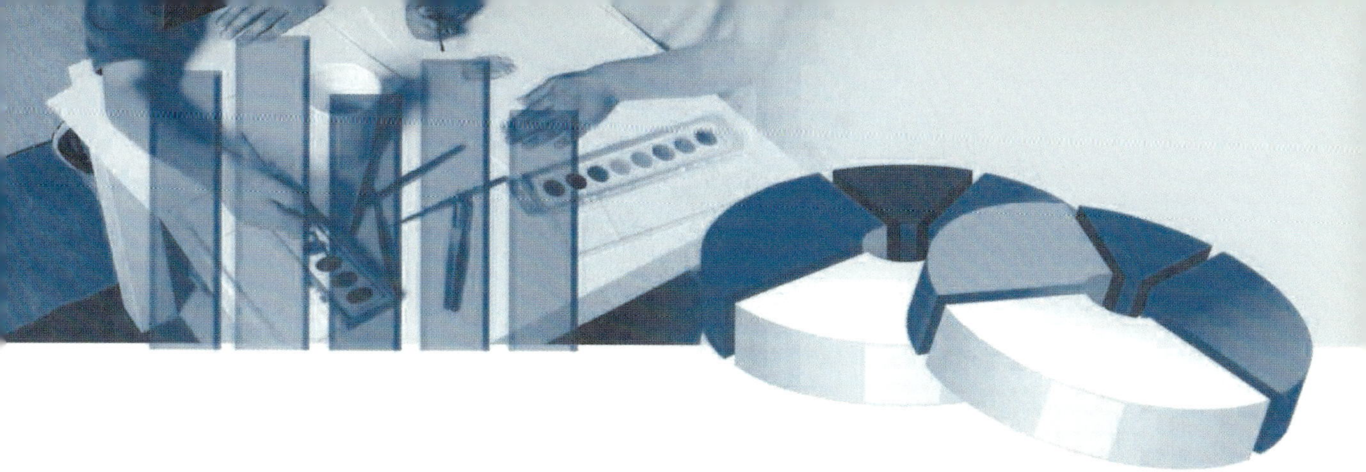

교육연구방법 및 통계

노석준 · 문승태 · 장선철 공저

동 문 사

머/리/말(Preface)

교육연구는 교육현장에서 나타나는 복잡한 현상을 파악하여 교육문제를 합리적이고 과학적으로 개선할 수 있도록 기초자료를 제공하고 새로운 이론을 정립하는 것을 목적으로 한다. 교육연구를 통하여 정립된 이론은 교육현상을 예측하고, 교육의 질을 향상하게 한다. 나아가 바람직한 교육결과를 얻기 위하여 노력하거나 바람직하지 않은 결과를 미연에 방지하기 위하여 통제나 처치를 가할 수 있게 한다.

이와 같이 교육연구는 교육현장에서 일어나는 교육적 현상을 기술하고, 설명하며, 나아가 예측과 통제까지 가능하게 한다.

그러나 이러한 교육연구가 객관성을 인정받고 학문적인 의사소통을 위해서는 반드시 일정한 틀과 기준에 의해서 이루어져야 한다. 이런 관점에서, 이 책은 교육연구를 보다 효율적이고 과학적으로 수행하기 위해 반드시 알아 두어야 할 '일정한 틀과 기준'을 실제의 이론과 예로서 알기 쉽게 설명하기 위해 집필되었다.

그동안 교육연구방법에 관한 많은 책들이 출판되었으나 이들 저서들은 공통적으로 연구수행의 과정, 자료를 처리하는 통계적 방법 등을 이론 중심으로 설명하고 있어 실제 적용에 한계가 있었다. 이런 한계를 극복하기 위해 이 책에서는 교육연구방법과 과정에 관한 이론 설명과 함께 연구보고서(논문) 작성의 예를 통계적 분석방법에 따라 부분별로 제시하였다.

현재 교육학, 심리학에서 널리 사용하고 있는 APA(American Psychological Association) 논문작성 원칙과 기본적인 연구방법의 실제를 기초로 집필한 이 책은 다양한 전공의 대학생, 대학원생이 교육연구방법 및 통계의 이론을 습득하고 실제 논문작성의 지침이 될 뿐만 아니라 초·중등학교 교사의 현장연구논문 작성을 위한 교재로 활용할 수 있을 것 이다.

이 책이 나오기까지 수고해 주신 모든 분과 어려운 여건 속에서도 기꺼이 출판을 맡아주신 이중수 사장님께 깊은 감사를 드린다.

2008년 3월

공저자 씀

차 례(Contents)

Part I 교육연구방법

1 Chapter 과학과 교육연구

1. 교육연구의 과학적 접근
2. 교육연구의 목적 및 필요성
3. 교육연구의 종류

"연구는 지식을 넓히기 위해 미해결 문제를 해결해 나가는 탐구 과정이다."

연구는 지식을 넓히기 위해 미해결 문제를 해결해 나가는 탐구 과정이다. 연구자들이 관심을 가지고 있는 문제는 다양한 현상으로, 교육연구는 교육에 대한 지적 호기심을 충족하기 위한 노력의 하나이다.

과학적 기반 위에서 본격적으로 교육현상과 학생의 발달에 대한 연구를 시작한 것은 19세기 후반부터였다. 교육현상을 연구하면서 교육활동의 결과인 '인간의 행동 변화'와 교육의 목표 수립에서 평가까지 '교육의 전체 과정'을 기술 · 설명 · 예측 · 통제할 수 있게 되었다.

1. 교육연구의 과학적 접근

1) 교육연구와 과학

연구(research)란 문제를 명백히 하거나 해결하기 위하여 여러 가지 방법을 사용하는 조심성 있고 비판적인 학문적 탐색이라고 말할 수 있다. 즉, 연구는 어떤 사실을 발견하거나 확인하기 위하여 체계적이고 과학적 방법(scientific method)을 사용하여 현상에 대한 실재적인 지식을 탐구하는 과정이다. 따라서 연구의 성격을 위해서는 '과학적'이라는 말의 의미를 명확하게 이해할 필요가 있다.

Thomas Kuhn(1962)은 과학은 지식의 발견이라고 하였으며, Dampier (1961)는 과학은 자연현상을 체계적으로 설명하는 지식이다.

Kerlinger(1973)는 과학과 상식의 차이를 5가지로 설명하고 있다. 첫째, 개념과 이론을 사용하는 방법의 차이이다. 둘째, 과학자는 자신의 이론과 가설을 체계적으로 설명하고 검증한다. 셋째, 과학자는 자기의 이론을 설명하기 위해 '통제'의 개념을 사용하지만 일반인은 관찰된 현상에 대해 체계적으로 통제하려고 하지 않는다. 넷째, 과학자는 어떤 현상을 설명하는 데 있어서 체계적인 태도를 보이지만 일반인은 관계를 의식적이며 체계적으로 설명하지 못한다. 마지막으로, 과학자는 관찰된 현상을 설명할 때 '추상적 설명'을 배제한다. 이상에서 간략히 살펴보았지만, 과학적 연구방법이란 지식을 추구하되, 어느 개인의 주관적 믿음이나 느낌의 영향을 받는 것이 아니라 검정 가능한 관찰과 실험에 의해 지식을 구하는 방법이다. 과학적 방법은 또한 객관적인 연구방법을 사용하여 연구자가 제시한 결론에 대하여 다른 사람들이 동의하게 하는 방법으로 결론에 도달하는 것이다. 과학적 방법은 검정 가능성을 보장하는 연구방법으로, 다른 사람들의 반복 연구가 가능하도록 연구절차와 과정이 상세히 공개되어야 한다.

2) 과학적 연구의 목적

연구목적은 교육현장에서 나타나는 현상을 파악하여 이론을 정립하는 데 있으며 이를 통해 교육의 제 문제를 합리적·과학적으로 개선할 수 있는 기초적인 자료를 제공할 뿐만 아니라 시대적인 변화에 적극적으로 대응할 수 있는 다양한 교육적 기법을 설명, 예언, 향상을 도모하고 있다. 즉, 연구를 통해 교육현장에 일어나는 사실들을 기술(記述)하고 묘사할 수 있으며, 더 나아 숨겨진 사실들을 가지고 교육현상을 설명하고 행정적인 개선을 도모할 수 있도록 창의적인 개선안을 제시하고 있다. 연구를 통하여 교육에 관한 정립된 이론에 의하여 어떤 사실을 예언할 수 있고, 교정 교육의 질을 향상시킬 수도 있으며, 어떤 이론에 근거하여 비람직한 교육결과를 얻기 위해 노력하거나 바람직하지 않은 결과를 미연에 방지하기 위해 통제나 처치를 가할 수도 있다.

이상과 같은 연구를 시도하는 의도나 결과의 활용을 예측하기 위한 규정된 과학적 연구의 목적은 현상을 기술(description), 설명(explanation), 예측(prediction), 통제(control)하려는 데 있다.

(1) **기술**(description)

과학적 탐구의 일차적 목표는 현상을 기술하는 데 있다. 현상을 기술하는 것은 설명이나 예측 전에 취해야 할 단계이며 가장 기초적인 지식을 제공한다. 교육연구에서는 보다 신뢰롭고 타당한 정보를 얻기 위하여, 많은 경우 측정 이론에 의해 개발된 표준화 검사나 조사도구의 활용 의존한다. 예를 들어, 교사의 교수행위를 정확히 기술하고 학생들의 학업성취 수준과 행동발달 수준을 정확히 측정하는 것은 교사의 교수행위와 학생들의 성취도와의 관계를 이해하는 데 필수적이다.

(2) **설명**(explanation)

기술이 '무엇'이라고 하는 내용과 사실에 초점을 두는 것이라면 설명이란 '왜'라는 의문에 답하는 것이다. '사과는 떨어진다', '아이의 장애가 심하다'는 식의 관찰 결과를 단순히 기술하는 것이 아니라 왜 그렇게 되는지 그 이유를 밝히고자 하는 것이다. 예를 들어, '부모의 애착은 자아정체감과 관련이 있다', '또래애착은 자아정체감과 관련이 있다'와 같이 연구자가 부모의 애착에 대한 이론적 배경을 통해 자아정체감과의 관련성을 기술할 수 있어야 한다. 이를 통해 연구자는 교육현상의 일단을 설명할 수 있다고 한다면, 그것은 현상을 기술할 수 있다는 의미도 되고, 현상의 결과를 예언할 수 있다는 말도 되며, 바람직한 개선책을 보여 줄 수 있음을 의미하기도 한다.

(3) **예측**(prediction)

두 가지의 현상들이 정확히 기술되었다면, 한 가지 현상을 다른 현상의 정보로 예측해 볼 수 있다. 설명이 이미 일어난 사건의 원인을 밝히기 위한 것인 반면, 예측은 특정한 사건이 발생하기에 앞서 다른 현상들로부터 그 사건을 이끌어 내는 것이다. 이는 교육연구에서 중요한 의미를 갖는데, 교육현장에서의 의사결정에 필요한 정보가 되기 때문이다. 예를 들어, 고등학교 3학년 학생들의 직업흥미검사를 통해서 미래의 진로만족도를 예측할 수 있음을 의미한다.

교육연구자들은 진로만족도 뿐만 아니라 수많은 예언형 연구를 수행함으로써 학교와 직장에서 학생의 흥미와 적성을 예언할 수 있다. 오늘날 기업체에서 입사시 직업흥미 검사, 다면적 인성검사(MMPI) 등을 통해 사원들의 성격·인성검사를 실시하는 것도 이러한 예측의 일환이라고 볼 수 있다.

(4) **통제**(control)

통제(control)란 처치변수를 조절(manage)한다는 것과 매개변수를 규제 혹은 고정(fixed)한다는 두 가지 의미를 포함하고 있다. 즉, 통제란 어떤 현상의 원인이나 필수적인 조건을 조작함으로써 인간의 힘으로 그 현상을 일어나게도 하고, 일어나지 않게도 하는 것을 의미한다. 이를 통해 다양한 현상들 사이의 인과 관계에 대한 정보를 얻을 수 있으나 통제를 하려면 필연적으로 가치판단을 하게 되므로, 일반적으로 통제는 과학의 영역을 벗어나 철학적·윤리적 문제를 야기하는 수가 많다. 흔히 과학은 가치 중립적이어야 한다고 주장하지만, 일반적으로 응용과학 분야에서는 과학적 탐구와 가치 문제를 완전히 분리시키기는 어렵다.

3) 과학적 연구의 과정

하나의 연구를 체계적으로 수행하기 위해서는 연구문제가 구체적으로 정의되어야 한다. 이 때 관련지식에 대한 충분힌 이론적 배경이 확인되고, 연구계획이 수립되어야 한다. 연구계획(research planing)은 이론(theory)과 관련된 선행연구에 근거한 연구문제를 해결하기 위한 연구방법과 절차를 포함한다.

체계적인 연구절차는 ① 문제발견, ② 문헌고찰, ③ 가설형성, ④ 연구설계, ⑤ 도구제작, ⑥ 실험·실천 자료수집, ⑦ 자료분석, ⑧ 결과평가, ⑨ 결과보고와 같은 9가지 단계로 구분된다(이종승, 1988).

한편, 체계적인 연구법은 '과학적 방법'에 의해 연구가 진행되어야 한다. 과학적인 연구법은 첫째, 문제가 되는 현상을 발견하고 그와 관련된 조건을 관찰하는 것이다. 둘째, 문제를 보다 명확하고 구체적으로 진술하거나 가설을 설정하는 것이다.

셋째, 연구설계를 구안하는 것이다. 연구설계에는 동원될 연구방법과 절차, 연구대상, 표집방법, 실험처치와 프로그램 시행, 측정도구와 자료수집방법, 자료분석 방법이 포함된다. 넷째, 연구계획을 시행한 후에 다양한 측정방법을 동원하여 자료를 수집하는 단계이다. 다섯째, 수집한 자료를 분석한 결과에 따라 가설을 검증하는 단계이다. 끝으로, 자료분석 결과에 기초한 결론을 도출하여, 이러한 결론들을 기존의 지식체계에 통합시키는 단계이다.

[그림 1-1]에 제시한 연구과정은 연구의 여러 요소와 단계를 체

계적으로 간결하게 조직하여 연구활동을 전체적으로 알기 쉽게 제시한 것이다. 과학적 연구의 방법과 절차를 나타내면 다음과 같이 6단계 과정으로 제시할 수 있다.

첫 번째 연구단계는 계획단계이다. 두 번째 단계는 다른 연구자들이 비슷한 문제를 어떻게 접근했는가에 관한 정보를 수집할 수 있다. 세 번째 단계는 연구문제를 설명할 수 있는 증거자료를 수집하는 단계이다. 자료수집단계에서는 계획단계에서 고려된 설계(연구대상, 측정변수와 도구, 프로그램 시행 또는 처치)에 따라 자료를 수집한다. 네 번째 단계는 자료수집단계에서 수집한 자료를 계획단계에서 정한 방법에 따라 분석하고 연구결과를 얻는 단계이다. 마지막 단계는 자료분석에서 얻은 결과에 기초하여 결론을 내리거나 일반화하는 과정이다. 연구결론은 계획단계에서 설정한 연구문제에 대한 해답이다.

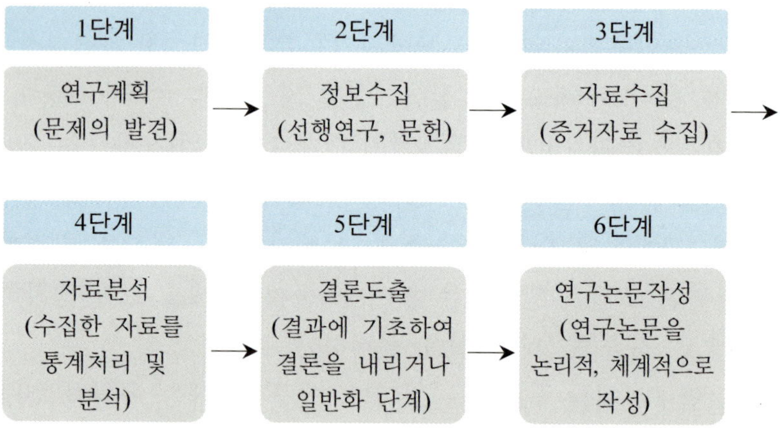

| 그림 1-1 | 연구의 과정

4) 과학적 연구의 한계

과학적 연구에서 연구자가 범할 수 있는 오류는 다음과 같다.

(1) 잘못된 자료의 수집

임의로 연구대상의 범위를 축소, 확대함으로써 부적절하고 부정확한 자료를 측정·수집하는 것, 또는 객관적이고 합리적인 기준에 의존하지 않고 주관적이고 감정적인 기준에 의하여 가설을 유도하고 자료를 수집하는 것이다.

흔히 연구자들의 오류를 보면 대학생들의 진로의식에 관한 연구를 하면서 연구자 임의로 확률적 표집에 의하지 않고 임의 표집으로 연구대상을 선정하면서 대학생들의 진로의식으로 착각하는 경우가 많다.

(2) 측정조사 범위의 성급한 축소 또는 폐쇄화

과학적 연구는 원래 인과분석을 주된 목표로 삼고 있기 때문에 가능한 국한된 변수만을 분석하려는 경향이 있다. 또한 경우에 따라서는 일정한 가설에 입각하여 입수 가능하고 다루기 용이한 변수만을 선택하는 경우도 있다. 따라서 어떤 연구를 막론하고 그 측정 및 분석범위에 있어 어느 정도의 임의적인 폐쇄성 문제가 수반될 가능성이 있다.

(3) 지나친 비약에 의한 일반화

몇 개의 한정된 경험적 사실 또는 특수한 예를 근거로 그와 직접적으로 관련되지 않은 일반적인 현상까지 확대하여 일반화하는 것을 말한다. 과학적 연구는 합리적인 일반법칙을 추구하지만 연구대상, 그에 따른 한정된 분석 수준과 정도를 무시한 채 무리하게 일반화를 시도해서는 안 된다.

(4) 특수사례의 무시

기존의 일반적인 연구경향, 신념, 태도 등에 치우쳐 그와 이탈되거나 상반되는 사실이나 사례들이 중요함에도 불구하고 그대로 무시하는 오류를 범할 수 있다. 이런 경향은 연구태도 및 시각의 보수성 또는 과거지향적 가설화를 초래한다.

(5) 비논리적 추리의 가능성

일반적 법칙이나 명제 등이 제시하는 논리적인 경향을 무시한 채 오히려 감정적이거나 운명론적 측면에서 예외적으로 특정한 사실의 가능성을 오히려 인정하려는 것을 말한다.

(6) 허위적 유추의 가능성

두 현상이 어떤 점에서 유사할 경우 그들 간에는 다른 점에 있어서 역시 유사할 가능성이 있다고 섣불리 판단하는 것을 말한다. 과학적 연구의 진행에 있어 허위적 유추를 범하는 경우가 없지 않다.

(7) 분석할 수 없는 잔여 부분의 신비적 속성

어떤 현상에는 일정 정도 이상은 연구자가 이해할 수도 밝힐 수도 없는 신비적 속성이 있을 수 있다. 따라서 연구현상이 갖는 설명 불가능한 신비적 잔여부분이 있다는 것을 인정하여 설명의 한정 또는 불완전성에 대해 겸손할 필요가 있다.

2. 교육연구의 목적 및 필요성

1) 교육연구의 목적

어떤 현상에 관련한 이론이나 교육에 관한 이론을 얻는 방법에는 다음과 같은 네 가지가 있다.

첫째, 상식에 의존한 방법이다. 상식은 이론에 근거한 것일 수도 있으나 대체로 자신의 선입견에 근거한 경우가 많다.

둘째, 권위에 의존한 방법이다. 교육과 관련된 문제에 대한 해답을 권위에 의해 찾으려는 것이다. 어떤 경우에는 유명한 이론가나 학자의 권위를 기초로 유용한 지식을 얻을 수 있는데, 이 때 권위자의 진술은 해당 전문 분야에서 공통적으로 인정받는 견해이어야 한다.

셋째, 경험과 직관에 의한 선험적 방법이다. 책, 세미나, 강의보다 개인적 경험이나 순간적인 주관적 느낌을 통해 지식을 얻는 방법이다. 이러한 경험은 실제적인 지식을 제공할 수는 있으나 특수한 상황에서의 개인적인 경험을 모든 이론과 교육 장면에 일반화하기가 어렵다.

넷째, 자기수정(self-correction)의 특성을 가지고 있는 과학적 방법이다. 과학적 방법에는 '객관성'이라는 점검기제가 있다. 이 기제는 개인적 편견, 가치관, 태도, 감정 등을 떠나 주어진 현상을 객관적으로 검토할 수 있게 해 준다. 나아가 과학은 증거에 의미를 두기 때문에 과학적 방법을 통하면 믿을 만한 지식을 얻을 수 있다.

교육에 관한 개인적 느낌과 직관에 의존하여 얻은 지식은 경험적인 자료를 통해 검증할 수 없기 때문에 타당한 지식의 원천이 되지 못한다. 결국 상식이나 권위 또는 직관 등에서 얻어진 지식만으로 교육문제를 해결한다는 것은 불가능하다. 따라서 과학적, 경험적으로 추출한 이론을 통해서만 타당한 지식을 제공할 수 있다.

교육연구는 과학적 방법을 사용하는 연구로서, 그 목적은 교육현상을 기술·설명·예측·통제하는 데 있다. 기술이란 어떤 현상에 대해 관찰한 사실들을 있는 그대로 기록하는 것으로, 현상에 관한 정보를 제공한다. 기술이 '무엇'에 대한 정보라면, 설명은 '왜'에 해당한다. 즉, 설명은 '왜 그와 같은 현상이 생기게 되었고, 그 원인은 무엇인가?'에 대해 말한다. 예측은 발견된 법칙을 이용하여 미래의 현상을 예언하는 것으로 연구에서의 가설을 의미하며, 통제는 어떤 현상의 원인을 조작함으로써 그 현상이 일어나게 하거나 혹은 일어나지 않게 하는 것이다.

연구자는 관찰된 현상의 원인을 찾기 위해 다양한 이론을 통해 가설을 세운다. 과학적 이론과 가설은 연구에 필요한 변인의 규정, 자료의 수집방법, 연구방법 등을 결정하는 지침이 된다. 예를 들어, '학생이 가정에서 경험한 욕구불만이 또래에 대한 공격성으로 나타날 것'이라고 가설을 세워 보자. 이러한 가설을 검증하기 위해서는 먼저 학생의 공격성을 측정해야 한다. 이는 교실이나 운동장에서 관찰하거나 교사나 친구들에게 그 정도를 평가하게 함으로써 측정할 수 있다. 가정에서의 욕구불만 경험은 '학생이 부모에게 얼마나 많은 벌을 받았는가?', '학생은 부모에게 얼마나 많은 거절을 경험했는가?'와 같이 부모와 학생간의 관계를 기술함으로써 평가할 수 있다. 욕구불만 경험이 공격성을 유발하는지를 검증하기 위해서는 공격성이 높은 학생이 낮은 학생보다 가정에서 겪는 욕구불만 경험이 많은지 혹은 적은지를 비교할 수 있다. 비교 결과 욕구불만 경험이 공격성을 유발하는 것으로 예측되었다면 공격성을 감소하거나 제거하기 위한 효과적인 조치, 지도방안을 강구할 수 있을 것이다.

이와 같이 교육연구는 교육현장에서 나타나는 복잡한 현상을 파악하여 교육문제를 합리적이고 과학적으로 개선할 수 있도록 기초자료를 제공함과 동시에 이론정립에 기여함을 목적으로 한다. 교육연구를 통하여 정립된 이론으로 어떤 사실을 예측할 수도 있고, 교육의 질을 향상시킬 수도 있을 것이며, 어떤 이론에 근거하여 바람직한 교육결과를 얻기 위하여 노력하거나 바람직하지 않은 결과를 미연에 방지하기 위하여 통제나 처치를 가할 수도 있다.

2) 교육연구의 필요성

교육연구의 필요성은 두 가지 측면에서 살펴볼 수 있다.

첫째는, 이론적 측면으로, 교육연구는 교육에 관한 과학적 지식을 제공하고 이론을 발전시키기 위해 필요하다. 교육에 관한 이론은 교육현상을 설명할 뿐만 아니라 그러한 현상이 왜 생겨났는지를 설명할 수 있는 원리를 포함하고 있기 때문에 앞으로 어떤 현상이 일어날 것인가를 예측할 수 있게 해 준다.

둘째로, 실제적 측면으로, 교육연구는 교사들이 교육현장을 보다 심층적으로 이해하여 학생을 효과적으로 지도하게 하기 위해 필요하다. 교육연구는 누가, 누구에게, 언제, 무엇을, 어떻게 상호작용할 것인가를 결정하는 이론적 배경을 제공한다.

이와 같이 교육의 효율성을 높이기 위한 노력으로서의 교육연구는 교육이론 형성을 위한 지식의 추구, 연구방법의 확장, 실제에 적용하기 위한 필요에 이르기까지 다양한 측면에서 요구되고 있다.

3. 교육연구의 종류

연구는 크게 질적 연구와 양적 연구로 나눌 수 있다. 질적 연구와 양적 연구는 연구방법론(research methodology)에서 차이가 난다. 연구방법론은 연구논리(research logic)와 연구기법(research technique)의 두 가지 측면을 포함한다. 연구논리란 한 연구의 이면에 전제되어 있으면서 그 연구를 지배하는 철학적 인식론을 말한다.

세상이 어떤 모습으로 존재하기 때문에 어떤 시각을 가지고 어떤 방법으로 연구해야 한다고 보는 인식이 다르면 연구의 방향과 과정이 전혀 달라진다. 흔히 질적 연구는 현상학적 인식론에 바탕을 두었으며, 양적 연구는 실증주의적 인식론에 바탕을 두었다(조용환, 2000).

일반적으로 질적 연구는 사례연구에 가장 적합하고, 양적 연구는 모집단 또는 표본집단으로 연구할 때 적합한 것으로 알려져 있다. 또한 양적 연구는 객관적이고 질적 연구는 주관적이라고 한다. 이러한 논리에 근거하여 실증주의적 인식론에 바탕을 둔 학자들은 질적 연구를 평가절하하기도 했다.

그러나 어느 특정한 인식론적 입장에서 양적 연구와 질적 연구가 양립할 수 없다거나 양적 연구가 질적 연구보다 우수하다든지 하는 논리는 적합하지 못하다. 왜냐하면 두 가지 연구방법 모두 교육연구의 발전에 크게 공헌하고 있기 때문이다.

1) 질적 연구

질적 연구(qualitative research)는 특정한 상황이나 장면에서 어떤 일이 일어나고 있는지에 대해 체계적이고 과학적인 방법으로 구체적인 모습을 파악하고자 하는 것으로, 관찰과 면접, 역사적인 자료분석 등에 의해서 언어적 논리적으로 서술하는 기법이다. 주로 통제(비교)집단 설정이 어려운 특수집단이나 지적 능력의 미발달, 양적 접근이 어려운 특수아, 유아, 비행청소년 등을 대상으로 관찰과 면접을 통해 과학적으로 접근하는 방법이며, 자료수집은 수치보다는 글이나 그림이고, 자료분석은 귀납적인 분석과 연구결과뿐만 아니라 과정을 매우 중요시한다.

1970년대에 들어서면서 학계에서는 질적 연구방법에 대해 본격적인 관심을 보이기 시작했는데, 이때부터 인류학, 여성학, 교육학, 사회학, 심리학, 간호학 분야에서 질적 방법을 이용한 연구가 등장하기 시작했다.

그 후 1980년대에 철학적, 존재론적, 인식론적 변화와 더불어 질적 연구의 본질과 예증적 가정을 제시하기 시작하면서 질적 연구방법의 이용이 증가하기 시작하였다(한국상담심리치료학회, 2001).

(1) 질적 연구의 의미

질적 연구는 양적 연구에 비해 특정 상황이나 장면 하에서 무엇이 일어나고 있는지에 대해 보다 전체적인 모습을 파악하고자 하는 것이다. 양적 연구가 객관적, 통계적, 가설검증적, 기술적인 측면을 강조하는 반면, 질적 연구는 주관적, 통찰, 발견, 해석에 중점을 두는 연구접근 방법이다. 즉, 질적 연구는 소수를 대상으로 특정 활동이나 상황의 상세한 측면을 관찰하고 설명한다.

(2) 질적 연구의 필요성

첫째, 임상심리학을 개선하거나 변화시키는 통찰력을 제공한다.

둘째, 질적 연구방법에 의해 개발된 이론은 실제 상황에 근거하였으므로 타당성이 높다.

셋째, 기존의 양적 검증을 위한 개념적인 틀을 제공한다.

넷째, 한국의 사회문화적 상황에 맞는 개념과 이론을 개발한다.

(3) 질적 연구의 특성

질적 연구와 양적 연구의 차이는 절대적이기보다는 상대적인 것으로서, 인간과 사물, 현상을 어떤 개념에서 다루는가에 달려 있다. 질적 연구의 특성은 '연구의 맥락'과 '현상의 맥락'을 최대한 일치시키고 있는 반면, 양적 연구는 두 가지 맥락을 분리한 채 연구를 진행한다.

질적 연구는 다음과 같은 특성을 가지고 있다.

[1] 자연적 설정과 인간도구화

모든 사물은 사람과 관련을 맺고 있다. 다시 말해서, 사람과 관계없는 사물은 사람에게 의미가 없다. 직접적이든 간접적이든 사물과 사람은 관계를 맺음으로써 그 사물은 비로소 존재한다. 질적 연구에서의 연구대상은 '사람'이다. 그러므로 질적 연구에서는 사물이나 현상의 맥락을 구성하는 사람들의 삶 속에서 그들의 논리와 언어를 통해 연구가 진행된다.

[2] 질적인 방법과 묵시적 지식의 이용

질적 연구는 자신이 잘 모르거나 낯선 현상을 연구의 대상으로 한다. 자신의 선입견이나 고정관념을 배제시키며, 학자들의 선행연구나 기존 이론을 응용하기를 꺼린다. 그러므로 질적 연구는 사회적 실체와 현상이 어떻게 해석, 이해되고 경험되거나 생성되는 것에 관심을 둔다.

3 귀납적 자료분석

자료의 분석과 설명방법이 복합성, 세부사항, 그리고 사회적 맥락을 이해하는 데 중점을 둔다. 질적 연구는 풍부하고, 상황적이며, 세부적인 자료를 통해 완벽한 이해를 바탕으로 이루어진다. 자료들은 현장기록, 녹음테이프, 관찰, 면담으로부터 수집된다.

4 기초를 둔 이론

질적 연구는 인식론을 적극적으로 지지하는 연구자들에 의해 평가절하되어 왔다. 그러나 Skinner(1953)에 의하면, 인간의 마음은 과학적인 방법으로 연구될 수 없는 '블랙 박스'라고 주장하였다. 인간의 내적 경험에 바탕을 둔 이론이다. 인간의 대화 분석에 뿌리를 둔 기초적 학문이다.

5 초점을 정한 범위

질적 연구에서 질문은 구체적으로 표현하고 어떤 현상으로부터 시작한다. 연구의 질문은 명확히 진술되어야 하며, 관련 사실로부터 나온 연구질문과 현상이다.

6 타당성과 신뢰성

질적 연구에서는 연구자의 의도대로 보고자 한 것을 관찰, 확인하는 과정을 기록한다. 연구자는 특정한 조사방법과 자료출처 과정도 밝힌다. 연구방법과 기법에 정확을 기해 타당성과 신뢰성을 확보한 학문이다. 특히, 질적 연구는 일반화가 어느 정도 가능하고 널리 동조받을 수 있는 사회적 설명을 만들어 낸다.

(4) 질적 연구의 유형

1 문화기술적 연구

① 개 요

주어진 문화의 특징과 그 특징에서 볼 수 있는 원형에 대한 직접적이고 집중적인 연구를 포함한다. 문화기술적 연구법은 처음 문화인류학자들에 의해 개발되었으며, 그 후 사회학과 심리학을 포함한 다른 학문의 연구자들에 의해 제작되었다. 초기의 문화기술적 교육연구는 비교적 소규모이고 동질적이며, 지리적 경계가 뚜렷한 연구현장에서 연구자가 현장에 장기간 체류하거나 반복적으로 거주하면서 포괄적인 참여관찰을 수행하는 전통적 방식이었으나, 최근에는 복잡다단한 대규모 문화체제의 일부 하위문화에 초점을 둔 연구가 증가하고 있다(조용환, 2000).

Norbro Shimahara(1988)는 문화기술적 연구의 특징을 다음과 같이 제시하고 있다.

첫째, 인간의 행동에서 문화의 원형을 발견하는 데 초점을 둔다. 문화기술적 연구를 통해 발견된 문화적 원형은 그 문화의 다른 구성원의 행동을 예측하고 설명하는 데 사용된다.

둘째, 문화의 구성원에 대한 언어, 문화현상 등을 분석하는 데 있어 기능면을 매우 중시한다.

셋째, 문화에 분명히 나타나 있는 자연 환경을 연구하는 데 초점을 두고 있다. 예를 들어, 교사가 학급관리에 대해 연구한다면, 교사와 학생 그리고 학급 내의 어떠한 사람이라도 행동을 주의 깊게 기록한다. 그런 다음 학급 내의 물리적 환경 등을 차례로 관찰한다.

문화기술적 연구는 인간과 사회의 제 현상에 대한 독특한 인식론적 관점을 가지고 있다.

② 문화기술적 연구법의 장점

첫째, 연구하려고 하는 현상, 대상, 지역에 대한 선행연구나 사선지식이 없을 때 유용하다.

둘째, 복잡하고 미묘한 사회적 관계 또는 상징적 상호작용이 거의 없을 때이다.

셋째, 소집단 또는 소규모 사회의 역동에 관한 총체적 연구에 유용하다.

넷째, 사건의 맥락과 흐름에 대한 심층적 이해를 하고자 하는 경우이다.

마지막으로, 현상 이면에 내재한 가치체계, 신념체계, 행위규칙, 적응전략 등의 파악에 유용하다.

③ 연구절차

문화기술적 연구는 연구문제를 선택하고, 자료를 수집하며, 자료를 분석하는 과정이 다른 연구에 비해 통합적이다. 통합적이라는 말은 공통적이고 형식적인 방법보다는 사회학, 기호학, 문학, 역사학, 정신분석학, 문화인류학 등 넓은 범위의 연구 전통에서 사용되었던 방법들을 사용함을 의미한다. 그러나 문화기술적 연구자들은 그러한 방법을 비판의 대상으로 삼는다. 일반적인 연구절차는 다음과 같다.

첫째, 연구하고자 하는 현상을 구명한다.

둘째, 연구대상을 선정한다.

셋째, 연구목적과 관계된 일반적 가설을 만든다.

넷째, 자료를 수집한다.

다섯째, 자료를 분석한다.

여섯째, 연구의 결론을 유도한다.

④ 문화기술적 연구의 예

- 대안학교의 가능성과 한계에 관한 문화기술적 연구
- 대학교육의 의미와 기능에 관한 문화기술적 연구
- 잠재적 교육과정에서 전수되는 태도나 습관에 관한 연구

2 역사연구

① 개요

역사연구는 과거에 대한 문헌을 찾아 분석하거나 해석한다. 또한 과거의 개인을 만나 과거에 어떤 국면이 있었는지 인터뷰 등을 통해 분석하여 미래에 전개될 현상을 역사에 비추어 예견한다. 즉, 과거에 발생한 사건과 행동을 기술, 설명, 이해하는 데 필요한 자료를 체계적으로 수집하고 평가한다.

② 목적

첫째, 과거의 성공과 실패를 일깨워준다.

둘째, 과거에 일어났던 사건이 현재의 문제를 해결하는 데 적용 가능하다면 그 해결방식을 살펴볼 수 있다.

셋째, 미래를 예측할 수 있다.

넷째, 사물과 인간, 인간과 인간 등의 관계와 경향에 대한 가설을 검증할 수 있다.

다섯째, 현재 시행되는 교육정책 등을 충분히 이해할 수 있다.

③ 역사연구의 절차

일반적으로 역사연구는 다음과 같은 절차에 의해 이루어진다.

첫째, 연구문제를 설정한다.

둘째, 역사적 자료를 수집한다.

셋째, 자료를 검증한다.

넷째, 자료를 종합한다.

다섯째, 자료를 분석·해석하고 결론을 유도한다.

④ 역사연구의 예(한국교원단체총연합회, 1999)

- 유신치하에서 어떠한 교육관계법령이 통과되었으며 그 목적은 무엇이었나?
- 교육세 징수 이후 교사들의 근무조건은 개신되었는가?
- 해방 이후 중등교원 수급정책은 어떻게 변천하였는가?

(5) 자료수집방법

질적 연구방법은 연구주체의 폭넓은 이해와 연구주체의 눈으로 상황을 본다. 자료수집과 분석은 심층면담과 관찰에 의존하고 있다.

1 질적 면접(인터뷰)

질적 면접은 심층적(in-depth), 반구조화된(semistructured) 그리고 느슨하게 구조화된(loosely structured) 형태의 면접을 지칭한다. 면접은 질적 연구에서 가장 널리 활용되는 조사방법이다.

질적 면접을 수행하기 위해 준비해야 할 질문은 첫째, 어떻게 질문을 할 것인가? 어떤 내용을 어떤 형태로 물을 것인가? 둘째, 이러한 주제들을 어떠한 깊이와 폭으로 다룰 것인가? 셋째, 다음에는 무엇을 질문할 것인가? 그리고 어떤 순서로 할 것인가? 등이다.

질적 면접을 참여자와 시행할 때는 첫째, 친구와 친밀히 비밀을 나누는 것과 유사하고, 둘째, 모든 정보를 존중하며, 셋째, 참여자가 인터뷰 장소를 선택할 수 있어야 하고, 넷째, 사소한 이야기로 시작하며, 다섯째, 작은 테이블을 사이에 두고 시행해야 한다.

질적 면접 과정이 끝나면, 그 면접의 결과를 자료로 전환해야 한다. 자료화된 내용들을 글로 표현해야 한다.

2 관찰

관찰(observation)은 '참여관찰(participant observation)'이라고도 하며, 연구자가 연구대상의 주변상황에 치중하여 내부적인 현장, 상호작용, 관계, 행위, 사건 등의 측면을 체계적으로 관찰하여 자료를 창출해 내는 방법을 말한다.

관찰을 위해서는 첫째, 연구대상의 위치, 주변상황이나 현장에 관해 어떻게 결정할 것인가? 둘째, 내가 관심을 갖는 것이 시간적·공간적으로 어디에 위치하는가? 셋째, 관찰대상에 어떻게 접근할 것인가? 넷째, 현장에서 관찰대상과의 관계를 어떻게 설정할 것인가? 끝으로, 관찰대상으로부터 어떻게 자료를 창출해 낼 것이며, 자료화시킬 것인가?에 대해 계획해야 한다.

3 문서(일대기, 일기, 사진, 편지, 공문서 등)

문서의 분석은 사회과학에서 많이 사용하는 방법이다. 문서로는 국회 입법자료, 회사의 보고서, 공문서, 법령집, 유언장, 회의록, 일기, 편지, 물품구매목록, 컴퓨터 파일, 신문과 잡지, 자서전 등이 있다.

문서를 자료화하는 데는 면접이나 관찰과는 달리 연구자가 반드시 사회적 상호작용에 개입해야 한다. 그래서 면접이나 관찰보다 쉬운 연구가 될 수 있다고 생각할 수 있다. 그러나 문서를 자료화하기 위해서는 자료출처의 본질에 대해 비판적 질문을 가지고 접근해야 한다.

문서를 자료화하기 위해 연구자는 첫째, 문서나 시각자료가 얼마나 정밀하고 풍부한가?, 둘째, 이들이 얼마나 완전한 설명이나 관점을 제공하는가?, 설득력을 지니기 위해 다른 형태의 자료나 정황정보가 필요한가?, 셋째, 이들이 누구에 의해, 누구를 위하여, 어떤 조건 하에서, 어떤 법칙과 관례에 따라 작성되거나 만들어졌는가? 이들이 어떤 용도로 사용되어 왔는가?, 끝으로, 이들이 모조품이 아니라 진짜인가? 이들이 신뢰할 수 있고 정확한 것인가?를 생각해 보아야 한다.

(6) 질적 연구의 평가기준

질적 연구 평가기준안을 제시하면 다음과 같다(한국상담심리치료학회, 2001).

① 연구 현상이 사람과 관련되어야 하며, 인간의 지식에 바탕을 두고, 구체적이고 명확하게 진술되었는가?

② 연구자는 독자로 하여금 선정된 주제의 필요성을 이해할 수 있도록 제시하였는가?

③ 연구목적이 명확히 표현되고 서술되었는가?

④ 연구질문이 구체적으로 표현되고 현상으로부터 시작되었는가?
⑤ 선입견, 편견, 가정들을 연구시작부터 구체적으로 확인하였는가?
⑥ 질적 연구방법과 일치하는 철학적인 삶을 교과서로부터 배우는 것과 더불어 경험이 많은 사람들로부터 테크닉과 방법 등을 진술하는 데 연구자의 자격이 있는가?
⑦ 연구가 이루어지고 있는 사회적 상황의 묘사는 연구주제의 경험의 의미를 발견하는 데 중요하며, 표본추출 과정의 유형과 대상이 어떻게 선택되었는지 잘 묘사했는가?
⑧ 자료수집 과정은 구체적으로 세밀하게 서술되어졌으며, 연구자는 연구대상자에게 어떻게 접근을 했는지, 자료수집의 방법, 자료수집인들의 훈련, 자료수집에 투자한 시간, 그리고 수집한 자료의 양을 잘 묘사했는가?
⑨ 자료들은 현장기록, 녹음테이프, 관찰, 면담으로부터 수집된 것으로 비롯되며, 연구자는 자료를 검토한 후에 공통적인 요소를 분류하기 시작하면서 추상화 단계에 이르는 과정을 서술했는가?
⑩ 연구대상자의 권리가 어떻게 보호되었고, 그 대상의 허락을 어떻게 받아냈는지도 포함되었는가?
⑪ 연구의 발견을 요약하면서 연구자는 연구에서 무엇을 성취했고, 무엇을 성취하지 않았는지를 토론하며, 연구 질문에 대한 대답이 있는가?
⑫ 연구자는 연구하고자 하는 현상과 관련된 학술적·비학술적 문헌고찰 내용을 통합하고 평론하여 서술하였는가?

(7) **교육연구의 예**

- 초등학교 교내 자율장학의 유형에 관한 연구
- 연구수업을 통해 이루어지는 교내 장학의 연구

• 유치원의 교육과정과 실제적 활동 양상
• 소외된 여중생에 대한 질적 연구
• 고등학생의 교우관계와 사제관계에 관한 질적 연구
• 일상생활의 이론과 비행청소년의 의식세계

2) 양적 연구

양적 연구(quantitative research)는 실증주의에 입각하여 다량의 객관적인 자료에 의존해서 실시하는 연구로 객관적인 절차에 따라 자료를 수집하여 통계적인 기법을 통해 실시하는 방법이다. 성태제(2000a)에 의하면, 양적 연구는 보다 통제된 상황에서 양적 자료에 의존한 연구이다. 양적 연구는 하나의 현실이 존재하고, 시간이 지나도 항상 동일하며, 현실에 관하여 과학적으로 이해해야 하고, 가장 중요한 것은 모든 일은 원인과 결과가 있다.

(1) 양적 연구의 절차

첫째, 가설을 설정한다.
둘째, 가설의 경험적 결과를 추론한다.
셋째, 실제 상황이나 비슷한 상황에서 발생하는 자료를 수집한다.
넷째, 수집된 자료를 분석하여 서술된 가설이 참인지 거짓인지를 밝힌다.

(2) 양적 연구의 특징

첫째, 설정된 문제와 가설을 설계된 방법에 따라 조사한다.
둘째, 연구 중에 발견되는 새로운 변수 또는 뜻밖의 변수에 대해서는 설명하지 않는다.
셋째, 연구대상에 따라 연구결과가 다르게 나타난다.
넷째, 양적 연구의 이론은 현장 바깥 학문세계에서 가져온다.

(3) 양적 연구의 유형

1 상관연구(correlation research)

① 개요

둘 또는 그 이상의 변수 사이에 하나 또는 그 이상의 관계를 조사하며, 독립된 하나의 연구방법으로 국한되기보다는 연구에서 수집한 자료들을 통계적으로 분석하고 해석하는 데 초점을 둔다. 즉, 어떤 모집단 또는 모집단에서 X가 Y와 관련이 있는지(그리고 그 정도가 어느 정도인지, 방향은 어떠한지)를 알아본다.

② 목적

상관연구는 인간 행동을 설명하거나 예측하기 위해 두 변인 간의 관계의 정도와 방향을 수학적인 용어로 표현한 것이다. 두 변인 간의 관계가 완전히 정적이라면 상관계수는 $r = 1.00$이 된다. 따라서 상관계수는 한 변인이 다른 변인에 관계하는 정도와 관계의 방향을 진술하는 방법이다. 두 변수간에 상관이 있다고 말할 때, 이는 그 두 변인이 관련이 있다거나 혹은 '함께 변한다'는 것을 의미한다(상관연구에서는 독립변인을 조작하지 않는다는 점에서 실험연구와 차이가 있다).

③ 교육연구의 예

- 진로의식 성숙과 사회 · 심리적 변인과의 관계
- 소년의 진로성숙과 관련변인과의 상관관계
- 지각된 부와 모의 가치, 부/모-자녀 간 정서적 친밀도 및 부/모의 과잉통제와 대학생의 소외감과의 관계
- 대학생의 스트레스와 정신건강과의 관련성

2 인과-비교연구(causal-comparative research)

① 개요

집단의 어떤 행동유형이나 성격 특성의 원인과 결과를 밝히는

연구로서 실험연구의 대안으로 수행된다.

② 장점

실험적 조작이 어렵거나 불가능한 상황에서 인과-비교연구를 할 수 있다. 또한, 한 가지 연구주제에서 많은 관계를 연구할 수 있다.

③ 교육연구의 예

- 초등학생의 부모-자녀 간의 애착도에 따른 진로성숙의 차이
- 여고생들의 성격 특성에 따른 스트레스 유형 차이 분석

3 조사연구(survey research)

① 개요

특정한 모집단의 구체적인 특성을 파악하기 위해 표본을 추출하여 자료를 수집한 후에 통계적인 방법을 통해 모집단의 특성을 기술, 설명, 추론하는 방법으로, 우편에 의한 질문지법, 직접전달 질문지법, 간접전달 질문지법 등이 있다. 또한, 면접법(interview)은 개인면접, 집단면접, 전화면접 등이 있다.

② 장점

조사연구는 다양한 표본집단을 선정할 수 있으므로 많은 정보를 수집할 수 있고 면접 등을 통해 특별한 관심이나 의미 있는 질문을 하여 많은 자료를 조사할 수 있다.

③ 교육연구의 예

- 농업교사들의 컴퓨터에 대한 태도, 지식, 사용실태 조사
- 비행청소년의 비행 위험요인과 보호요인 조사
- 7세 아동의 건강에 관한 태도, 행위 조사

4 실험연구(experimental design)

① 개요

특정한 변수에 직접 영향을 주려고 시도하는 연구로서, 인과관계

에 관한 가설을 실증적으로 검정할 수 있는 방법으로 독립변인을 조작하여 종속변인에 어느 정도 영향을 미치고 있는가를 증명하는 연구방법을 말한다.

실험연구는 연구의 체계성과 엄격성에 따라 실험설계(experimental design)와 준실험설계(quasi-experimental design)로 구분한다. 실험설계와 준실험설계의 가장 큰 차이점은 실험설계는 조건통제가 완벽한 상태에서 처치변수의 조절이 수월하고 매개변수가 철저하게 통제된 연구를 말하며, 준실험설계는 조건통제가 느슨하고 처치변수의 무작위할당(random assignment)이 철저하지 않은 실험연구를 말한다.

② 기본 특성

실험연구에서 통제란 매우 중요한 사항이다. 왜냐하면 실험조건의 통제여하와 실험의 타당성 사이에는 매우 밀접한 관련이 있기 때문이다. 조건의 통제가 제대로 되지 않은 실험연구는 연구에서 타당성을 잃게 된다.

③ 장점

변인을 조작하고 통제할 수 있어 연구결과에 의하여 인과분석을 할 수 있다.

④ 교육연구의 예

- 중학생의 학업성취를 향상시키기 위해 전통적 교수법과 ICT 교수법의 효과를 비교하는 연구
- 고등학교 운동선수들에게 실시한 1년 동안의 체력훈련 프로그램의 효과를 비교하는 연구

양적 연구와 질적 연구를 분야, 분류, 연구대상, 자료분석방법, 연구목적, 연구용어, 연구유형으로 비교하면 다음의 <표 1-1>과 같다.

표 1-1 양적 연구와 질적 연구의 비교

구 분	양적 연구	질적 연구
분야	• 자연과학	• 정신과학
분류	• 실증주의, 합리적 경험주의 • 객관적, 경험적, 연역적, 일반화	• 현상학, 역사학, 민속학 • 주관적, 총체적, 귀납적, 독특성
연구대상	• '자연의 대상', '사물' • 물체들이 움직이는 방식 • 대규모적, 임의적, 대표적	• '인간들' 즉, 의식을 가진 존재이자 세계속에 존재하는 방식의 '표현', '의미'있는 대상을 창조함으로써 세계안에서 그리고 세계에 합목적적으로 행위하는 존재 연구
자료분석	• 객관적인 관찰, 통제된 실험, 수학적 혹은 양적 측정	• 기술과 해석, 자기반성적 혹은 비판적 분석
연구분석	• 자연현상을 분류하거나 사물의 작용을 인과적으로 혹은 확률적으로 설명하려는 경향	• 인간의 삶은 이해의 대상 • 인간현상의 의미를 해석하거나 의미의 생생한 구조를 이해
용어	• 서술, 설명, 예측, 통제 • 가설검증(신뢰도/타당도 검증)	• 이해, 서술, 발견, 도구생성을 위한 기초 제공
유형	• 탐색, 서술, 상관관계, 유사실험, 실험연구	• 현상학적 접근, 사례연구, 근거이론, 문화기술, 연사연구

출처: 상담심리치료학회(2001). 2001년 상담 및 심리치료학회 통계연수자료.

박스기사 1

연구자를 위한 쓴소리

- 흥미로운 것 발견하기: 지도교수가 원하는 것이나 동기화할 수 있는 연구를 발견한다.
- 지도교수가 관심 있는 분야에 대하여 연구하기: 지도교수가 흥미 있는 분야에 대해 연구할 때 연구를 심화할 수 있고 조언받기가 수월하다.
- 연구주제를 가까운 곳에서 찾을 것: 연구자는 연구주제를 멀리 있는 곳에서 찾을 것이 아니라, 지역, 학교, 학생 등 가장 가까운 곳에서 발견한다.
- 현실적 문제를 연구의 주제로 선정한다.
- 시사성이 있는 문제를 연구의 주제로 선정한다.
- 노벨상을 받아야겠다는 막연한 기대보다는 실제적인 기대를 가지면서 연구를 진행한다.
- 연구는 졸업 후에도 계속 진행할 수 있도록 한다.

교육연구계획서

2

Chapter

1. 연구계획서의 중요성
2. 연구계획서의 구성요소
3. 연구계획에서의 유의사항
4. 인터넷 정보 검색

"연구계획이 정밀하게 이루어지면 이미 논문의 50%는 작성하였다고 해도 과언이 아니다."

1. 연구계획서의 중요성

연구계획서(research project proposal)는 대학이나 대학원 학생이 학위논문을 쓸 때 지도교수의 승인을 받기 위하여, 또는 대학에서 연구용으로, 또는 연구비의 신청에, 또는 정부나 연구자금 후원기관에 승인과 예산을 얻기 위해 쓰는 경우가 많다. 일반적으로 대학이나 대학원에서는 연구를 진행하기 전에 연구계획을 일정한 시기에 발표할 것을 요구하는 경우가 많으므로 연구계획서를 반드시 작성해야 한다.

물론 이러한 것과 관련 없이도 연구를 할 때는 전체적 윤곽의 파악, 일의 선후 및 진행상황 등을 면밀히 검토하기 위해 계획서의 작성은 반드시 필요하다.

어느 대학생이 여름방학의 일부를 여행으로 보내기로 한 경우를 가정해 보자. 며칠 동안 어디로 갈까? 가고 오는 도중에 또 어디를 들릴까? 목적지에서는 무엇을 할까? 교통편은 무엇으로 하고, 잠은 어디서 자며, 식사는 어떻게 할까? 누구와 같이 갈까? 등등의 문제에 대해 계획을 세운 여행과 그렇지 않은 여행에는 어떤 차이가 있을까?

물론 여행을 아무런 계획 없이 일시적인 충동으로 잠깐 다녀올 수도 있을 것이다. 그러나 이 경우는 여행을 많이 해 본 사람이 여행의 처음과 끝을 잘 알고 있기 때문에 할 수 있는 일이다. 세부적인 계획을 세우지 않더라도 호주머니 사정과 여행 경비, 내가 해야 할 일과 나에게 주어진 시간을 자연스럽게 조화를 이루게 하여 차질 없이 할 수 있는 경지에 도달한 사람들이다. 그러나 여행에 익숙하지 않은 사람은 가능한 세부계획을 세워야 한다.

한 편의 논문을 쓰는 경우도 이와 비슷하다. 연구계획이 정밀하게 이루어지면 이미 논문의 50%는 작성하였다해도 과언이 아니다. 따라서 연구계획에 충분한 시간을 할애하여 연구문제를 명확히 하고 연구과정에서 당면하게 될 문제점을 미리 예견하여 마련할 때 실제 연구의 진행은 쉽게 이루어진다.

연구계획서 작성의 구체적인 장점은 다음과 같다.

첫째, 연구계획서를 작성함으로써 연구문제와 연구진행 과정에 관하여 보다 조직적으로 사고할 수 있게 되어 연구계획에 있어서의 결점이나 불합리한 점을 사전에 쉽게 찾아내어 교정할 수 있게 된다.

둘째, 연구 진행에 앞서 필요한 자료의 수집과 진행 절차를 정확하게 인식하게 된다.

셋째, 지도교수 등 타인에게 연구계획에 관한 비평과 제안을 받고자 할 때 정확한 의사소통을 위한 기본적인 방편이 된다.

2. 연구계획서의 구성요소

연구계획서를 작성할 때 어떤 일정한 형식을 꼭 따라야 하는 것은 아니지만, 그러나 대체로 어떤 일반적인 체계를 따르는 것이 의사소통과 명료한 사고과정을 위해서 필요하다. 연구계획서 양식의 구성요소는 다음과 같다.

1) 연구제목

논문을 작성하기 위해 우선 결정해야 할 사항은 '무엇에 대해 쓸 것인가?' 즉, 주제를 정하는 일이다. 연구자가 개인적으로 관심과 흥미를 가져왔던 문제가 일차적으로 논문의 주제가 된다. 그러나 개인적 관심에서 출발하는 문제들은 적지 않은 위험성을 지니기 쉽다. 학계의 연구동향과 전혀 연관성이 없는 문제일 경우에는 자칫 극단적인 사적인 견해의 나열로 끝날 수 있기 때문이다. 이러한 점에서 주제를 정하는 데는 정해진 원칙이 있는 것이 아니라 연구자가 관심을 갖고 있는 분야의 문제를 연구주제로 선택해야 한다. 연구주제를 정하는 데 결정적인 역할을 하는 요인은 연구자의 상상력과 통찰력이다. 그러므로 연구주제를 선택하는 데는 많은 시간이 요구되며 다음과 같은 점을 신중히 고려해야 한다.

(1) **연구와 관련된 학회지, 책, 보고서 등 폭넓은 문헌고찰 과정 중에서 연구자는 아래와 같은 질문과 이에 대한 답을 생각해 보아야 한다.**

- 이러한 주제로 과거에 연구가 시행된 적이 있는가?
- 있다면 무엇이 밝혀졌고, 그 외에 공헌할 부분이 있는가?
- 연구자가 사용하고자 하는 방법론이 다른 연구자의 방법론과 비교해 볼 때 어떻게 다루는가?
- 이 연구문제는 중요한가? 혹은 더 중요한 연구문제가 있는가?

(2) 기존 이론에 기초한 연구

이론이란 잠정적으로 추정된 구조나 과정과 관련되어 관찰된 현상에 대한 설명이다. 이론 연구는 이론으로부터 끌어낸 가설을 검증하는 것이다. 그러므로 이론에 기초한 연구는 결과를 설명, 해석하는 데 합리적 근거를 제공해 줄 수 있는 장점이 있다.

(3) 이전 연구의 반복과 확장

연구주제를 정하는 또 다른 방법으로는 다른 연구자가 이미 조사한 문제를 반복, 확장하는 것으로, 그 예를 보면 다음과 같다.

- 비약적으로 발전한 연구결과를 확인하기 위한 연구
- 다른 모집단에서의 연구결과 타당도를 확인하기 위한 연구
- 시간의 흐름에 따른 변화와 경향을 확인하기 위한 연구
- 같은 연구주제에 다른 연구방법을 사용하여 나타난 중요한 결과들을 확인하기 위한 연구

(4) 연구제목 기술의 실제

① 가급적이면 독립변인과 종속변인을 함께 진술하는 것이 좋으며, 진술하는 순서는 독립변인을 먼저 기술하고 종속변인을 뒤에 기술하는 것이 바람직하다.

예) 부모-자녀 간의 애착이 자아정체감에 미치는 영향
(독립변인) (종속변인)

② 연구논문의 제목에는 가능한 '연구'라는 단어를 사용하지 않는 것이 바람직하다.

예) …에 관한 사례 연구, …에 관한 조사연구
…와 인과관계 연구, …에 관한 연구

③ 같은 단어가 두 번 중복되지 않는 것이 좋다.

예) 인문계 고등학생들의 진로의식과 진로지도에 관한 조사연구

2) 연구의 필요성

연구주제의 선정이유와 해당 주제의 해결 필요성 및 중요성에 대하여 기술한다. 나아가 지금까지의 연구동향과 연구를 함으로써 학문적으로 기여할 수 있다는 것을 명시한다. 또한, 연구의 목적과 함께 기술되는 경우도 많다. 연구의 필요성은 다음과 같은 점에 유의하여 기술하는 것이 좋다.

첫째, 연구주제의 선정이유와 해당 주제의 해결 필요성 및 그 중요성 등에 대해 기술한다. 이론적 필요성과 실제적 필요성으로 나누어 생각해본다.

둘째, 객관적인 근거를 기초로 하여 점차 자신의 주장을 기술함으로써 독자가 이 부분은 읽고 나서 '정말 이 연구는 해 볼 가치가 있었겠구나'라는 느낌이 들 수 있도록 미괄식 문장으로 작성한다.

셋째, 연구의 필요성에는 가급적이면 각주를 달거나 인용을 하지 않는 것이 좋다. 만일 다른 연구를 참고할 필요가 있을 경우에는 관련 문헌들을 충분히 소화한 후 연구자의 언어를 사용하여 진술하는 것이 좋다.

넷째, 서론의 초안을 작성하는 방법으로 우선 개조식으로 작성한 후 여기에 살을 붙이고, 그 다음에 전체적인 문맥을 고려하여 조정하는 것도 연구의 필요성을 작성하는 요령이다.

3) 연구목적

연구를 통해 알아내고 싶은 것, 또는 밝히고 싶은 것에 대해 분명하게 진술한다. 나아가 특정한 현상이나 사건에 대한 기술이나 설명을 하여야 하며, 새로운 것을 찾아내고 미래를 예측하는 목적이 되어야 한다. 연구의 목적과 문제를 같이 기술하는 경우도 많다.

4) 연구눈세 및 가설

연구문제란 연구에 있어 핵심이라 할 수 있고, 그 명칭 그대로 바로 연구자가 조사하기를 원하는 문제를 말한다. 연구문제 선정기준을 통해 면밀히 검토하고 선택한 연구문제는 적절한 형태로 재진술되어야 한다. 문제진술의 가장 중요한 특징은 연구의 방향과 핵심을 명백하게 드러내 줄 수 있어야 한다는 것이다. 연구문제를 질문형태로 진술할지의 여부는 연구자의 판단에 달려 있다. 만약 연구자가 의문문 형태가 유용한 것으로 판단한다면, 그것이 사용될 것이다. 실제적으로 어떤 유형으로 연구문제를 진술하느냐의 문제는 비교적 덜 중요하다. 그보다 더 중요한 것은 그 진술문이 정확하고 구체적이어서 연구문제에 대한 혼란이 없어야 한다는 것이다.

연구문제가 명확하게 선정되면 이를 구체적으로 검증하기 위한 가설(hypothesis)을 설정하게 된다. 모든 연구에서 이러한 가설이 필요한 것은 아니지만, 어떤 종류의 연구활동에 있어서도 가설은 중추적인 역할을 한다. 가설의 의미, 형성과정과 방법 등은 과학적 연구방법이 가지는 중요한 특징 중의 하나라고 할 수 있다. 연구가 단순히 어떤 현상을 기술하고 사실적 내용을 분석한 것이라면 가설을 설정하지 않을 수도 있겠지만, 설명이나 예측을 위한 연구에서는 가설을 필요로 한다.

5) 연구의 제한점

특별한 이유 없이 부제를 덧붙인 연구주제를 가끔 볼 수 있는데, 이것은 바람직하지 않다. 가급적이면 부제를 연구의 주제 안에 함축시키는 것이 좋으며, 주제에 포함시키지 못할 때는 연구의 제한점에 기술해 주면 된다. 이러한 제한점을 명시하는 것은 본 연구가 어느 집단이나 변인에 중점을 둔 것을 알 수 있게 되며, 연구를 진행함에 있어서 연구의 제한점을 밝힘으로 후속연구에 시사점을 제공할 수 있다.

6) 이론적 배경

이론적 배경은 크게 해당 연구주제와 유사한 선행논문들에 대한 고찰과 이 연구를 진행하는 데 이론적 바탕을 제공해 줄 수 있는 관련 문헌의 고찰로 구분할 수 있다. 이론적 배경은 해당 연구와 직접적으로 관련 있는 이론들로 구성하는 것이 바람직하다.

문헌연구의 경우에는 채택하고 있는 비평방식이나 접근방식의 장단점을 밝히고, 철학적 연구의 경우에는 연구주제와 관련된 현상을 어떤 철학적 관점에서 보려는지에 대해 밝힌다.

조사연구나 상관연구 혹은 실험연구의 경우 일반적으로 다음과 같은 내용들이 순차적으로 포함되는 것이 바람직하다.

첫째, 연구에서 독립변인과 종속변인으로 삼고자 하는 주요 변인들에 대해 논의한다.

둘째, 연구에서 독립변인과 종속변인의 관련성을 다양하게 제시한다.

셋째, 잠정적 결론의 암시를 통한 연구자의 주장을 논리적으로 제시한다.

넷째, 연구문제 및 가설의 도출이 예측되는 내용이 정리되어야 한다.

다섯째, 관심 연구주제와 관련된 선행연구의 동향을 정리한다.

7) 연구방법

우선 제시된 연구문제를 해결하기 위한 접근방법의 전반적인 설명이 필요하다. 즉, 연구방법과 절차, 문제해결의 주요전략과 기술에 대한 설명, 실험방안, 측정도구 및 연구진행 순서 등에 관한 상세한 기술이 필요하다. 때로는 어떤 특정한 연구방법을 적용하는 데 필요한 어떤 가정이 있으면 이를 명시해야 한다. 실험설계나 동원된 어떤 연구방법이 연구목적에 적합한지에 대한 정당성이 또한 제시되어야 한다.

그러나 위와 같은 전반적인 연구방법에 관한 진술과 더불어 연구의 성격과 필요에 따라 항목을 구체적으로 따로 설정하여 이를 명세화함으로써 연구방법의 타당성과 절차가 명료하게 인식되도록 해야 한다.

8) 기대되는 결과

연구결과가 어떻게 나타날 것으로 기대하는지에 대해 명시하고, 그에 따른 잠정적인 결론을 제시한다.

9) 참고문헌

연구주제에 관련된 글을 요약·정리한다. 국내문헌과 외국문헌으로 구분하여 정리한다. 국내문헌은 단행본, 학위논문, 기타 자료로 정리할 수 있다.

3. 연구계획에서의 유의사항

연구계획의 구성은 논문의 구성과 같다. 연구진행의 초기단계인 연구계획 단계는 연구의 진행과정 중에서 가장 중요한 단계이다. 따라서 이 단계에 가장 많은 시간과 노력을 경주하게 되고 때로는 실제의 연구진행 기간보다도 더 많은 시간을 차지할 수도 있다. 그러나 연구계획서를 작성하면서 너무 조급하게 생각하지 말고 충분한 시간과 여유를 가지고 작성해야 한다.

연구계획서는 간결하고 미래형으로 서술하는 반면, 연구논문은 부피가 늘어나고 과거형으로 서술하게 된다.

연구계획서를 작성할 때는 다음과 같은 점에 유의하여 작성한다.

첫째, 연구계획서의 분량은 5페이지 이내로 한다.

둘째, 연구계획서에는 어떤 연구가 시행될 것인지가 명확하게 제시되어야 한다. 계획서는 주제와 연구방법에 대한 틀을 제시하면서 지도교수와 연구의 내용에 대해 토론해 볼 수 있는 시발점이다.

셋째, 다른 연구자가 해당 연구를 모방할 수 있을 만큼의 세부

항목을 포함하여야 한다.

넷째, 연구계획서는 논문의 예비작품이다.

다섯째, 연구계획서는 연구자가 그 분야에 대해 정통하며, 관련 문헌을 다양하게 읽고 정리하여야 한다.

여섯째, 참고문헌은 연구계획서 마지막에 순서대로 잘 정리한다.

일곱째, 연구계획서를 작성할 때는 구두점 하나에도 신경을 써서 작성한다.

4. 인터넷 정보 검색

1) 국내 사이트 검색

(1) **네이버**: http://www.naver.com

- 검색명: [네이버: http://www.naver.com]
- 방법: 네이버 지식 정보를 활용하면 많은 검색 자료를 찾을

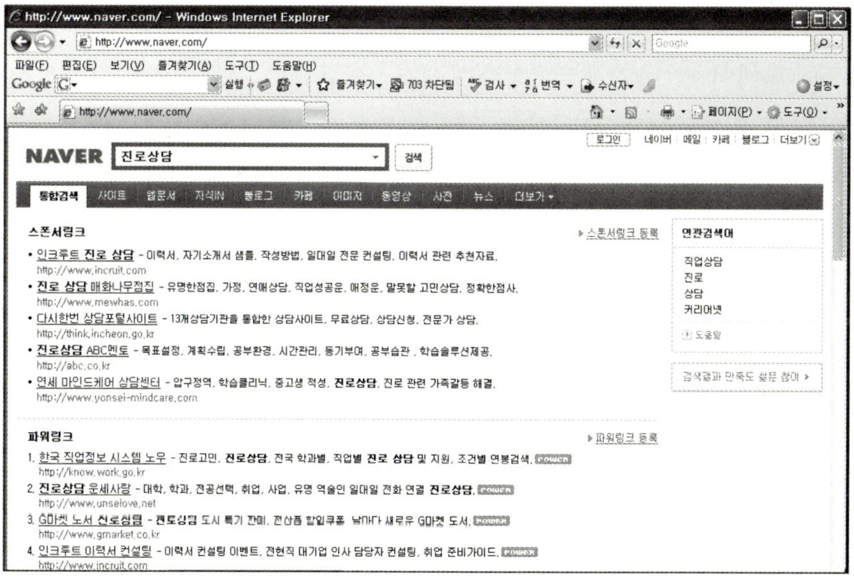

수 있다. 검색할 때 보면 검색할 단어를 입력하는 창 왼쪽에 '통합검색'이라고 쓰인 부분이 있다. 그 바로 옆의 아래쪽으로 향한 화살표를 누르면 '디렉토리', '지역정보' 등도 나온다. 이것은 자신이 찾고자 하는 자료의 속성 범위를 좁혀줌으로 검색을 더 편리하게 해준다. 스폰서 링크, 파워링크, 사이트, 지식iN, 블로그, 책, 카페, 뉴스, 이미지, 웹문서 등의 정보검색이 가능하다.

(2) **야후**: http://www.yahoo.co.kr

- 검색명: [야후: http://www.yahoo.co.kr]
- 방법: 야후에서 정보를 검색하는 방법은 두 가지이다. 하나는 초기화면에서 자신이 찾는 정보와 관련된 분야를 선택한 후 소항목 중에서 관련항목을 찾아나가는 일반검색 방법이 있고, 다른 하나는 검색어를 입력하는 난에 키워드를 입력해서 찾는 고급검색 방법이 있다. 야후에서 검색방법을 야후 코리아를 기준으로 설명한다.

1 일반검색

야후에서 일반검색은 대주제에서 소주제로 좁혀가며 검색하는 방법이 있다. 야후 코리아는 웹사이트들을 '엔터테이민트', '뉴스와 미디어' 등 총 14개의 대주제로 분류하고 있다. 링크된 모든 사이트들은 검색자에 의해 간단한 설명이 덧붙여져 있다. 순서대로 정리하면 다음과 같다.

① 통합검색란에 검색하고자 하는 용어를 쓴다.
② 웹사이트 관련 난이 나타난다.
③ 원하는 정보를 검색한다.

2 고급검색

야후의 홈페이지에서 [옵션]을 클릭 → 통합검색 칸에 '진로' and '상담' → 소주제 항목으로 이동한다.

연 산	내 용
AND	양쪽 핵심어를 모두 포함하는 카테고리, 웹사이트를 검색한다. 검색창에 입력하는 것이 아니라 화면의 메뉴에서 선택하여야 한다.
OR	양쪽 핵심어 중 하나라도 담고 있는 것을 검색한다. 그러나 양쪽 모두를 담고 있는 검색결과가 우선적으로 출력된다.
+	반드시 포함되어야 하는 검색어를 지정한다.
−	반드시 제외되어야 하는 검색어를 지정한다.
" "	따옴표로 둘러싼 문구와 정확히 일치하는 것만을 검색한다. 따옴표가 없다면 각각의 단어에 대해 모두 검색한다.

출처: 고려대학교 출판부. **새로운 논문작성법**, p. 31.

(3) **알타비스타**: http://www.altavista.com

- 검색명: [알타비스타: http://www.altavista.com]
- 방법: 가장 방대한 자료를 가지고 있는 알타비스타는 2바이트 코드에 의한 검색을 수행하기 때문에 한국, 일본어 등으로 검색이 가능하다. 정보를 검색하는 방법은 야후에서와 같이 일반검색과 연산자를 이용하는 고급검색이 있다.

1 일반검색

일반검색에서는 첫째, 검색하고자 하는 키워드 앞에는 + 기호를 붙이며, 이 때 기호와 단어는 반드시 붙여쓴다. 둘째, 꼭 제외되어야 하는 키워드 앞에는 − 기호를 붙인다. 셋째, 키워드를 띄어 쓰는 경우에는 OR 연산자에 의해 검색한다. 넷째, * 기호를 이용해 키워드와 유사한 형태의 단어를 검색할 수도 있다.

2 고급검색

일반검색에서 사용하는 검색명령은 모두 사용할 수 있으며, and, or, not 등 같은 연산자를 이용할 수 있다.

연 산	내 용
AND	AND 앞뒤의 단어가 모두 포함된 정보를 찾아준다. & 기호로 대치할 수 있다.
OR	OR 앞뒤의 단어 중 하나라도 포함되어 있는 정보를 찾아준다. | 기호로 대치할 수 있다.
NOT	NOT 앞의 단어가 들어있는 정보 중에서 NOT뒤의 단어는 포함하지 않는 정보를 찾아준다. 이 때 NOT만 써주는 것이 아니라 a AND NOT b의 형태로 기입해야 한다. ! 기호로 대치할 수 있다.
NEAR	NEAR 앞뒤의 키워드가 나란히 있거나, 두 단어가 10개의 단어 이내에 인접해 있는 정보를 찾아준다. ~ 기호로 대치할 수 있다.

출처: 고려대학교 출판부. **새로운 논문작성법**, p. 31.

(4) **국회도서관**: http://www.nanet.go.kr

- 검색명: [국회도서관: http://www.nanet.go.kr]
- 이용방법
  - 이용시간: 월요일~금요일(09:00~18:00), 토・일요일(09:00~18:00), 토요일・일요일에는 순환버스를 운행하지 않음.
  - 휴관일: 매월 넷째 토요일, 일요일을 제외한 공휴일(공휴일과 겹친 토요일・일요일 휴관)
  - 입관범위: 전・현직 국회의원 및 국회소속 공무원, 18세 이상인 자(신분증 지참), 대학생(학생증 지참), 기타 도서관 소장자료가 필요하다고 관장이 인정한 자
  - 도서관 이용절차
    - 자료실: 국회도서관은 일반인에게 개방되어 신분증만 제시하면 누구든지 이용할 수 있다. 자료는 국회 입법활동과 관련된 자료뿐만 아니라 인문・사회과학과 관련된 자료를 상당량 보유하고 있다. 단행본들은 5권까지 대출신청하여 볼 수 있으며, 학위논문, 저널 및 정부간행물 등은 직접 열람할 수 있다. 석박사학위논문(KDMT) DB는 1945년 이후 국내 박사 및 석사학위논문 목록과 국회도

서관에 소장된 사회과학 분야의 디지털 원문이 구축되어 있다.

- 자료검색 방법
  ① 국회도서관 → 사용자 등록 [로그인(회원 ID, 비밀번호 입력)] → 전자도서관 → 웹검색
  ② 상세검색 → DB선택 [석박사 학위논문]선택 → 전체항목에 [주제어, 저자명 등] 입력 [예 '진로'] → 자료 출력 → 장바구니에 넣기 → 자료신청 [Fax도 가능]

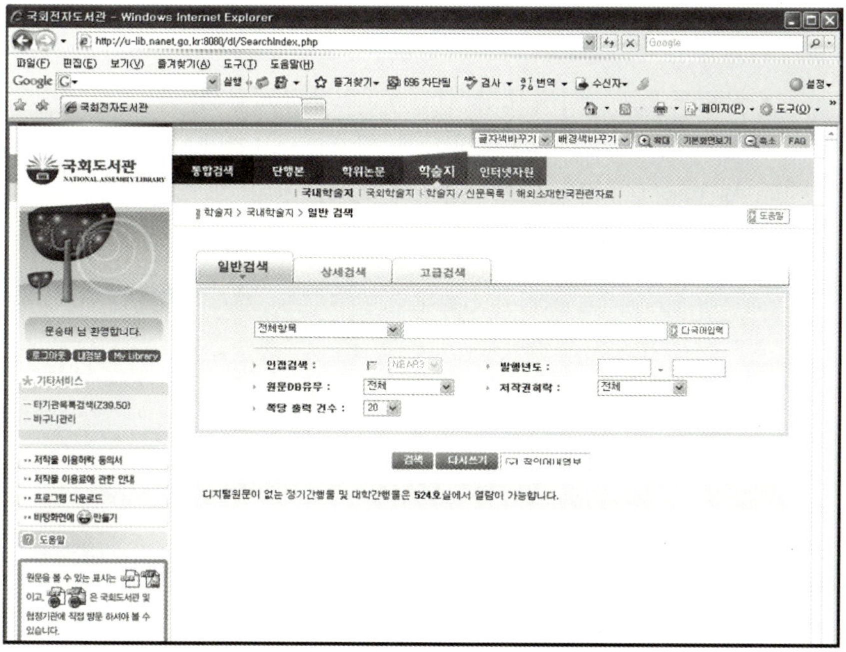

(5) 국립중앙도서관

- 검색명: [국립중앙도서관: http://www.nl.go.kr]
- 이용방법
  - 이용시간: 09:00 - 18:00
  - 휴관일: 매월 둘째 · 넷째 월요일, 일요일을 제외한 공휴일,

기타 관장이 필요하다고 인정하는 날

- 입관범위 및 절차: 18세 이상이면 누구나 입장 가능(단, 18세 미만의 대학생 및 근로청소년, 관장이 필요하다고 인정하는자는 입장 가능함)
- 도서관 이용절차: 이용자 등록(홈페이지) → 이용증 신청 → 이용증 발급 → 입관 → 자료실 이용 → 자료이용종료(이용자 등록증은 홈페이지에서 신청하고 도서관 방문하면 신분증 확인 후에 발급)
- 자료실: 단행본, 연속간행물, 학위논문, 고서 등의 자료를 검색할 수 있다.

검색방법

- 국립도서관 − [자료찾기] → [소장자료검색] → [검색범위에 ∨표 체크] → [검색어에 진로] → [검색]−진로로 관련된 단행본, 학위논문, 비도서 등의 소장 목록이 나타난다.

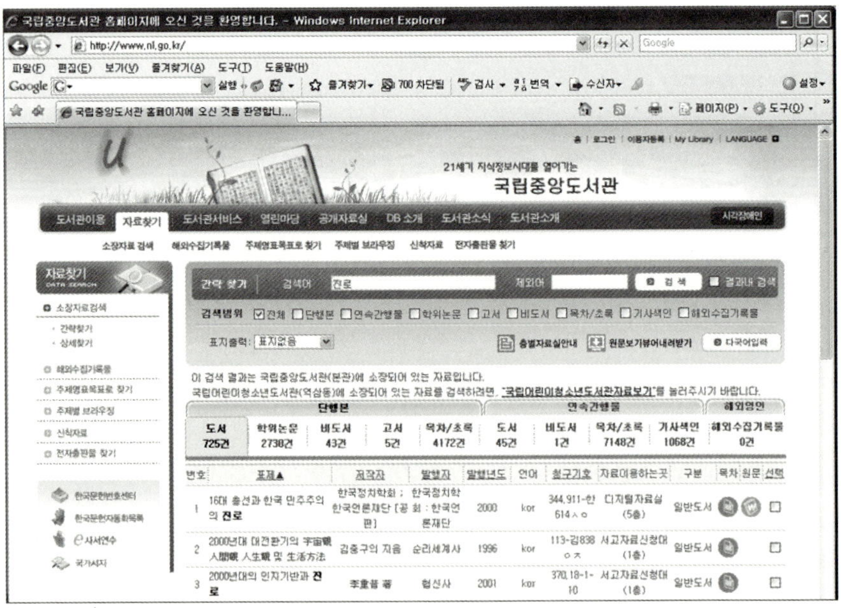

2) 외국논문 검색 방법

(1) http://www.proquest.umi.com/login

- 검색명: (http://www.proquest.umi.com/login)
- 검색방법

① interface language에서 언어명을 Korean을 선택하면 다음 그림과 같은 화면이 나타난다.

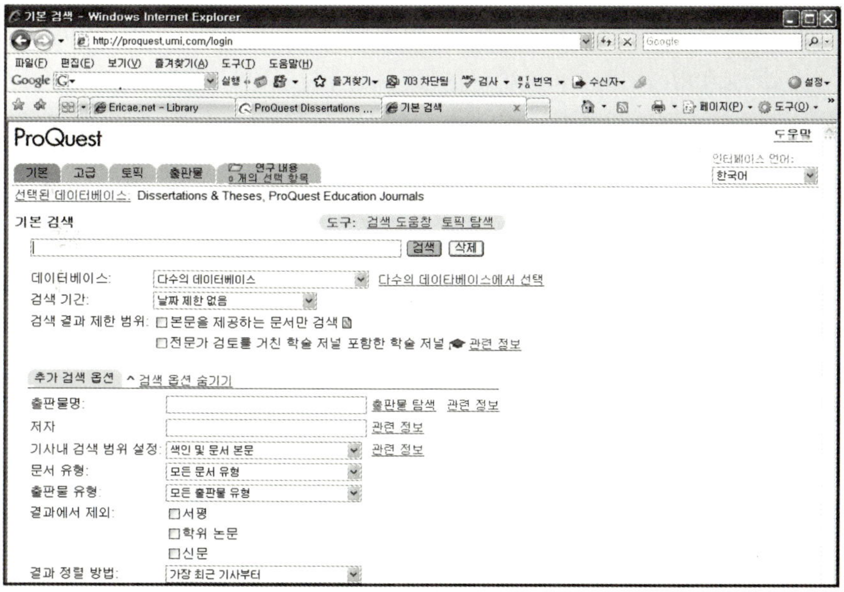

② ProQuest 화면에서 기본, 고급, 토픽, 출판물, 연구내용을 누른 후에, 찾고자 하는 주제어가 '진로'이면, 영문 'career' 입력 → 자료 출력영어로 'career'를 검색한다. 여기서 Keyword를 이용하여 원하는 논문을 검색한다.

③ 다운받기를 원하는 논문을 발견하면 아래에 있는 카터 모양이 아닌 위에 있는 서류 모양의 옆에 있는 사각형을 클릭하면 V 표시가 생긴다. 그 다음 바로 아래에 있는 ORDER NOW ▶ 바를 누르면 Shopping Cart로 넘어간다.

④ Shopping Cart로 넘어가면 해당 논문의 금액이 나온다. 금액을 확인한 후 ← 뒤로를 눌러 Search Results로 다시 되돌아가서 원하는 논문을 검색하여 ④번과 같은 방법으로 필요한 논문들을 Shopping Cart에 모은다.

⑤ Shopping Cart에 필요한 논문이 다 모이면 check out을 눌러 Customer Information을 작성한 후 Continue 바를 누르고 카드 결제를 하면 된다.

⑥ 카드 결제가 끝나고 나면 메일로 PIN 번호가 송부된다.

⑦ 메일로 송부된 PIN 번호를 확인한 후 http://wwwlib.umi.com/dissertations/download 사이트로 가서 PIN 번호를 입력하면 논문을 다운받을 수 있다. 논문은 PDF 파일이기 때문에 이 파일을 열어보려면 Acrobat Reader 프로그램이 필요하다.

* 참고로 72시간 안에 논문을 다운받아야 하며, 이 시간 안에는 몇 번이고 다운을 받아도 됨.

(2) http://www.ericae.net/nav-lib.htm

- 사이트명: (http://www.ericae.net/nav-lib.htm)
- ERIC이란?: ERIC은 교육학 분야의 가장 광범위한 서지 데이터베이스로서, 1966년 이후 현재까지 1,000,000 여건 이상의 색인정보를 수록하고 있으며, 저널기사뿐만 아니라 Teaching guides, Research reports, Bibliographies, Instructional materials, Test and evaluation instruments 등 다양한 형태의 정보원을 포함하고 있다.

  EDRS(The ERIC Document Reproduction Service)는 ERIC의 문헌제공기관으로서, 저널뿐만 아니라 비저널 정보원들 역시, 전자적 포맷 그리고 마이크로피쉬 형태로 제공하고 있으며, ED(ERIC Document) 문헌의 약 85%가 EDRS로부터 이용 가능하다.

  전자적 포맷(PDF Image)으로 제공하지 않는 문헌은 별도의

Micro-fiche 구독, 원문신청 등을 통해 이용할 수 있다. 본 DB는 한국교육학술정보원(KERIS)에서 지원하고 학술연구정보서비스(RISS4U)를 통해서도 이용 가능하다. 특히, 온라인 원문서비스는 한국 교원대학교에 ERIC 교육정보시스템에 신청하면 1회에 5부씩 신청 가능하다.

[1] 검색방법

① ERIC System 클릭

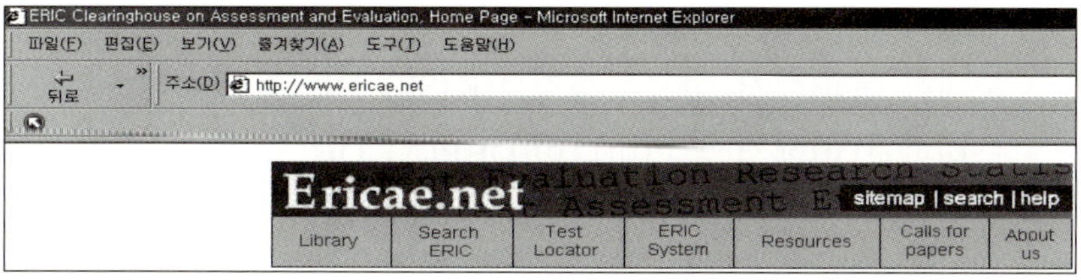

② Search ERIC Database(RIE & CIJE) 선택

③ Find에 통합검색어(career)를 입력

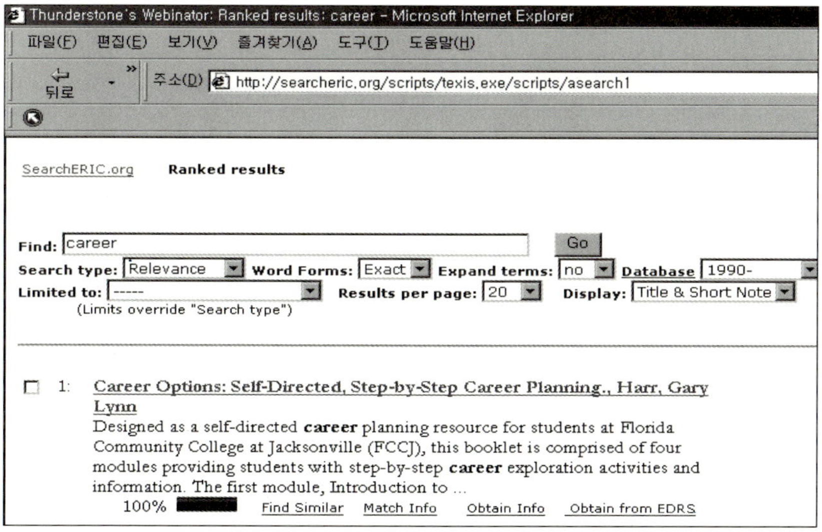

④ 찾은 넘버를 이용하여 E-mail로 자료를 신청하거나 한국교원대학교 ERIC 원문 복사 서비스를 이용할 수 있다.

3) 도서관 검색 사이트

(1) 단행본 자료 검색

- 소장위치 및 현황 파악
- 소장자료검색에서 키워드 검색(소장처 확인)
- 한국교육학술정보원(http://www.riss4u.net)에서 키워드 검색

(2) 국내학술지 자료 검색

- 자료의 원문검색
- 국내학술DB에서 한국학술정보(KISS) DB 검색
- 국내학술DB에서 누리미디어(DBPIA) DB 검색
- 한국교육학술정보원(http://www.riss4u.net)에서 검색

(3) 국외저널 자료 검색

- 자료의 원문검색 및 소장위치 검색
- 국외학술DB에서 전자저널통합리스트 검색
- 과학기술전자도서관(NDSL)에서 검색
- 한국교육학술정보원(http://www.riss4u.net)에서 검색

(4) 학위논문 자료 검색

- 논문 원문검색
- 국회도서관(http://www.nanet.go.kr) 검색
- 한국교육학술정보원(http://www.riss4u.net) 검색
- 학위논문원문공동이용협의회(http://thesis.or.kr) 검색

(5) 단행본 자료 검색

- 한국교육학술정보원(http://www.riss4u.net)에서 검색
- 국가전자도서관(http://www.dlibrary.go.kr)에서 검색
- 일부 자료는 원문으로 구축되어 있음

(6) 국내학술지 자료 검색

- 자료의 원문검색
- 한국학술정보(http://search.koreanstudies.net) DB 검색
- 누리미디어(http://www.dbpia.co.kr/index_b2b.asp) DB 검색
- 한국교육학술정보원(http://www.riss4u.net) 에서 검색

(7) 국외저널 자료 검색

- 자료원문검색
- 과학기술전자도서관(http://www.ndsl.or.kr/eng/newindex.html) 에서 검색
- 한국교육학술정보원(http://www.riss4u.net)에서 검색
- YesKisti(http://www.yeskisti.net)에서 검색
- 과학기술학회마을(http://society.kisti.re.kr)
- KORSA(http://www.korsa.or.kr)

(8) 학위논문 자료 검색

- 원문출력 가능
- 국회도서관(http://www.nanet.go.kr) 검색
- 한국교육학술정보원(http://www.riss4u.net) 검색
- 학위논문원문공동이용협의회(http://thesis.or.kr) 검색

(9) 고서 원문검색

- 단행본 검색에서도 가능하나 국립중앙도서관 소장 고서는 원문으로 구축되어 있음
- 국가전자도서관(http://www.dlibrary.go.kr) 검색: 국내 교육분야 연구보고서 및 학술논문
- KERIC(http://www.keric.net)에서 검색

(10) **정부출현연구기관 각종 연구보고서 및 정책자료**

- 지식정보검색시스템(http://www.ikis.re.kr)에서 검색

(11) **디지털 자원 자료**

- OASIS(http://www.oasis.go.kr)에서 검색

(12) **각종 유형별 포털 자료**

- 국가전자도서관(http://www.dlibrary.go.kr)에서 검색
- 국가지식포털(http://www.knowledge.go.kr)에서 검색

박스기사 2

참고문헌 고찰

연구자의 연구가 검증되기 위해서는 선행연구자들의 이론이 뒷받침되어야 한다. 참고문헌의 고찰은 연구문제에 대한 깊은 이해를 돕고, 연구과정의 마지막 단계에서 시간을 절약할 수 있다(Borg 등, 1996). 참고문헌 고찰에 대해 몇 가지 사항을 제시한다.

첫째, 연구범위를 한정한다. 참고문헌을 살펴봄으로써 연구의 실패를 미연에 방지할 수 있고, 연구자들이 연구의 유익한 방향을 설정할 수 있다.

둘째, 연구의 새로운 방향을 모색한다. 이미 이루어졌던 연구분야를 탐색할 수 있을 뿐만 아니라 거의 수행되지 않은 새로운 분야에 대해서도 탐색할 수 있다.

셋째, 자신의 연구분야에서 이미 이루어졌거나 무의미한 연구를 고려할 수 있다.

넷째, 연구보고서를 검토함으로써 선행연구자들이 실수한 부분이나 관심을 두지 않았던 분야에 접근할 수 있다.

다섯째, 연구보고서에서 제시되고 있는 제언 등을 통해 새로운 연구분야를 탐색할 수 있다.

끝으로, 학습과정이나 교육적인 현상에 대한 설명을 통해 이론을 검증할 수 있다.

교육연구의 변수와 가설 3

Chapter

1. 교육연구의 변수
2. 변수의 유형
3. 척도의 유형
4. 변수와 통계처리
5. 교육연구의 가설

"연구자들은 자신이 연구하는 구성개념이나 속성을 포괄적으로 '변수' 혹은 '변인'이라고 부른다."

1. 교육연구와 변수(variable)

연구자들은 자신이 연구하는 구성개념이나 속성을 포괄적으로 '변수' 혹은 '변인'라고 부른다. 변수(variable)란 속성에 따라 여러 수준으로 분류할 수 있거나 다양한 값을 취할 수 있는 사건, 사물, 현상을 나타내는 개념이다. 변수는 지니는 속성을 수량화할 수 있느냐의 여부에 따라 양적·질적 변인으로 구분하며, 주어진 범위 내에서 어떠한 값이라도 취할 수 있는지 아니면 단지 몇 개의 유목으로만 구분되는지에 따라 연속, 비연속 변인 혹은 매개로 구분한다. 그리고 한 연구에서 변인 상호간의 관계 양상에 따라 독립, 종속변인으로 구분한다(교육학용어사전, 2007).

반면에, 상수란 한 연구에서 모든 개인들에게 똑같이 부여된 조건 혹은 특성을 의미한다.

이와 같은 개념을 정의해 볼 때, 변인은 연구를 분석하고자 하는 내용을 포함하고 있는 데이터를 뜻한다. 변인은 숫자나 값이 부여되는 일종의 기호이다. 특히 양적 연구에 있어서는 변인의 선정이 연구의 질을 좌우한다.

2. 변수의 유형

변수는 연구자가 어떤 변수를 임의로 조작하느냐에 따라 여러 가지로 다양하게 분류할 수 있다.

1) 양적 변수와 질적 변수

변수가 가지고 있는 속성을 수량화할 수 있느냐 없느냐에 따라 구분한다. 양적 변수는 개량된 점수 등을 말하며, 질적 변수는 성별, 학생 등과 같이 고유한 것이거나 어떤 상태를 지칭할 때 쓰인다.

질적 변수

- 명목척도: 특성을 분류하거나 확인할 목적으로 숫자를 부여하여 측정하는 방법이다.

  예) 당신의 성별은? ① 남(　　) ② 여(　　)

- 서열척도: 변수의 속성간의 순서를 밝혀주는 측정방법이다.

  예) 귀하가 세제 구입시 가장 중요하게 여기는 것의 순서를 기입해 주십시오.
  ① 가격(　　) ② 세척력(　　) ③ 향기 (　　) ④ 비공해성 (환경오염 무해 여부) ⑤ 기타 (　　)

양적 변수

- 등간척도: 속성에 대한 순위를 부여하되 순위 사이의 간격이 동일한 측정방법이다.

  예) 당신은 평소에 환경문제를 심각하다고 느끼십니까?
  ① 전혀 그렇지 않다. ② 별로 그렇지 않다. ③ 그저 그렇다.
  ④ 대체로 그렇다. ⑤ 매우 그렇다.

- 비율척도 : 측정값 사이의 비율계산이 가능한 척도

  예) 귀하의 연령은? (　　세)

2) 독립변수와 종속변수

변수에 어떤 영향을 미치는지를 예언하느냐에 따라 영향을 주는 변수를 독립변수(independent variable), 영향을 받는 변수를 종속변수(dependent variable)라고 한다(변수 x의 함수 y가 $y=f(x)$의 꼴로 주어질 때 x를 독립변수, y를 종속변수라고 한다. 두 변인의 함수 z가 $z=f(x, y)$의 꼴로 주어질 때는 x, y가 독립변수이다).

예)

* 주제: 부모의 사회・경제적 배경에 따른 대학생활 적응 실태분석
* 독립변수는 영향을 주는 변수로 부모의 사회경제적 배경이며, 종속변수는 독립변수에 의해서 영향을 받는 변수로 대학생활 적응이다. 회귀분석을 하고자 할 때에는 설명변수(독립변수)를 독립변수 칸으로, 학교생활 적응을 종속변수 칸으로 이동하면 된다.

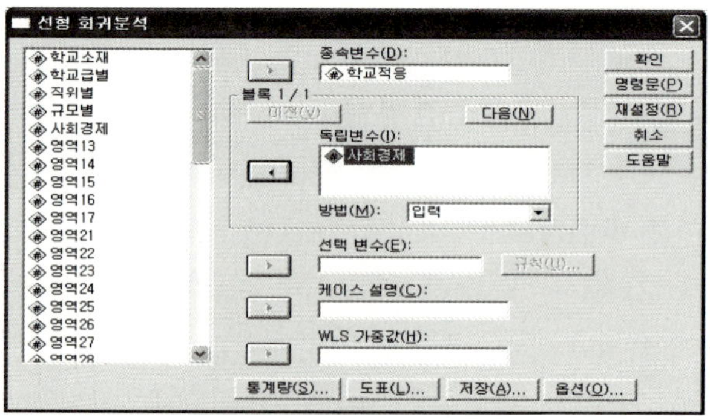

3) 연속변수(continuous variable)와 비연속변수(discontinuous variable)

변수를 연속변수와 비연속변수로 분류할 수 있다. 연속변수는 한 주어진 범위 내에서 그 사이에 어떤 값도 가질 수 있는 등간척도와 비율척도이다(예 키, 몸무게, 시간 등은 한 주어진 범위 내에서 무한히 여러 값을 가질 수 있다). 반면, 비연속변수는 주어진 범위 내에서 한정된 값만을 가진 변수로 명목척도, 서열척도가 해당된다(예 성별, 학업 순위).

4) 매개변수(nuisance variable)

변수들 간에 함수적 관계를 설명할 때, 두 변인 사이에서 연계하는 변수이다. 예를 들어, A → B → C에서 B는 매개변수으로서, A의 효과가 B를 거쳐 C에 전달되고 있다. 물론 A가 C에 직접 연결될 수도 있다. 그러나 전체적으로 또는 부분적으로 A의 움직임은 일단 B에 효과를 미치고, 이어서 B가 C에 미치는 효과가 발생할 때 B는 A와 C사이의 매개변수이다. 만약 A가 C에 미치는 효과 즉, A → C가 B의 수준(예 성 차이, 나이 차이 등)에 따라 달라지면 B를 조절변수(moderator)라고 하는데, 매개변수와 조절변수를통털어 'intervening variable' 또는 'mediator'로 기술하는 경우가 있는데 정확한 기술은 아니다(교육심리학용어사전, 2000). 이들 변수를 그림으로 나타내면 다음과 같다.

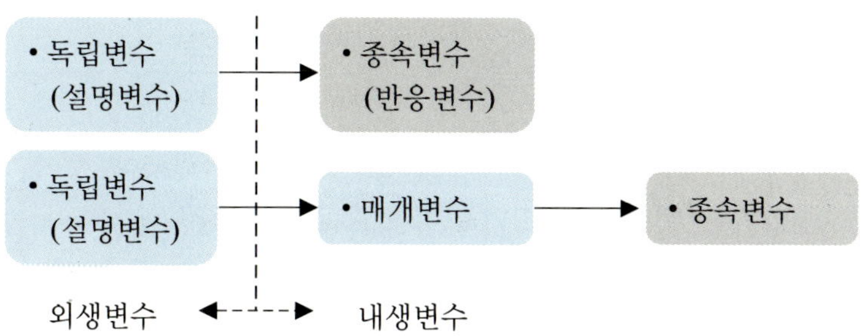

※실험연구가 아닌 기술연구에서는 연구자가 변수들을 임의로 조작하거나 통제하지 못하는 상황이므로 독립변수라는 말 대신에 예언변수, 종속변수 대신에 기준변수라는 용어도 사용함.

3. 척도의 유형

자료를 분석하기 위하여 적용할 통계기법을 선정할 때 기준이 될 수 있는 측정척도의 유형으로는 명명척도(nominal scale), 서열척도(ordinal scale), 등간척도(interval scale), 비율척도(ratio scale)가 있다. 이를 좀더 자세히 살펴보면 <표 3-1>과 같다.

표 3-1 측정척도의 유형

분류	명명척도 (분류)	서열척도 (분류, 순위)	등간척도 (분류, 순위, 등간격)	비율척도 (분류, 순위, 등간격, 비율)
특징	• 단순히 이름 • 비항상성 • 수량화하지 못함 (가감승제 불가)	• 동간성이 없음, 수치간의 거리가 일정하지 않음 • A > B > C > D의 관계 • A-B = B-C관계는 없음	• 단위 사이의 간격 일정 • 가감이 가능	• 국어점수 '0'은 국어를 하나도 모른다는 것을 의미한다고 할 수 없는 데 비하여, 무게 0kg은 무게가 하나도 없다는 것을 의미한다. • 가감승제 가능
예	• 운동선수의 등번호 • 전화번호 • 성별	• 석차, 키순 번호, 사회·경제적 배경 등	• 온도계 눈금, 고사의 원점수	• 길이, 무게, 시간, 넓이, Z점수, T점수
통계처리방법	• 백분율 • 최빈치 • 유관 상관계수	• 명명척도 적용 • 사분편차, 백분위, 중앙치	• 명명척도, 서열척도 방법 모두 적용 • 산술평균 • 표준편차 • 적률 상관계수	• 명명척도, 서열척도, 동간척도 방법이 모두 적용 • 모든 수학적 적용이 가능함
	질적 정보 ← 하위 ←	→ 양적 정보 → 상위		

이상과 같이 사회과학에서는 4가지 척도에 의하여 측정된 모든 변수들이 연구의 대상이 된다. 자료처리방법을 기술할 때에는 연구자의 자료가 어떤 척도에 해당되는지에 따라 통계적인 검증 방법을 적용하여야 한다.

4. 변수(variable)와 통계처리

분석할 자료가 어떤 측정수준의 정보를 가진 변수인가에 따라 통계적 방법이 다르다. 대부분의 양적 연구는 연구자가 측정된 변수가 어느 수준의 정보를 갖고 있는가를 이해하고, 그 측정변수에 따라 통계적 방법을 적절하게 적용할 수 있다. 그러므로 연구자는 설문지 작성단계에서부터 변수의 정보를 파악하는 것이 중요하며, 그 변수에 따라 통계절차를 설정하는 것이 양적 연구에서는 매우 중요하다. 연구문제 유형에 따른 통계분석 방법을 선택할 수 있다.

예

- 고등학생의 진로결정 수준은 학년별로 어떤 분포를 보이는가? → 빈도분석(frequencies)
- 고등학생의 진로결정 수준은 성별(*t*-test), 학년(*F*-test), 계열별(one-way ANOVA)에 따라 차이가 있는가?
- 고등학생의 자아정체감과 진로결정은 어떤 상관이 있는가? → 상관관계(Pearson의 *r*)
- REBT 프로그램을 적용하기 전 사전검사를 실시한 결과 평균점수가 25.0이고, 적용 후에 사후검사 평균점수가 30.0이면 REBT 프로그램은 효과가 있는가? → 대응표본 *t*-검정(사전, 사후점수 차이 검증)
- 대학생의 학년별 진로결정 수준의 차이를 검증? → one-way ANOVA (3집단 이상의 차이 검증)
- 독립변인이 2개 이상(자아정체감, 부모-자녀 간의 애착, 효능감일

때), 종속변인(진로결정 수준) 변량의 몇 %를 설명하며, 어떤 변수의 설명량이 가장 큰가? 설명량의 순서는 어떻게 되는가? → 중다회귀분석(multiple regression)

- 고등학생의 진로결정 수준 척도는 학생의 성별, 계열별, 학교규모별에 따라 각 문항별 응답률의 차이가 있는가? → 교차분석(cross-tabs)
- 개발한 진로결정 수준 척도는 어느 정도 신뢰할 수 있는가? → 신뢰도 분석(reliability analysis)
- 개발한 진로결정 수준 척도는 어떤 요인들로 구성되어 있는가? → 요인분석(factor analysis)

5. 교육연구의 가설(hypothesis)

1) 가설의 정의

가설은 변수와 변수 간의 관계를 알아보기 위하여 실증단계 이전에 진술되는 예상된 결과이다. 연구문제가 명확하게 선정되면 이를 구체적으로 검증하기 위한 가설(hypothesis)을 설정하게 된다. 모든 연구에서 이러한 가설이 필요한 것은 아니지만, 어떤 종류의 연구활동에 있어서도 가설은 중추적인 역할을 한다.

연구대상인 현상, 또는 모집단의 특성에 대한 잠정적인 진술문인 가설은 아직은 검정되지 않은 상태로서 경험적 증거에 의해 타당하게 지지되면 원리나 이론이라고 불리게 된다. 한 연구의 가설은 연구문제에 대해 제안된, 아직은 검정되지 않은 잠정적인 해답이라고 할 수 있다.

Borg와 Gall(1996)은 가설이 갖추어야 할 네 가지의 기준을 다음과 같이 제시하고 있다.

첫째, 가설은 두 개 혹은 그 이상의 변인들 사이에 기대되는 관계성을 진술하여야 한다.

둘째, 연구자는 가설이 검증할 만한 가치가 있는 것인가에 대하여 이론 또는 증거에 기초한 명확한 이유를 제시할 수 있어야 한다.

셋째, 가설은 검증 가능해야 한다.

넷째, 가설은 가능한 한 간략하고 명료해야 한다.

이처럼 가설은 둘 혹은 그 이상의 변인 간의 관계에 대한 추측 진술이며, 어떤 문제에 대한 해답이라고 할 수 있다. 즉, 가설은 진술된 관계를 검증한다는 분명한 의미를 내포하고 있다.

2) 가설의 종류

예측통계학의 주된 목적은 통계적인 가설을 검증함으로써 연구의 실제 가설을 검증하는 데 있다. 넓은 의미로 가설은 영가설과 대립가설로 구분하며, 서술방법에 따라 서술적 가설과 통계적 가설로, 부등호를 가지는지의 여부에 따라 등가설과 부등가설로 구분된다.

가설설정에서 가장 기본적인 사항은 검정하고자 하는 모집단의 모수에 대하여 가설을 설정하는 것이다. 가설(hypothesis)은 항상 귀무가설(null hypothesis; H_0)과 대립가설(alternative hypothesis; H_1)의 2가지로 설정하며, 가설검정이란 표본관찰 또는 실험을 통하여 귀무가설과 대립가설 중 하나를 선택하는 과정이라고 할 수 있다. 두 가설 H_0와 H_1은 각각의 경우에 따라 결정되어지는데, 모수에 대한 가설 중 '항상 간단하고 구체적인 표현'을 귀무가설로 설정한다(원태연 외, 2002). 연구논문에서는 영가설과 대립가설을 모두 서술하지 않고 일반적으로 대립가설 혹은 연구가설로 서술한다.

(1) **영가설(귀무가설, H_0)**

영가설이란 통계량의 차이 혹은 관계는 우연의 법칙에서 나온 표본추출오차로 생긴 차이나 관계라는 주장이다(손충기, 2007). 연구자의 주장과 반대되는 진술이다. 따라서 연구의 목적은 영가설을 기각하는 데 있다.

> H_0: $\mu_1 = \mu_2$
> - 모집단 간의 차이의 개념을 진술한 것으로 연구계획서 및 서론부분에서 진술한다.
> - 영가설을 부정하기 위한 기준으로 사용하는 것이 유의수준(significance level)이다.
> - 영가설을 기각하게 되면 대립가설을 채택한다.

(2) **대립가설(연구가설, H_1)**

연구문제에 대한 잠정적인 해답으로서 변수의 관계성에 대한 일반적 진술이다. 따라서 연구의 목적은 연구가설을 수락하는 데 있다.

> 귀무가설이 "모수가 특정값이다"라고 할 때, 대립가설이 "모수가 특정값이 아니다"라고 주어지는 경우의 예이다(원태연 외, 2002).
>
> H_0: $\mu = \mu_0$; μ_0은 고정된 상수
>
> H_0: $\mu \neq \mu_0$
>
> 즉, 대립가설은 '부모의 사회경제적 배경에 따라 학업성취에 차이가 있다'라고 진술할 수 있는 반면, 귀무가설은 '부모의 사회경제적 배경에 따라 학업성취에 차이가 없다'라고 진술할 수 있다.

3) 가설 진술 요령

서술적 가설과 통계적 가설은 가설의 서술형태에 의하여 분류된다. 언어로 표현된 가설이 서술적 가설이고, 수식이나 기호로 표기된 가설이 통계적 가설이다. 연구보고서는 서술적 가설형태로 진술한다. 일반적으로 수학이나 통계학과 관계가 깊은 연구논문은 가설을 통계적 가설형태로 진술하고 그 외의 대부분의 논문은 가설을

서술적 가설형태로 진술한다.

(1) 서술적 가설

- 여학생과 남학생의 학업성취도는 차이가 없다.
- 여학생과 남학생의 학업성취도는 차이가 있다.

(2) 통계적 가설

- $\mu_i = \mu_j$
- $\mu_i \neq \mu_j$

연구자는 이론적 배경에 기초하여 가설을 두 가지 형태로 설정할 수 있다. 일반적으로 집단 간에 차이가 있다 혹은 없다라는 형태로 표현하거나, 보다 구체적으로 한 집단의 종속변수 값이 다른 집단의 종속변수 값보다 크다 혹은 작다로 표현할 수 있다. 전자의 표현형태는 등호를 포함하고 있으므로 등가설이라 하고, 후자는 부등호를 포함하고 있으므로 부등가설이라 한다.

연구가설을 등가설로 하느냐 부등가설로 하느냐는 연구자의 이론적 배경에 의존한다. 만약 이론적 배경이 약하면, 특정 방법이나 집단이 다른 방법 혹은 다른 집단보다 높은지 또는 낮은지를 알지 못하므로 차이가 있다 혹은 없다의 등가설 형태로 표현하게 된다. 이론적 배경이 강하면, 많은 사전연구를 통하여 어느 집단이 다른 집단보다 높다든지 혹은 낮다든지를 결정하여 연구를 수행할 수 있다.

[연구가설 진술 실제]

▣ 연구제목: 교사의 일반특성에 따른 고등학생들의 학업성취도 차이 비교

가설 1: 교사의 성별에 따라 고등학생들의 학업성취도에 차이가 있을 것이다.

> 가설 2: 교사의 근무기간에 따라 고등학생들의 학업성취도에 차이가 없을 것이다.

4) 가설 검증

가설을 검증한 결과가 반드시 옳은 것만은 아니다. 실제는 차이가 있는 데 차이가 없다고 검증될 수도 있고, 반대의 경우도 있을 수 있다. 이러한 경우를 가설 검증의 오류라고 한다. 가설 검증의 오류는 다음과 같이 두 가지가 있다(송해균 외, 1997).

(1) **제 1종 오류**(type I error)

영가설이 사실인데 이를 부정하는 오류 즉, 사실인 영가설이 채택되지 않고 기각되는 경우로 심각한 오판을 말한다(귀무가설이 맞는 것을 틀리게 볼 확률이다).

예) 사　실: 두 집단의 평균점수에는 차이가 없다.
영가설: 두 집단의 평균점수에는 차이가 없을 것이다.
검증결과: 두 집단의 평균점수에는 차이가 있다.

(2) **제 2종 오류**(type Ⅱ error)

영가설이 틀리는데 옳다고 할 오류 즉, 두 집단 간에 차이가 있는 데도 불구하고 '차이가 없다'는 영가설을 수락하는 경우로 제 1종 오류보다는 덜 심각한 오판이라고 한다(귀무가설이 틀린 것을 맞게 보는 확률이다).

예) 사　실: 두 집단의 평균점수에는 차이가 있다.
영가설: 두 집단의 평균점수에는 차이가 없을 것이다.
검증결과: 두 집단의 평균점수에는 차이가 없다.

제 1종 오류를 제 2종 오류보다 중시하는 이유(http://www.naver.com)

가설을 어떻게 할 것인가에 따라 1종 오류와 2종 오류가 서로 달라진다. 일반적으로 1종 오류와 2종 오류의 구분은 다음과 같다.

사실 \ 판단	T	F
T	○	1종 오류
F	2종 오류	○

- 실제 True인 사실에 대해 판단자(연구자)가 사실이라고 판단하면 좋은데 가끔 진실(True)이 아니다고 오판할 수도 있다. 이 경우가 1종 오류(Type Ⅰ error, α 오류)이다.
- 실제로 False인 사실에 대해 판단자(연구자)가 거짓이라고 판단하면 좋은데, 가끔은 사실(True)이라고 오판할 수도 있다. 이 경우가 2종 오류(Type Ⅱ error, β 오류)이다.

만약 위의 표에서 "True라는 사실을 무죄인 사람"으로 가정한다면, 이 경우는 무죄인 사람에 대해 거짓(범인)이라고 판단하고 형을 집행(예로서 사형)을 하는 1종 오류가 가장 치명적인 오류이다. 만약 "False라는 것이 범인인 사람"에 대해 무죄(정확한 표현은 혐의 불충분)라고 판단하는 2종 오류는 나중에 추가 증거가 나오면, 다시 구속해서 형을 집행하면 된다. 이 경우 2종 오류에 대해서는 다시 바로 잡을 수 있지만, 1종 오류에 대해서는 이미 사형을 집행했다면 오류를 바로 잡는 것이 불가능하다. 그러므로 이러한 가정에서는 1종 오류가 더 중요하다.

그러나 위의 표에서 "True라는 사실을 범인"으로 가정한다면 즉, 아래의 "False라는 사실을 무죄인 사람"으로 가정한다면, 1종 오류보다는 2종 오류가 더 중요하다(이 경우 2종 오류는 무죄인 사람에 대해 범죄자로서 판사가 판단하는 경우임). 이와 같이 어떻게 가정을 했는가에 따라, 1종 오류와 2종 오류의 중요성이 달라진다.

5) 유의수준 설정과 해석

연구보고서의 결과 부분에서 '유의수준 .05에서 영가설이 기각되었다' 또는 '유의수준 .05에서 집단 간의 능력에 차이가 있었다'라고 하는 경우를 자주 보게 된다. 유의수준 .01 혹은 .05 등은 연구자가 내린 판단이 오판일 확률을 말한다. 오판을 했을 때 그 영향이 심각할 것이라고 생각되는 경우는 유의수준을 낮추어야 한다. 이를 정리하면 다음과 같다.

[유의수준(*p*-value)]

- type I error(1종 오류)를 범할 확률
- '유의적인 차이/관계가 있다'라는 주장이 빗나갈 확률(잘못될 확률)
- 통계가 갖는 위험성 → 적중률의 반대 개념
- 범위: $0 \le P \le 1$
- 해석: $P < .01$ ⇒ 1% 범위 내에서 유의한 차이/관계가 있다.
  $.01 \le P < .05$ ⇒ 5% 범위 내에서 유의한 차이/관계가 있다.
- 자연과학에서는 유의수준(P) 0%만 인정하지만, 사회과학에서는 20%까지도 인정한다. 일반적으로 연구논문에서는 5~10%로 한정한다.

박스기사 3

연구설계의 실제

연구설계의 목적은 연구문제에 대한 답을 제공하기 위하여 변인을 통제하면서 변인 간의 관계를 일목요연하게 규명하는 것이 좋다.

실험설계(experimental design)란 조건통제가 완벽한 상태에서 처치변수의 조절이 수월하고 매개변수가 철저하게 통제된 연구설계를 말한다. 실험설계에는 어떤 정해진 형식이 있는 것이 아니라 연구자가 자기가 개발하여 쓰거나 기존의 설계 중에서 적합한 것을 골라 이용한다. 즉, 연구대상이 철저하게 통제된 상태에서 처치나 자극을 주고 나타나는 현상에 대한 효과를 분석한다.

실험설계 실제

O : 실험집단 사전검사	O : 실험집단 사후검사
O : 통제집단 사전검사	O : 통제집단 사후검사
X : 프로그램 실시	− : 프로그램 미실시

(위의 실험설계와 같이 연구 프로그램을 진행하기 전의 실험집단과 통제집단의 사전검사를 통해 두 집단 간의 동질성 검증을 실시하였으며, 통제집단은 프로그램을 실시하지 않았고, 실험집단에게는 프로그램을 실시한 후에 어느 정도 변화가 있었는지를 검증하기 위해 사후검사를 실시하였다.)

연구도구

4 Chapter

"연구도구의 선정기준은 검증된 타당도와 신뢰도이다."

연구과정 중 연구자가 해당 연구자료를 모으는 주된 방법으로 양적 연구에서 널리 사용되는 방법은 검사(test), 자기보고식 측정(self-reported measure), 설문지(questionnaire) 등이 있다.

검사란 그 검사에서 측정하고자 하는 구인에 대한 개인차를 추론하는 수치적 점수를 도출하기 위해 분석하는 구조화된 성취상황이라고 할 수 있다. 자기보고식 측정이란 성격, 자기개념, 학습방식, 태도, 가치, 흥미 등과 관련된 측면을 밝히는 항목에 대해 개인이 답하는 것으로, 일반적으로 피험자들이 진술된 항목에 대해 성향이나 생각, 느낌을 가지고 있는지의 여부를 질문한다.

설문지는 조사연구에 있어 매우 중요한데, 이는 원칙적으로 자기의 의견을 기입할 수 있게 작성된 질문지라고 할 수 있다. 조사연구에 있어 설문지는 조사의 결론을 이끌어내는 매우 중요한 수단이므로 조사 목적에 맞는 정보, 자료의 종류와 측정법, 분석방법까지 고려하여 신중하게 작성되어야 한다.

1. 검사(test)

1) 검사도구의 선정기준

(1) 객관성(objectivity)

검사도구의 객관성은 검사를 실시하고 채점하는 사람의 편의(bias)에 의해 왜곡되어서는 안 된다. 어떤 검사는 실시과정과 채점의 융통성(flexibility)으로 인해 객관성이 낮아질 수 있으며, 검사자의 편의로 이러한 조건에서 쉽게 벗어나지 못한다. 반면 선다형(multiple choice) 검사는 선택한 항목에 대해 주어진 점수에 의해 계산되므로 가장 객관적이라고 할 수 있다.

(2) 검사실시와 채점의 표준조건

검사점수의 객관성을 증가시키기 위해서는 점수를 산출하고, 산출된 점수를 적용시키는 데 어떤 일관성 있는 표준조건(standard condition)이 있어야 한다.

검사실시와 채점 등 검사 전반에 관한 일관성을 보장해 주는 절차를 가진 검사를 표준화 검사(standardized test)라고 한다. 표준화 검사의 가장 큰 장점은 검사 사용설명서에 따라 동일한 상황을 만들어 냄으로써 한 연구자의 의미 있는 발견을 다른 연구자가 반복·확장시킬 수 있다는 것이다.

(3) 규준자료(normative data)

객관적 검사의 점수는 검사외적으로 관련된 준거나 규준과 관련되는데, 준거참조 해석(criterion-referenced interpretation)은 절대표준 성적(실적)과 규준참조 해석(norm-referenced interpretation)은 징의된 집단 내의 다른 개인과 관련되어 해석되어진다.

2) 검사점수의 타당도

검사도구를 평가함에 있어서 매우 중요한 부분은 타당도이다. 타당도는 측정하고자 하는 것을 얼마나 충실히 측정하였느냐와 검사점수가 검사의 사용 목적에 얼마나 적합한가를 나타낸다. APA (2000)에서는 타당도란 검사점수로부터 만들어진 추론의 적합성, 의미성, 유용성과 관련이 있다. 검사점수의 타당도는 구인타당도, 내용타당도, 예측타당도, 공인타당도 네 가지가 있다.

(1) **구인타당도**(construct validity)

구인이란 인간행동의 본성을 구성하는 심리적 특성이나 성질로 자기개념, 학습방식, 성취동기 등을 그 예로 들 수 있다.

구인타당도는 검사점수를 분석하여 첫째, 심리적 구인들을 제대로 측정하였는가를 검증하며, 둘째, 구인과 관련된 이론에 근거하여 구인을 측정할 수 있는 문항을 제작하고, 셋째, 구인들을 측정하는 문항들로 검사를 제작하며, 넷째, 측정 대상에게 검사를 실시하여 응답자료를 얻고, 다섯째, 응답자료를 분석하여 검사가 측정하고자 하는 구인들을 제대로 측정하였는지를 밝히며, 끝으로, 심리적 특성을 규명하는 조작적 정의에 관계되는 구인과 관계가 없는 문항을 제거한다.

구인타당도의 장점은 응답자료에 의하여 수치적 방법에 의하여 검증되므로 과학적이고 객관적이다. 단점은 요인분석을 실시할 경우 변수 혹은 문항들 간의 보다 안정적인 상관계수를 얻기 위하여 많은 연구대상이 필요하다. 요인분석을 하기 위해서는 일반적으로 300명 이상의 응답자가 필요하다(APA, 2000).

(2) **내용타당도**(content validity)

내용타당도란 측정도구가 측정하고자 하는 내용을 얼마나 충실히 측정하였는지를 논리적으로 분석하여 평가하는 방법이다. 평가는 내용전문가(content expert)에 의해 체계적으로 결정되며, 내용전문가들은 검사에서 특정내용의 영역을 정의하고, 검사항목을 통해 그러한 영역들이 얼마나 잘 선정되었는가를 결정한다.

내용타당도는 검사의 문항, 질문의 목적이 측정을 위하여 규정된 내용 영역을 얼마나 포함하고 있는가를 확인한다. Messick(1989)에 의하면, 준거참조검사 제작 시 내용타당도가 강조되어야 한다.

예를 들어, 학업성취도 검사의 내용타당도를 검정하는 방법은 문항들이 검사 제작 전 작성한 이원분류표에 의하여 제작되었는지를 확인하는 과정을 통하여 검정한다.

내용타당도는 계량화되지 않았기 때문에 타당성의 정도를 표기하기가 어렵다.

(3) **예측타당도**(predictive validity)

예측타당도는 명확한 준거를 포함하므로 준거관련타당도(criterion-related validity)라고도 하는데, 이는 검사에 의해 제시된 예측이 그 검사를 실시한 피험자의 나중 행동에 의해서 확인되고 평가된다.

예를 들어, 비행사 적성검사를 보았을 때 그 적성시험에서 높은 점수를 받은 비행사가 안전운행 기록이 높다면 그 검사의 예측타당도가 높다고 할 수 있다.

예측타당도의 추정방법은 첫째, 피험자 집단에게 새로 제작한 검사를 실시한다. 둘째, 일정기간 후에 검사한 내용과 관계가 있는 피험자들의 행위를 측정한다. 셋째, 검사점수와 미래 행위의 측정치와 상관 정도를 측정한다.

예측타당도의 장점은 검사도구가 미래의 행위를 예언해 주기 때문에 예측타당도가 높으면 기업체의 선발, 채용, 배치 등의 목적을 위하여 검사를 사용할 수 있다. 예측타당도는 적성검사를 위한 중요한 타당도이다.

(4) **공인타당도**(concurrent validity)

새로운 검사점수를 이미 공인된 기존의 다른 검사점수나 혹은 현재의 어떤 준거점수와 비교하여 그 상관관계에 의해 검증하는 타당도이다.

예를 들어, 연구자가 본인의 연구에 부합하는 인성검사를 제작하였을 때 그 인성검사의 공인타당도를 검정하기 위하여 MMPI (Minnesota Multiphic Personality Inventory) 검사와의 관계를 검정하여 새로 제작한 검사의 타당성을 판정한다.

공인타당도의 추정방법은 첫째, 피험자 집단에게 새로 제작된 검사를 실시한다. 둘째, 동일 집단에게 동일한 시험 상황에서 타당성을 인정받고 있는 검사를 실시한다. 셋째, 두 검사점수 간의 상관계수를 측정한다.

3) 검사점수의 신뢰도

신뢰도(reliability)란 검사가 측정하고자 하는 것을 얼마나 일관성있게 측정하였는가의 문제이다. 신뢰도계수(reliability coefficient)란 .00부터 1.00 사이의 값으로, 신뢰도계수가 1.00이면 검사점수의 신뢰도가 완벽함을, 신뢰도계수가 .00이면 검사점수가 전혀 신뢰롭지 못함을 의미한다.

(1) **동형검사 신뢰도**(alternate form reliability)

동일한 내용을 가진 다른 형태의 검사로 동일한 구인을 측정해서 신뢰도를 산출하는 방법으로, 각각의 검사에서 얻은 점수의 상관계수를 산출하여 계산한다. 예를 들어, 2명의 연구자가 각각 같은 형태를 측정하려는 목적으로 자기 자신의 시험지를 개발하였다. 각각의 시험지는 같은 수의 항목을 가지나 그것들은 내용과 스타일이 다르다. 이 경우에 시험이 측정하려고 구성되었던 개념에 측정오류가 발생한다.

이러한 오류를 수정하기 위해서 상관계수를 측정함으로써 측정 오류를 줄인다.

(2) **검사-재검사 신뢰도**(test-retest reliability)

동일한 검사를 동일한 피험자에게 일정한 시간 간격을 두고 실시하여 얻은 점수들로 상관계수를 산출하여 계산한다. 그러나 검사와 재검사 사이의 시간 간격이 너무 짧으면 기억이나 연습의 효과가 나타날 수 있고, 반대로 너무 길면 측정하고자 하는 특성 자체가 그 사이에 변화될 가능성이 있는 단점이 있다.

표 4-1 수학시험의 재검사 신뢰도 추정 절차

피험자	검사방법		XX'	X^2	X'^2
	검사(X)	재검사(X')			
A	7	7	49	49	49
B	5	6	30	25	36
C	9	9	81	81	81
D	8	7	56	64	49
E	6	6	36	36	36
F	8	8	64	64	64
Σ	43	43	316	319	315

$$r_{xx'} = \frac{n\Sigma xx' - (x)(x')}{\sqrt{n\Sigma x^2 - (\Sigma x)^2}\ \sqrt{n\Sigma x'^2 - (\Sigma x')^2}} \tag{4.1}$$

$$r_{xx} = \frac{6(316) - (43) - (43)}{\sqrt{6(319) - 43^2}\ \sqrt{6(315) - 43^2}} = 0.910$$

위의 <표 4-1>과 같이 10문항으로 제작된 수학시험의 재검사 신뢰도를 추정하기 위하여 6명의 학생에게 두 번의 검사를 실시하여 얻은 점수를 살펴보면, 수학검사의 재검사 신뢰도는 .910으로 매우 높다(공식 4.1).

재검사 신뢰도는 측정방법이 간단하다는 장점이 있는 반면, 측정 시간 간격 및 검사를 두 번 시행하는데 따른 단점이 있다. 재검사 신뢰도를 사용하는 이유는 일반적으로 검사의 신뢰도를 과대 추정하기 위한 것이다.

(3) **내적일관성 신뢰도**(internal consistency)

내적일관성 신뢰도는 검사자에게 검사를 두 번 실시하지 않지 검사의 신뢰도를 측정할 수 있는 방법이다. 검사를 구성하는 부분 검사나 문항들이 측정하고자 하는 내용을 얼마나 일관성있게 측정하였느냐 하는 문제이다. 즉, 검사도구가 측정하고자 하는 속성을 얼마나 오차 없이 정확하게 측정하였느냐의 문제이다.

내적일관성 신뢰도는 신뢰도를 추정하는 방법으로 인해 반분검사신뢰도와 문항내적일관성 신뢰도로 구분한다.

반분검사 신뢰도(split-half reliability)는 재검사 신뢰도나 동형검사 신뢰도 추정시처럼 두 번 검사를 시행하지 않고 신뢰도를 추정할 수 있는 장점을 지니고 있다. 그러므로 시험 간격이나 동형검사 제작 등의 문제가 고려의 대상이 되지 않는다. 단점으로는 검사를 양분하는 방법에 따라 반분검사 신뢰도계수가 달리 추정된다는 것이다.

반분검사 신뢰도는 한 번 실시한 검사를 두 부분으로 나누어 두 부분 검사점수의 상관계수를 계산한 후 Spearman-Brown 공식에 의하여 신뢰도를 추정한다.

$$\rho_{xx'} = \frac{2\rho_{yy'}}{1+\rho_{yy'}} \tag{4.2}$$

$\rho_{xx'}$: 반분검사 신뢰도계수

$\rho_{yy'}$: 반분된 검사점수의 상관 계수

문항내적 일관성 신뢰도는 검사를 두 부분으로 나누어 부분 검사간의 유사점을 추정하는 방법과 문항 하나하나를 하나의 검사로 간주하여 문항들 간의 유사성 혹은 측정의 일관성을 추정하는 방법이다.

문항내적 일관성 신뢰도는 쿠더-리차드슨(Kuder-Richardson) 신뢰도라고도 한다. 문항들 간의 유사성 혹은 측정의 일관성을 추정하는 방법으로 KR20(공식 4.3), KR21(공식 4.4)가 있다.

$$\text{KR20: } r_{xx'} = \frac{n}{n-1}\left(1 - \frac{\Sigma pq}{s_{x^2}}\right) \quad (4.3)$$

$$\text{KR21: } r_{xx'} = \frac{n}{n-1}\left(1 - \frac{\bar{x}(n-\bar{x})}{n s_{x^2}}\right) \quad (4.4)$$

$r_{xx'}$: 검사의 문항내적 일관성

n: 검사의 문항수

p: 각 문항의 정답률

q: 각 문항의 오답률$(1-p)$

$\bar{x}$: 검사점수의 평균

s_{x^2}: 검사점수의 변량(표준편차 s_x의 자승)

(4) **검사자 간 신뢰도**(inter-tester reliability)

검사점수를 얻기 위해서는 검사를 실행하는 사람과 그것을 점수화 시킬 누군가가 필요하다. 검사자의 두 형태는 만약 그들이 정확하게 기술되어진 절차를 따르는 것을 실패했을 경우에는 그 검사점수에 측정오차를 가져올 수 있다.

검사를 시행함으로써 생기는 오차의 중요성은 개체의 표본에 대한 검사를 실행하는 몇 개의 검사를 상호 비교함으로써 평가되어질 수 있다. 검사점수를 매기는 오차는 검사항목이 부주의하게 점수가 매겨질 때 초래될 수 있다. 검사기계는 그들이 부정확하게 교정되었거나 학생이 기계가 검출할 수 없는 연필을 사용했을 경우 측정오차를 발생시킨다.

(5) 측정의 표준오차(standard of measurement)

전형적인 검사이론과 일반화이론 둘 다 검사에서 얻어진 개체의 점수는 그의 실제점수와 측정오차의 결합된 결과로서 보여질 수 있다. 측정의 표준오차는 개체의 실제점수 허락 내에서 가능한 범위를 결정할 수 있도록 할 수 있다.

공식 (4.5)와 같이 과학 흥미도에 대한 검사 결과, 9학급의 학생들 300명의 유사검사 신뢰도가 0.85라고 보고했고, 검사점수의 표준편차는 14이다.

측정의 표준오차(Sm)는 다음의 방식에 의해 계산될 수 있다.

$$Sm = \sqrt[s]{1 - rn} \tag{4.5}$$

평균에 주어진 값을 대체하면,

$$Sm = \sqrt[14]{1 - 0.85} = \sqrt[14]{0.15} = 14 \times 0.387 = 5.42$$

Sm은 일반적으로 주어진 크기의 오차가 발생할 수 있는 확률을 평가할 수 있다. 결과적으로, 과학 검사에서 86점을 얻었을 경우 이 학생들의 실제점수는 80.58과 91.42 사이일 경우의 약 3개 중 2개이다. 그 경우는 학생들의 실제점수가 75.16과 96.84 사이에 놓여 있는 100 중의 약 95이다.

Sm의 크기는 역으로 상관계수의 지수에 관련된 방식이다. 이는 신뢰계수 증가로서, 측정의 표준오차는 작게 한다. 만약 신뢰도가 0.57일 경우 Sm은 9.18이다. 이와 같이 얻은 점수에서 큰 측정오차를 나타내는 검사에 대해 낮은 상관계수를 나타낸다. 측정의 표준오차는 교육측정에서 얻은 점수는 단지 평가되는 것이며, 개인의 능력 점수와 다를 수 있다는 것을 보여준다.

그러므로 검사점수 평균 사이의 다른 차에 대한 의미를 과대평가하거나 교육현장에서 검사점수를 절대시하는 것을 피해야 한다. 예를 들어, IQ검사에서 97과 102인 두 학생의 지능에서의 큰 차이는 없다.

4) 검사의 종류(types of tests)

(1) **수행검사**(performance test)

수행검사에는 지능검사, 적성검사, 성취도 검사, 진단검사, 수행평가 등이 있다.

표 4-2 수행검사의 특징

구 분	특 징	검사명
지능검사 (intelligence tests)	• 개인의 일반적인 지능수준을 측정 • 단어선택, 수학문제, 읽기, 숫자의 단기기억 문항 등 • 연구목적으로 IQ 검사의 점수를 이용할 경우, 타당도, 신뢰도를 반드시 고려해야 함.	• 일반지능검사 • 지능진단검사 • 지능종합검사 • 지능검사 • 진단성지능검사
적성검사 (aptitude tests)	• 특정 형태의 기술, 특정 분야의 성취도에 대해 미래의 수행을 예측 • 학문적 주제, 직업, 창조적 작업 등에 대한 적성을 측정	• 일반적성분류검사 • 종합적성검사 • 적성진단검사 • 진로탐색검사 • 일반직업적성검사
성취도 검사 (achievement tests)	• 특정 사실, 이해도, 문제해결능력 측정 • 검사마다 소요시간, 내용 범위가 다양 • 검사선택시 내용타당도 중요시	• 수능고사
진단검사 (diagnostic tests)	• 학습곤란의 치료, 치료 프로그램의 효과성 평가에 사용 • 특정과목에 대한 학생의 장단점 파악에 사용되는 성취도 검사의 일종	• 행동진단검사 • 성격진단검사 • 인성진단검사
수행평가 (performance assessment)	• 내재적 가치를 가진 검사에 대한 학생의 수행을 직접적으로 측정 • 개인의 직무를 완성하는 수행 혹은 수행에 의한 결과물을 통해 평가	• 체험학습보고서 • TOEIC시험 • 결과물(portfolio) 검사

(2) **성격검사**(personality measures)

성격 특성, 욕구, 심리적 무질서, 가치, 태도 등과 같은 성격 측면을 측정하는 성격검사는 <표 4-3>과 같다.

표 4-3 성격검사의 특징

구 분	특 징	검사명
성격목록 (personality inventories)	• 자기보고식 도구(전형적으로 자필척도)를 이용하여 성격 특징의 다양성을 측정 • 적은 비용으로 실시와 채점이 요이 • 보통 객관식 문항 • 보고자의 진실성, 성실에 좌우	• MBTI 성격유형 검사 • MMPI(미네소타 다면적 인성검사) • 주제통각검사
투사기법 (projective techniques)	• 무형적(amorphous) 자극과 자유로운 반응 • 내면적 사고, 환상 등을 더 잘 밝혀준다는 가정	• 로르샤흐 (Rorschach) 검사 • 주제통각검사(TAT)
특별 성격 특징 (specific personality characteristics)	• 한 가지 성격 특성 혹은 관련된 성격 특성 세트에 초점	• 대학 적응검사
자아 개념 (self concept)	• 개인이 자신에 대해 가지고 있는 인지적, 감정적 세트 • 자기 개념 및 자기존중감 측정	• Piers-Harris 아동상태목록 • Tennesse 자기 개념 척도
학습 단계 및 습관(learning styles and habits)	• 학습과제에 접근하는 학생 나름의 방식 • 이후 내면화되고 성격의 측면을 구성	• 학습상태 목록 • 학습단계 목록
태도 척도 (attitude scales)	• 특정 대상에 대한 개인적 관점이나 성향인 태도를 결정 • 정의적 측면, 인지적 측면, 행동적 측면으로 구성	• 교사태도 목록
직업 흥미 (vocational interest)	• 특성 직업적 흥미를 개발하는 방법을 조사 • 성격 특성을 간접적으로 측정	• Kuder 직업 흥미 검사 • Strong-Campbell 흥미 검사지 • 직업선호도 검사

5) 검사도구 개발

첫째, 검사를 개발하기 이전에 먼저 적당한 검사가 있는지를 조사한다.

둘째, 검사 개발에서 가장 중요한 활동은 문항분석(item analysis)인데, 검사에 있어서 각 문항의 난이도, 타당도, 신뢰도를 결정하는 과정을 말한다.

셋째, 성취도 검사에서는 어려운 문항을 계산하는데, 검사를 한 모든 사람수로 각 문항에 맞게 단 한 사람의 수를 나눈 것이다.

넷째, 성취도 검사와 인성검사에서는 일반적으로 각 문항의 문항타당도계수(item validity coefficient)와 문항신뢰도계수(item reliability coefficient)를 계산해야 한다.

- 문항타당도계수: 특정 문항에 대한 개인의 표준 측정에 대한 총점수 간의 상관관계
- 문항신뢰도계수: 특정 문항에 대한 개인의 반응과 총점수 간의 상관관계

6) 검사지 구인단계

단계	내용	설명
1단계	측정한 구인 결정	측정하고자 하는 구인에 대해 깊이 생각하고 이론적 배경이 있는지 살펴봄
2단계	대상 모집 결정	검사 구성에 포함되는 많은 의사결정 과정에서 대상 집단의 특성 고려
3단계	관련된 검사 검토	타당성을 갖기 위해 유사한 구인을 측정하려는 다른 검사 고찰
4단계	예비 비전 개발	항목 선정에 있어 출판된 자료의 가이드라인을 제공
5단계	예비 비전 평가	전문가로부터 검사개발에 대한 견해를 듣고 표본에 대한 실제검사를 통해 데이터 분석
6단계	검사 수정	실제검사 결과를 토대로 예비단계를 수정. 특히 이 단계를 몇 번 반복함
7단계	타당도, 신뢰도	검사 결과를 대해 타당도와 신뢰도를 지지할 수 있는 자료를 수집함

| 그림 4-1 | 검사지 구인단계

2. 설문지(questionnaire)

표본으로 선택된 개인 모두에게 같은 질문을 한다. 응답자들은 각각의 설문지 내용에서 응답을 기록한다. 음성녹음 응답도 가능하며, 응답자들은 전형적으로 자료수집 과정을 조절한다. 편의대로 설문지를 작성하는데, 순서대로 대답하거나 한 사람 이상이 작성하거나 모든 질문에 응답하지 않을 경우에 애매 모호한 응답들을 하기도 한다.

1) 설문지의 개념

설문지는 통계조사에 있어서 매우 중요한 역할을 한다. 질문지는 연구자가 조사하고자 하는 일련의 질문들을 체계적으로 담고 있는 조사표로서, 응답자에게 배포하여 스스로 자신의 의견을 기입하게 한다. 설문지라는 용어는 설문지, 질문서 등의 용어로도 사용되고 있다.

설문지를 사용하는 목적은 표본이 계획되어 있는 모집단에서의 발견들을 일반화하기 위해, 표본에서의 참가자들로부터 성격이나 경험, 의견들에 대한 자료를 수집하기 위해 사용하는 것이다. 그리고 표준화된 질문지는 응답자로 하여금 빠른 시간 안에 쉽고 정확한 응답을 할 수 있게 한다.

설문지 작성은 조사의 성패를 좌우하는 중요한 요소로 질문지의 작성이 잘못되면 조사목적에 부합되는 자료를 얻을 수 없고, 분석결과 또한 잘못될 수밖에 없다.

2) 설문지법의 장 · 단점

(1) 장점

첫째, 넓은 지리적 지역에 걸쳐 응답자를 표본화하는 데 대한 비용이 적게 든다.

둘째, 자료수집에 요구되는 시간이 전형적으로 훨씬 적다.

셋째, 연구자가 응답자에게 미치는 영향을 줄일 수 있다.

넷째, 개인의 생활경험이나 심리적 특성을 알아볼 수 있다.

다섯째, 잘 생각한 끝에 착실한 회답을 얻을 수 있다(면접법은 당장에 처리하여야 하나, 설문지는 편안한 시간에 응답할 수 있다).

(2) **단점**

첫째, 설문지는 언어능력이나 문장이해력과 표현능력에 의존한다.

둘째, 설문에 응답한 내용의 진위를 확인하기 어렵다.

셋째, 설문지의 회수율이 다른 연구법에 비해서 낮을 수 있다.

넷째, 설문지는 응답자의 의견이나 느낌들을 깊게 조사할 수 없다.

다섯째, 설문지는 한 번 배포되어지면, 아무리 그것이 몇몇 응답자에게 불명확한 것일지라도 그 항목을 수정할 수 없다.

3) 설문지 작성을 위한 지침

설문지(도구)는 응답자 스스로 자신의 의견을 기입할 수 있도록 작성된 조사도구이므로, 다음과 같은 지침에 의해 작성하는 것이 좋다.

① 가능한 짧게 만든다.

② 전문 용어나 복잡한 용어는 피한다.

③ 조직화하여 쉽게 응답할 수 있도록 만든다.

④ 설문지 번호와 페이지 번호를 단다.

⑤ 논리적으로 조직한다.

⑥ 새로운 주제로 바꿀 때는 응답자들의 사고를 바꿀 수 있는

문장을 쓴다.

⑦ 흥미로운 사항을 앞에 두고, 응답자에게 위협이 될 만한 내용을 없앤다.

⑧ 어렵거나 위협적인 질문은 마지막 부분에 둔다.

⑨ 설문지가 길 경우 중요한 항목을 뒤에 두지 않는다.

⑩ 항목에 대한 이론적 기반, 논리적 배경을 제공함으로 연구의 관련성을 높인다.

⑪ 실례를 들어 설명한다.

⑫ 모호한 용어인 '몇 가지', '대부분' 등과 같은 용어는 피한다.

⑬ 가능한 짧은 형태로 문항을 진술한다.

⑭ 문항을 부정적으로 진술하지 않는다.

⑮ 하나의 질문에 두 가지 답을 하도록 하는 질문을 피한다.

⑯ 일반적인 질문과 구체적으로 관련된 질문을 모두 할 경우, 일반적인 질문을 먼저 한다.

⑰ 편견이 담긴 질문은 피한다.

⑱ 대개 15분 동안 조사의 취지와 목적을 설명하고, 30분 이내에 조사를 마칠 수 있어야 한다.

⑲ A4 용지 1장으로 설문지를 작성하는 것이 효과적이다.

4) 설문조사연구의 흐름도

설문지(질문지)를 이용한 조사연구는 아래의 흐름도에 따라 진행되는데, 반드시 전 단계가 성공적으로 완성되어야만 다음 단계로 진행될 수 있다. 흐름도 안에는 방법과 도구(질문지)를 수정할 수 있는 두 번의 피드백 루프(feedback loops)가 있다[그림 4-2].

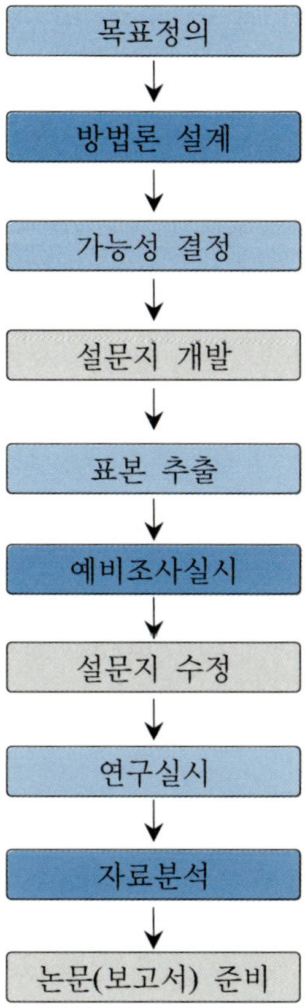

| 그림 4-2 | 설문지 작성 흐름도

5) 설문지 문장의 형태

설문지 문장의 형태는 크게 구조적 질문지(structured questionnaire)인 폐쇄식 질문지(closed form)와 비구조적 질문지(unstructured questionnaire)인 자유응답식 질문지(open form)로 분류한다. 특히, 질문지의 형태에 따라 통계분석 방법을 달리하고 있다.

(1) **폐쇄형**(closed form)

폐쇄형 질문은 응답자로 하여금 몇 개의 선택지로부터 답을 선택하도록 한다. 사용하기 쉽고 점수화하기 쉬우며, 컴퓨터 분석을 하기 쉽다.

① 양자택일식: 가장 극단적인 방법으로 ○, ×로 답변하게 한다.

문) 나는 때때로 장래 어떤 일을 할까하는 생각을 한다. 그러나 아직 확실한 어떤 일을 정하지 못하고 있다. ——— (예), (아니오)

② 선다형: 하나의 항목에 몇 개의 항목을 정해 답변하는 방식이다.

문) 자신의 진로에 대하여 상담을 하고 싶은 사람 한 사람만 선택하시오. ——— (　　)

㉠ 부모, ㉡ 형제, ㉢ 친척, ㉣ 친구, ㉤ 담임교사, ㉥ 담임교사, ㉦ 상담교사, ㉧ 기타

③ 서열식 질문: 선호의 정도를 감안하여 응답자로 하여금 좋아하거나 싫어하는 순서로 항목을 선택케 하는 형태이다.

문) 대학을 왜 가야 한다고 생각하는지 순서대로 선택하여 주십시오. ——— (, ,)

㉠ 사회적 신분 상승, ㉡ 고졸자와 보수 차이, ㉢ 부모의 권유, ㉣ 좋은 배우자를 얻기 위해서, ㉤ 학문을 배우기 위해서, ㉥ 기타

④ 척도형 질문지: 응답자에게 미리 정해 놓은 척도에 반응하도록 만든 질문지 형식으로 리커드(Likert), 서스턴(Thurstone), 구트만(Guttman) 등이 있다. 이 때 척도는 3점, 5점, 7점 척도가 보통이나 경우에 20점까지 가능하다. 단, 척도의 조정은 연구자의 연구형태에 따라 연구자가 조정할 수 있다.

문) 중·고생의 머리염색에 대하여 어떻게 생각하십니까?

㉠ 절대찬성(5), ㉡ 찬성(4), ㉢ 보통(3), ㉣ 반대(2), ㉤ 절대반대(1)

문) 귀하는 스스로 얼마나 양심적으로 행동한다고 생각하십니까?(9, 8, 7, 6, 5, 4, 3, 2, 1)

(2) **개방형**(open form)

개방형 질문은 응답자가 어떤 대답이든 원하는 대로 쓰는 것을

의미한다. 여러 종류의 반응이 나오기 때문에 점수화하기가 곤란하며, 응답자가 좋아하지 않는 경우도 있다.

문) 현재 실업계 고등학교가 당면하고 있는 가장 큰 문제는 무엇이라고 생각하십니까? —— (   )

(3) 비교조합식 질문지

질문문항을 두 개씩 짝지워 일정한 기준에 따라 비교·선택케 하는 방법

문) 다음의 경우 어떤 상품을 선택하시겠습니까?

① 냉장고 혹은 TV, ② 에어컨 혹은 냉장고, ③ 에어컨 혹은 TV

설문지 작성(예)

다음 설문지는 학교풍토에 관한 설문지입니다. 선생님들의 솔직한 응답을 부탁드립니다.

▣ 명명척도

1. 성별 : ① 남자, ② 여자

▣ 서열척도

2. 교육경력

   ① 5년 이하, ② 6~10년, ③ 11~15년, ④ 16~20년, ⑤ 20년 이상

▣ 서열척도

3. 학교규모

   ① 10학급 이하, ② 11~20학급, ③ 21~30학급, ④ 31학급 이상

▣ 비율척도

4. 선생님의 연령은 몇 살입니까? (40살)

▣ 등간척도

구 분	전 혀 아니다	아니다	보통	그렇다	매 우 그렇다
1. 우리 학교 교사들은 즐겁고 활기차게 일한다.	1	2	3	4	5
2. 우리 학교 교사들은 서로 친밀한 관계를 유지한다.					
3. 직원회의는 별 소용이 없다(R) : 부정문항					
4. 우리 학교 교장은 교사들을 돕는데 발벗고 나선다.					
5. 우리 학교 교장은 학교 경영을 철저하게 한다.					
6. 우리 학교 교사들은 퇴근 시간이 되면 바로 퇴근한다.(R)					

▣ 다중문항인 경우(통계 처리시에는 체크했으면 1, 안했으면 0으로 부호화하여 코딩할 수 있음)

① 어려운 일을 서로 도와준다.(　　　)

② 학생들을 열심히 가르친다.(　　　)

③ 단합이 잘된다.(　　　)

④ 업무를 잘 처리한다.(　　　)

⑤ 운동을 좋아한다.(　　　)

---

6) 자료수집방법

양적 연구 및 질적 연구에서 두 가지 방법을 모두 활용할 수 있다. 부모의 양육에 대해 조사할 경우 몇몇 사례를 관찰 및 면접법을 통해 연구문제를 도출 후 질문지법을 통해 대단위로 조사가 이루어질 수 있다. 교육연구에서 광범위하게 쓰이는 자료수집방법은 <표 4-4>와 같이 질문지법과 면접법이다.

표 4-4 질문지법과 면접법 비교

구 분	질문지법	면접법(인터뷰)
정의	• 표집대상 내의 모든 사람에게 같은 질문을 하는 방식임. • 표집대상이 몇 개의 하위그룹으로 구분되며, 각 그룹마다 다른 질문이 수행되어짐. • 응답자들은 각각의 질문에 대해 기록함. • 응답자들이 자료수집 과정을 통해 통제함.	• 구두 질문과 구두 응답으로 구성됨 • 일반적으로 개별적으로 반응했으나, 최근에는 그룹면접에 대한 관심이 올라감. • 응답자들의 반응을 기록(녹음, 녹화, 필기, 컴퓨터 등) • 질문자가 응답, 상황, 시간배정, 장소 등에 대해 관리함. 그런 후 질문 속도 조절, 상황에 적합한 질문 등을 조정
장점	• 비용, 시간 절약 • 응답자가 지리적으로 널리 퍼져 있을 때, 표본 비용이 적게 듬. • 자료수집 시간이 상대적으로 짧음.	• 적응성이 뛰어남(질문상황에 따라 질문수 등을 수정할 수 있음). • 응답자와 친밀한 공감대나 신뢰감을 형성할 수 있으며, 이러한 장점으로 인해 어떤 자료수집방법보다 유익한 정보를 얻을 수 있음.
단점	• 응답자의 감정, 의견에 대한 심도 깊은 자료를 구할 수 없음. • 일단 질문지가 배포되면, 어떤 응답자에게는 문항이 명확하지 않고 불분명하더라고 수정할 수 없음.	• 비용이 많이 들고 소요시간이 김. • 인터뷰 상황을 표준화하기 힘듬. • 응답자들의 익명성을 보장하기 힘듬.
연구법	• 양적 연구에서 많이 사용	• 질적 연구에서 많이 사용

박스기사 4

전문가와 초보자의 차이

1. 의사결정속도

- 전문가: 기본적인 팩트(fact)의 검토없이 신속하고 효율적으로 의사결정을 내린다.
- 초보자: 모든 팩트(fact)를 전부 검토해야 하며, 대안들 중에서 신중히 선택한다.

"전문가들은 기본적인 사실 관련 정보를 점검하거나, 정보의 관련성을 따지느라 고생할 필요가 없다. 왜냐하면 그들의 지식은 더 추상적이고 상황맥락에 잘 적용될 수 있도록 조직되어 있기 때문이다. 다시 말해, 전문가들은 어떤 문제와의 관련성 여부를 신속히 판단할 수 있어, 적절한 정보에만 집중할 수 있다. 이처럼 패턴 인식과 추상화 능력 그리고 문제와 관련된 대목에 집중하는 능력이 하나로 융합되면 복잡한 업무에서 매우 효율적이고 물 흐르는 것 같은 의사결정이 가능해진다(이는 대부분 암묵적 과정이다.)"

2. 컨텍스트(Context)

- 전문가: 지식이 '컨텍스트화'되어 있기 때문에 상황 조건에 맞게 지식을 응용한다.
- 초보자: 상황맥락을 최소한도로 고려하는 일반적인 경험법칙에 의존한다. "전문가들은 경험으로 얻은 패턴과 상황맥락에 관련된 정보를 통합하여 탁월한 행동을 선택한다. 그때 그때 변화하는 상황을 조건으로 고려하는 것이다."

3. 추정

- 전문가: 새로운 상황에서 해결책을 찾기 위해 추정할 수 있는 능력이 있다.
- 초보자: 수용체의 부족때문에 추정에 필요한 기반이 제한적이다.

4. 구별

- 전문가: 섬세한 특징들을 구분할 수 있다.
- 초보자: 경험 법칙의 사용은 섬세한 구분을 방해한다.

5. 지식격차에 대한 인식

- 전문가: 언제 규칙이 적용 안 되는지 안다.

- 초보자: 자신이 모른다는 사실을 모른다.

6. 패턴 인식 능력

- 전문가: 오랜 경험에서 추출된 커다란 패턴 저장고를 가지고 있다.
- 초보자: 제한된 경험으로 인하여 패턴의 수가 한정되어 있다.

"전문가들은 정보의 바다에서 의미 있는 패턴들을 점점 더 지각하게 되고 패턴들에 민감해진다."

7. 암묵적 지식

- 전문가: 광범위한 암묵적 지식이 의사결정을 이끈다.
- 초보자: 대체로 맹백한 지식들만 가지고 있다.

"지식은 '관련되고, 행동 가능한, 적어도 부분적으로는 경험에 근거한 정보'라고 정의되어 있다. 그 정의를 받아들인다면…… 전문성이 깊어질수록 지식이 점점 더 추상화될수록, 지식의 암묵적 차원은 더 큰 지배력을 갖게 된다. 축적된 경험에서 갑자기 튀어 나오는 패턴 인식과 직관들은 본질적으로 암묵적인 경우가 많다."

* 출처: 도로시 레너드(Dorothy Leonard). 월터 스왑(Walter Swap). 비즈니스 내공 9단(Deep Smarts). 세종서적, pp. 86-117.

연구방법론

Chapter 5

"연구가 왜곡되지 않기 위해서는 무엇보다 연구방법론에 관한 기본적인 지식에 정통하여야 한다."

1. 관찰법

1) 관찰법의 개념과 의의

관찰이란 "도구를 사용하지 않는 측정이며, 만약 도구를 사용해도 그것을 측정하는 사람에게는 영향을 미치지만 측정받는 대상에게는 아무런 영향을 미치지 않는 측정"이라고 할 수 있다. 이러한 관찰을 통해 일련의 정보를 수집하는 측정방법이 관찰법이다. 체계적·구조적 측면에서 관찰법을 정의하면 다음과 같다.

관찰법이란 "관찰목적에 일치되는 현장에서 유기체에 관련된 일련의 행동과 환경(settings)을 선택(selection), 유발(provocation), 기록(recording), 기호화(encoding) 하는 방법"이다(박도순, 2001).

관찰법은 비언어적 행동에 대한 데이터를 수집하는 것에 일차적

목표를 두고 있으며, 이를 위해 시각에만 의존하는 것이 아니라 청각, 촉각, 후각 등 가능한 모든 감각을 동원할 필요가 있다. 또한 정밀한 관찰을 위해 필요하다면 모든 측정 도구를 이용하기도 한다.

관찰법은 과학적 연구에서 가장 오랜 역사를 가진 방법인 동시에 연구의 기본 수단이다. 특히 교육현장에서 학생을 대상으로 하는 연구는 관찰 방법에 많이 의존하는데, 그 까닭은 질문지, 검사 등 다른 방법에서 나타나는 방어가 최소화되기 때문이다.

2) 관찰법의 종류

관찰의 종류는 관찰하려는 행동장면을 인위적으로 통제해서 조작하느냐 않느냐, 혹은 관찰을 조직적으로 하느냐 혹은 그렇지 않느냐에 따라 다음과 같이 분류할 수 있다.

(1) 비통제적 관찰

자연적 관찰이라고도 부른다. 어떤 행동이나 현상을 자연적으로 발생한 그대로 관찰하는 방법이다. 비통제적 관찰 즉, 자연적 관찰법에서는 관찰 장면에 인위적 통제를 가하지 않고 관찰대상자를 평소대로 자연스럽게 활동하도록 하여 관찰한다.

[1] 전기적 관찰법(biographical observation)

한 개인의 정의적 특성을 시간적으로 장시간에 걸쳐 계속 관찰하는 방법으로, 흔히 종단적 연구(longitudinal study)라고도 한다. 이와는 반대로 여러 피험자를 일정 시간 단위로 나누어 특정한 행동을 연구하는 방법을 횡단적 연구(crosssectional study)라고 한다.

종단적 연구는 동일한 연구대상을 오랜 기간 동안 계속 추적하면서 관찰하는 방법이다. 이에 비하여 횡단적 연구는 동시적으로 여러 연령층의 피험자를 택해 필요한 발달 특징을 알아보는 방법이다. 예를 들어, 종단적 방법에서는 같은 대상을 5년간 지속적으로 추적 누가관찰하는 반면에, 횡단적 방법에서는 서로 다른 대상을 동시에 관찰한다.

'어렸을 때 대소변 가리기 훈련이 성장 후의 성격에 미치는 영향'과 같은 문제는 연구대상 집단을 선정하여 종단적 방법으로 초기의 특성이 후기의 발달과 행동에 어떠한 영향을 미치는지를 연구해야 한다. 물론 직접 관찰 대신 회상법을 사용하여 어렸을 때의 상황을 알아보는 경우에는 횡단적 접근방법으로도 이러한 문제를 연구할 수 있다. 그러나 회상법은 기억의 왜곡, 발달에 정말로 중요했던 사건을 간과할 수 있다는 위험이 따른다.

2 행동요약법(behavior summaries)

개인의 행동을 신체적·정서적·사회적 영역 등으로 나누어 각 영역의 특정 부분에 국한시키거나 사회적 행동 중에서도 특정한 것에 대해서만 오랫동안 조직적으로 관찰하고 그 관찰자료를 누가해도 전체적인 개성상을 재구성하는 방법이다. 이 방법은 어느 특정한 목적을 가지고 행동 관찰을 하려고 할 때 사용하는 방법이지만, 전기적 관찰과 마찬가지로 오랜 시간이 걸려야 하는 난점이 있다(황정규, 1988).

3 시간표본법(time sample technique)

시간을 표집해서 관찰하는 방법인데, 관찰 장면을 제한하지 않고 특정한 행동 단위(반항적 행동, 공격적 행동, 친구와의 대화 등)가 비교적 짧은 일정한 시간 동안에 얼마나 발생하는가를 양적으로 측정하는 방법이다. 흔히 빈도기록법이라고도 한다. 이 방법은 거듭해서 자주 이러날 가능성이 있는 행동 단위를 측정하기 위하여 널리 사용하는 방법이다.

4 장면표본법(situational sampling technique)

사건표본법(event sampling method)이라고도 한다. 한 개체의 정서적 변화를 보기 위해서는 위기장면을, 사회적 행동을 보기 위해서는 협동 작업 활동이나 놀이 장면을 관찰한다. 이 관찰법은 사건이 자연적인 생활 장면이기 때문에 인위적이 아닌 본질적 타당성을 갖는다는 장점이 있다. 즉, 각 사건은 한 개의 통합된 행동이기 때문에 조각조각 나누었을 때 잃어버리기 쉬운 행동의 전체성을 유지할 수 있다. 또한 희귀한 행동도 관찰할 수 있다.

(2) 통제적 관찰법

관찰하려는 장면이나 조건을 인위적으로 조작해서 같은 행동을 보다 정확하고 엄밀한 조건 아래에서 관찰하는 방법이다. 계통적 관찰이라고도 하며, 인위적인 조건 즉, 독립변인을 통제할 수 있기 때문에 종속변인으로서의 피험사의 행동을 분식하기가 쉽다.

이 방법은 어떤 행동이 언제나 일어날 것 같은 특정한 환경적 조건을 설정하고 필요한 만큼의 같은 행동을 반복하게 하여 정확한 관찰을 되풀이할 수 있도록 한다. 따라서 그것은 단순한 탐색적 연구가 아니고 필요한 조건이 미리 준비되어 있는 연구이다.

통제법에서는 개인통제법과 집단통제법이 있다. 전자는 개인의 행동이나 성격을 그 측면에 맞추어 조건분석적으로 연구하고, 후자는 집단을 대상으로 하며, 실험적으로 조작된 집단의 특성을 연구한다. 또한, 실험 전후의 결과를 비교할 수 있고, 실험은 반복이 가능하기 때문에 다른 관찰자와의 결과를 비교할 수 있다(김재은, 1987).

이 방법의 단점은 독립변인을 통제하더라도 오차변인때문에 판단 및 해석에 위험을 내포할 수 있으며, 실험조건의 인위성때문에 '실제 생활장면에 적용할 수 있을 것인가?'하는 적용도, 일반화의 범위가 제한된다는 점이다(황정규, 1988).

(3) 비조직적 관찰과 조직적 관찰

비조직적 관찰(unconstructed observation)은 관찰자에게 특별한 지시를 주지 않고 상당히 자유로운 관찰을 허용한다. 따라서 이 방법에서는 관찰자에게 상당한 숙련과 학식이 필요하다. 비조직적인 관찰법은 조사대상집단의 특색, 문제가 명확하지 않거나 너무 제약을 받게 되면 그 제약때문에 핵심적인 문제를 놓쳐버릴 가능성이 있는 듯한 경우에 유효한 방법이다.

조직적 관찰은 관찰자에게 관찰할 사항이나 시간 등을 지시하고 조직적 계통적으로 실시하는 것을 말한다. 조직적 관찰은 이미 상당한 연구가 진행되어 온 영역, 문제가 비교적 상세히 정식화되어 있는 분야에 적용되어지는 방법이다. 여기서는 이미 얻어진 지식에서 관찰을 위한 일정한 시스템을 만들어 낼 수 있다.

(4) 참여관찰과 비참여관찰

참여관찰은 관찰대상자나 그들의 행동에 대해 아무런 통제를 가하지 않고, 관찰자가 공동생활자의 위치에서 자연스럽게 피험자의 행동을 관찰한다. 참여관찰은 관찰대상자의 생활 속에 파고들수록 관찰하는 경험 범위가 좁혀지므로 조사자가 정서적으로 개입하는 정도에 따라 관찰의 객관성을 잃을 우려가 있다.

비참여관찰은 관찰장면에는 임하나 그들과의 생활 행동에 자기몰입을 하지 않고 어디까지나 외부인으로 객관적인 관찰을 하는 방법이다. 따라서 참여관찰보다는 객관성을 확보할 확률이 크지만, 조사대상이 관찰하는 것을 의식하게 되어 관찰자 간에 긴장감이 생기고 처음에는 행동상에 경직성이 생긴다는 것이 결함이다.

3) 관찰방법의 적용 절차

(1) 연구목적 설정

관찰에서 가장 먼저 해야 할 단계는 연구목적을 설정하는 것이다. 연구목적 설정 절차는 다음과 같다.

가) 누가 관찰할 것인가? (관찰자 선정)

나) 누구를, 무엇을 관찰할 것인가? (관찰대상과 내용선정)

다) 관찰은 어디에서 일어나는가? (관찰상황 설정)
라) 관찰은 언제 일어나는가? (관찰시간 설정)
마) 관찰을 어떻게 기록할 것인가? (기록방법 결정)

(2) 관찰자의 선정 및 훈련

연구목적이 결정되었으면 관찰자를 선정한다. 그리고 이 관찰자를 훈련하여야 한다. 훈련의 단계는 다음과 같이 나누어 볼 수 있다.

- 1단계: 훈련생들 상호간에 관찰 유형을 논의한다.
- 2단계: 기초적인 정보에 대한 평가를 가진 다음, 동기가 부족하거나 결과가 나쁜 사람을 제외한다.
- 3단계: 관찰할 상황과 유사한 관찰기록을 통해 개개의 행동 관찰을 수행한다.

(3) 관찰기록 유형의 결정 및 기록지 제작

관찰의 결과는 반드시 기록하여야 한다. 관찰기록지는 연구의 관심이 되는 행동 혹은 사상(event)을 관찰할 수 있는 충분한 기회가 주어지도록 작성해야 한다.

관찰기록 유형은 다음과 같다.

1 일화기록법

일화기록법(anecdotal record)은 일화를 기록하는 것 즉, 발생하는 사상(event)에 대해 간단히 요약하는 방법이다. 발생하는 사건, 행동 혹은 사상에 대한 '언어적 묘사(word picture)'로서, 관찰되어지는 사건을 사실적으로 기술하는 것이 중요한 측면이다.

이 방법은 인성, 적응 상태 등을 이해하기 위하여 구체적인 행동 사례를 될 수 있는 한 상세하면서도 간략하게 기술하는 방법이다. 이 기록법은 대체로 예기치 않은 행동, 사건, 사상을 관찰하여 기록할 때 사용한다.

일화기록에서 주의해야 할 점은 사건 자체와 그에 관한 해석, 주석의 두 가지 내용을 엄격히 구별하며, 동시에 이 두 가지 요소를 함께 구비하여야 한다는 것이다. 구체적이고 특수한 사건을 기록하며, 일반화된 서술이나 평가적인 서술은 피해야 한다. 즉, 일화기록의 주된 가치는 사건을 구체적으로, 또한 사실적으로 기록하는 데 있다.

2 행동기록 및 체크리스트에 의한 기록

행동기록(behavior tally)은 관찰자가 어떤 행동이 발생할 때, 그 행동을 기록하는 가장 손쉬운 방법 중 하나다. 개별적인 단위(discrete units)로서 발생 빈도가 낮은 행동을 관찰할 때 이 방법이 사용된다.

체크리스트는 기대되는 관찰 가능한 용어로 정의한 행동목록이 준비되어 있어 특정 관찰 시간 단위에 행동이 일어날 때 관찰자가 적절한 범주에 그 행동을 표시하는 것이다. 다시 말해서, 관찰상황에 특정행동의 발생유무를 기록하는 효율적인 기록지로서, 행해지리라고 기대하는 행동에 대한 일련의 진술문 목록으로 구성된다. 어떤 행동을 예측할 가능성이 없는 경우에는 대체로 일화기록법을 사용하며, 발생할 행동을 예견할 수 있고, 그 행동의 질이나 빈도를 제시할 필요가 없을 때는 체크리스트를 사용한다.

3 참여차트와 평정척도에 의한 기록

참여차트는 어떤 상황에 참여하는 학습자의 이름을 목록화하고 각각의 학생의 참여를 기록할 공간을 마련하여 참여행동을 기록하는 기록지이다. 행과 열로 구성하는데, 각 행에 학습자의 이름을 나열하고, 각 열에 해당 학생이 참여한 행동의 빈도를 기록하는 형태를 취한다. 관찰수행 후 각각에 표시한 기록기호의 숫자들은 개개인의 참여행동 횟수를 결정하게 된다. 평정척도에 의한 기록은 관찰자나 평정자에게 수치가 할당되어 있는 유목이나 연속상에 평가된 대상을 할당하도록 하는 측정도구이다. 관찰자가 단순히 행동의 유무만을 표시하는 것이 아니라, 그 행동의 빈도 혹은 질에 대한 판단을 표시한다는 점에서 체크리스트와 구별된다.

④ 기계에 의한 기록

녹음기, 사진기, 영사기, 카세트, 비디오, 컴퓨터 등 여러 가지 기기를 동원해서 간편, 정확, 신속하게 관찰의 결과를 기록하는 방법이다.

(4) 관찰의 실제 수행

관찰한 사실과 현상은 바로 기록하는 것이 바람직하다. 왜냐하면 인간의 기억력에는 한계가 있기 때문이다. 관찰자는 일상적인 관찰 환경이나 피관찰자에게 영향을 주지 않도록 주의해야 한다. 참여관찰의 경우 사전에 관찰대상 집단에 들어갈 수 있도록 허락을 받아야 하며, 피관찰자와 친화감을 유지해야 한다.

관찰은 계통적이어야 한다. 단순, 우연한 기회를 기대해서는 안 된다. 사전에 엄밀하게 계획하여야 한다. 관찰의 결과를 재검토하고 보충하여야 한다. 즉, 다른 관찰자의 관찰의 결과와 대조하고 관찰이 반복해서 이루어지도록 해야 한다. 일반적으로 관찰 기간이 길면 길수록, 자료를 많이 모으면 모을수록 그 정보는 보다 신뢰롭게 나타난다.

또한 관찰자는 관찰의 기록방법을 이해하고 정확하게 기록하여야 한다. 관찰자는 자기 개인이 가진 편견의 영향을 통제해야 한다. 관찰자는 자기가 실제로 보고 듣는 것만을 기초로 관찰을 기록해야지 자기가 믿는 바나, 느끼는 바나, 생각하는 바나, 바라는 바를 기록해서는 안 된다.

(5) 분석 및 정보 요약

관찰을 통해 수집한 정보는 분석 · 요약하여야 한다. 일반적으로 관찰의 결과를 기록한 자료는 그래프, 빈도, 시간, 가중치의 평균 등의 기술통계치로 분석한다.

일화기록법의 경우 일반적으로 기록된 자료를 정리된 진술문으로 요약하여 관찰자의 전문적 판단에 의해 연구목적에 필요한 조언을 하는 형식으로 분석한다. 그러나 행동, 사상에 대한 일화기록을 별도로 준비한 일정 유목에 할당한 다음, 빈도 및 평정자료로 환산하여 분산하는 경우도 있다.

4) 관찰법의 장 · 단점

관찰은 관찰자의 고도의 훈련과 역량에 의존하기 때문에 관찰의 성패는 관찰자에게 달려 있다. 잘못된 관찰 결과에 기초하여 한 개체의 정의적 특성을 해석하고 판단할 때는 돌이킬 수 없는 오류를 범하게 된다.

관찰법의 장 · 단점은 다음과 같다.

(1) 장점

① 관찰법은 비언어적 행동에 대한 데이터를 수집하는 데 있어 조사연구, 실험연구, 기록연구보다 유용하다.
② 어떤 문제의 사태나 피관찰자의 행동이 발생과 동시에 기록할 수 있다.
③ 관찰법은 피조사자 즉, 피관찰자의 고의적인 방해를 받지 않는 잇점이 있다.
④ 관찰법은 피관찰자의 연령이나 교육 정도에 제한받지 않는다.

(2) 단점

① 관찰은 관찰의 대상이 되는 행동을 현장에서 포착하기 때문에 통제된 관찰이 아니라면 그러한 행동이 일어날 때까지 기다려야 한다는 어려움이 있다.
② 관찰연구에서의 측정방법은 일반적으로 조사연구나 실험연구에서 사용하는 양적 측정방법보다 관찰자의 인식의 형태에

크게 의존한다.

③ 관찰법은 실험연구보다는 크지만, 조사연구보다는 작은 규모의 표집을 사용하는 것이 일반적이다. 관찰법은 일반적으로 수량의 어려움, 주관적 성격, 심층분석을 특징으로 하고 있기 때문에 표집을 하기가 어려우며, 또한 둘 이상의 관찰자에 의해 수집한 관찰자료는 쉽게 비교할 수 없다.

④ 대다수의 관찰연구는 자연적 환경에서 이루어지는 현장연구가 주종을 이루기 때문에 조사집단에 대한 연구 승인의 문제가 뒤따른다.

⑤ 동일한 현상도 사람에 따라 상이한 의미를 갖기 때문에 관찰 장면에서 관찰자의 편견이나 선입견이 개입하기 쉽다.

2. 문헌연구

1) 문헌연구의 정의

설명적인(explanatory) 연구이든 탐색적인(exploratory) 연구이든, 연구자는 자신이 선정한 연구주제에 관한 세부사항들을 계획·실행하기 전에 이미 다른 연구자들에 의해 해당 연구주제에 대한 연구들이 행해졌는지를 고찰해 보아야 한다. 왜냐하면 연구자는 연구 실행 초기에 자신이 설정한 잠정적인 연구주제가 기존의 연구결과에 기초하여 이론적·논리적으로 설정되었으며, 그것이 시간적·경제적으로 상당한 노력과 비용을 지출할 만큼 연구주제로서의 충분한 가치를 지니고 있는지를 검토해 볼 필요가 있기 때문이다. 또한 연구자는 자신이 설정한 잠정적인 연구주제와 관련한 선행연구 결과들을 검토해 봄으로써 해당 주제에 대한 연구문제는 무엇이었으며, 선행연구를 통해 이미 밝혀진 것은 무엇이고, 후속연구가 필요한 부분은 무엇인지를 구체적으로 알 수 있게 된다. 연구자는 이러한 과정을 통해 자신이 설정한 잠정적인 연구주제의 연구주제로서의 적합성과 가치 등을 검토해 볼 수 있다. 이때에 행해지는 것이 바로 문헌연구 혹은 문헌분석, 문헌고찰이다.

문헌연구(literature research 혹은 literature review)란 연구자가 관심을 가지고 있는 연구주제와 관련하여 공신력 있는 기관이나 연구자에 의해 이미 발표된 논문이나 보고서, 학술지, 서적 등과 같은 각종 자료의 체계적 · 논리적 수집 · 분석을 통해 해당 문제에 대한 해결책을 모색 · 제시하는 데 목적을 두고 행해지는 연구방법을 말한다. 문헌연구는 또한 연구자가 선정한 연구분야에 대한 선행연구들에서 발견되는 정보에 관한 일종의 평가보고라고 할 수 있다. 연구자는 문헌연구를 통해 선행연구결과를 기술 · 요약 · 평가 · 명료화하며, 자신이 수행하고자 하는 연구에 대한 이론적인 기초를 제공한다. 이러한 점에서 문헌연구는 단순히 정보를 검색 · 제시하는 기술적인(descriptive) 특성 이상의 것을 의미한다.

이러한 문헌연구는 다음과 같은 두 가지 점에서 학술연구(academic research)와 차이가 있다. 첫째, 문헌연구는 다른 사람들의 논쟁(arguments)과 생각을 요약하고 통합하는 데 초점을 둔 반면, 학술연구는 연구자 자신의 논쟁을 옹호하는(supporting) 데 초점을 두고 있다. 둘째, 문헌연구는 일반적으로 선정된 특정한 수의 자료원에 국한되지만, 학술연구는 논쟁을 강조하기 때문에 다양한 자료원(sources)을 포함한다.

2) 문헌연구의 목적

이러한 문헌연구는 연구수행 과정별로 그 목적이 다르지만, 일반적으로 다음과 같은 목적을 달성하기 위하여 주로 수행된다(김석우 · 최태진, 2007; 성태제, 2003).

(1) 연구계획 단계

1 새로운 연구주제 탐색 · 발견

학위논문, 학술논문, 보고서 등의 경우, 연구자들은 일반적으로 해당 연구보고서의 끝부분에 자신들이 해당 연구를 수행하는 과정에서 혹은 산출된 결과로부터 파생되어 나온 후속 연구문제나 제언을 포함·제시한다. 이러한 후속 연구문제나 제언은 연구자들이 해당 연구문제에 대한 체계적·지속적이고 심층적인 연구 및 사고 과정을 통해 얻어진 통찰의 결과물이라 할 수 있다. 이와 같은 선행연구결과물을 통해 후속 연구자는 선행연구자가 제기한 문제점과 제언을 수집·분석·고찰해 봄으로써 보다 쉽게 새로운 연구주제를 탐색·발견할 수 있다.

2 현실적·구체적인 실행 가능한 연구문제 설정

연구자는 잠정적으로 설정한 연구주제와 관련한 제반 관련 문헌들을 고찰해 봄으로써 자신이 설정한 연구주제의 범위를 보다 현실성 있고 효과적으로 설정할 수 있다. 많은 연구자들, 특히 연구를 수행하는 과정에서 초보연구자들이 범하는 가장 대표적인 문제들 중 한 가지가 자신이 연구하고자 하는 연구주제 혹은 연구문제에 대한 범위를 명확하게 설정하지 않거나 지나치게 광범위하게 혹은 너무 협소하여 설정하는 것이다. 그로 인해 많은 연구자들은 연구를 수행하는 과정에서조차도 자신이 무엇을 하고 있으며, 지향점은 무엇인지, 어떠한 문제부터 어디까지 다룰 것인지를 제대로 파악하지 못하여 상당한 시간적·비용적인 손실을 입을 뿐만 아니라 심한 경우에는 아예 연구를 포기하거나 새롭게 시작할 수밖에 없는 상황에 처하기도 한다. 그러나 연구자들은 문헌연구를 통해 선행연구의 연구범위 및 연구결과들을 구체적으로 살펴볼 수 있고, 이를 통해 자신의 연구주제나 연구문제를 보다 현실적·구체적이며 실행 가능한 범위 내에서 설정할 수 있다. 아울러, 연구자는 문헌연구를 통해 이미 발표된 연구주제와 관련된 다른 분야와의 접목가능성과 해당 연구주제에 대한 향후 전망 등에 대한 식견을 넓힐 수 있다.

(2) 연구수행 단계

1 효과적 · 효율적인 연구방법 모색

연구자는 자신이 설정한 잠정적인 연구주제에 대한 문헌연구과정에서 다양한 자료들을 검토 · 분석하게 된다. 이 과정에서 연구자는 해당 주제에 대한 연구문제를 해결하기 위하여 여러 가지 환경에서 다양한 연구대상을 중심으로 각종의 실험적 혹은 비실험적 연구방법들이 사용되어 왔음을 알 수 있다. 연구자는 또한 특정 연구문제에 대한 해결책을 모색하는 과정에서 다양한 연구방법이 사용될 수 있지만, 그러한 방법들 중 자신이 설정한 연구주제 혹은 연구문제를 해결하는 데 보다 효과적인 연구방법이 있음도 알 수 있다. 이러한 과정을 통해 연구자는 본격적으로 연구를 수행하기 전에 보다 효과적 · 효율적인 연구방법을 채택 · 활용함으로써 연구수행의 효과성과 효율성을 극대화할 수 있다.

2 연구수행 절차에 대한 방법론적 통찰

대부분의 연구자들이 연구를 수행하는 과정에서 겪는 어려움 중 대표적인 것이 시간적 · 경제적인 문제이다. 특히 오늘날과 같이 질적으로 우수한 연구 성과물뿐만 아니라 제한된 시간 내에 보다 많은 양의 연구 성과물을 양산해 낼 것을 요구받는 연구자들에게 있어 시간적인 제약은 그 어떤 변인보다도 연구자들을 힘들게 한다. 그 결과, 연구를 수행하는 데 있어 연구자들이 범하는 일반적인 오류 중 대표적인 것이 선행연구에 대한 충분한 검토를 하지 않는다는 점이다. 심지어 선행연구를 검토하는 경우라 하더라도 대부분의 연구자들이 시간적인 제약 때문에 주로 해당 연구의 연구결과나 요약부분에만 주의를 기울일 뿐 그 외 부분에 대해서는 제대로 살펴보지 않는다. 그러나 실제로 연구를 설계하고 수행하는 과정에서 연구자에게 더 중요한 것은 연구대상의 선정, 측정도구의 선정/제작, 연구/실험 절차, 자료분석 방법과 같은 연구수행 절차에 대한 방법론적 통찰이다. 문헌연구를 충실히 한다면, 연구자는 선행연구들에서 사용된 제반 연구수행 절차 관련 방법론을 습득할 수 있다. 이를 통해 연구자는 다른 연구자가 연구수행 과정에서 경험했을지도 모르는 연구방법상의 오류를 피해 갈 수 있다.

(3) 연구결과 산출 단계

1 연구결과에 대한 해석적 근거 제공

연구자는 또한 문헌연구는 통해 자신의 연구결과에 대한 해석적 근거를 마련할 수 있다. 즉, 선행연구들을 통해 밝혀진 연구결과와 자신의 연구 활동을 통해 도출된 결과 간의 유사성과 차이점이 무엇인지를 알 수 있을 뿐만 아니라 상호 비교·분석을 통해 왜 양자 간에 그러한 유사성이나 차이점이 발생하였는지에 대한 해석적 근거를 제시할 수 있다. 이러한 과정을 통해, 연구자는 자신의 연구결과나 주장에 대한 주관적인 판단이나 해석을 줄이고 객관성을 높일 수 있다.

2 문헌고찰을 통한 연구결과 산출

일반적으로 문헌연구는 다른 연구를 위한 이론적 근거를 마련하기 위한 수단으로 사용된다. 그 결과, 대부분의 경우 문헌연구는 다른 연구 활동의 일부로서 간주된다. 그러나 연구에 따라서는 선행연구를 토대로 한 문헌연구 그 자체가 연구의 목적이 되는 경우도 있다. 이 경우, 문헌연구는 앞에서 살펴본 것과 같이 단순히 관심 연구주제에 대한 이론적·해석적 토대를 마련하거나 연구방법론 상의 기초를 제공하는 것이 아니라 연구의 목적이자 연구결과 그 자체가 될 수 있다.

3) 문헌연구의 절차

효과적·효율적인 문헌연구를 위해서는 일반적으로 다음과 같은 다섯 단계를 거쳐 수행하는 것이 좋다.

연구주제 선정 및 명료화 → 연구주제 맥락화 → 자료원 탐색·수집 → 탐색·수집된 자료분석 → 연구결과 작성

| 그림 5-1 | 문헌연구의 절차

각 단계별 활동들을 좀더 구체적으로 살펴보면 다음과 같다.

(1) 연구주제 선정 및 명료화

연구자들은 다양한 자료원을 통해 연구주제에 대한 아이디어를 생성해 낸다. 예를 들어, 연구자는 특정 분야에 대한 자신의 선행 연구과정에서 도출된 문제점이나 제언에 근거하여 연구주제에 대한 아이디어를 얻을 수도 있으며, 선행연구물들에 대한 문헌연구과정을 통해 새로운 연구 아이디어를 얻을 수도 있고, 심지어 관심 분야에 대한 동료와의 우연한 논의 과정 속에서도 얻을 수 있다. 연구주제를 선정할 때, 특히 연구자의 관심 분야 혹은 연구하고자 하는 내용을 해당 분야의 전문가나 비슷한 관심사를 지니고 있는 동료들과 논의해 보거나 관련 분야의 저널 등을 검토해 보는 것이 매우 도움이 된다. 이러한 과정을 통해 얻어진 연구 아이디어는 또한 여러 발달 단계에 있을 수 있다. 예를 들어, 어떤 연구 아이디어는 아직 연구주제라고 말할 수 없을 정도로 애매모호하고 불명확한 매우 초보적인 단계에 있을 수도 있고, 선행연구를 통해 얻어진 후속연구거리 혹은 제언과 같은 어떤 연구 아이디어는 상당히 구체적이고 명료화되어 있을 수도 있으며, 어떤 연구 아이디어는 이 양자의 중간 어디에 있을 수도 있다.

연구 아이디어가 어떻게 도출되었으며 어떠한 상태에 있든, 연구자가 문헌연구를 행하고자 할 때 무엇보다도 중요하고 우선적으로 행해야 할 것은 가능한 한 자신의 관심 연구주제를 명확하게 선정·진술하는 것이다. 연구주제가 제대로 설정되지 않고 명료화되지 않으면, 연구자는 연구수행과정에서 마치 이정표가 없이 여행을 떠날 때 겪는 것과 같은 어려움을 경험하게 될 것이다. 적절한 연

구주제를 선정 · 진술하고자 할 때 연구자는 특히 다음과 같은 몇 가지 사항을 심사숙고해 볼 필요가 있다.

- 연구자 자신의 관심사
- 연구의 중요성과 가치
- 연구의 대상과 범위, 연구 가능성
- 연구문제 해결을 위한 적절한 연구방법론
- 자료수집과 분석의 용이성
- 자료수집, 분석, 결과보고 시 활용할 수 있는 하드웨어나 소프트웨어의 활용 가능성

(2) 연구주제 맥락화

선정 · 명료화된 주제를 추구해야 할 연구주제로 발전시키고 유의미하게 만들기 위해서는 해당 주제와 밀접한 관련을 맺고 있는 실제 맥락 속에 정치(定置)시켜 고찰해 볼 필요가 있다. 왜냐하면 선정 · 명료화된 주제가 추구해야 할 연구주제로서의 의미를 갖기 위해서는 연구가 수행되고 해당 연구결과가 실제로 활용될 수 있는 맥락을 떠나서는 의미가 없기 때문이다. 따라서 연구자는 연구가 수행될 맥락 혹은 환경과 그 속에서 상호작용하는 제 변인들을 꼼꼼히 살펴볼 필요가 있다. 선정된 연구주제를 맥락화하는 데 있어 연구자가 고려해 볼 필요가 있는 질문들은 다음과 같다.

- 연구의 범위(scope)는 무엇인가?
- 연구목적은 무엇인가?
- 연구대상은 누구인가?
- 연구기간은 어느 정도나 되는가?
- 연구대상 지역(geographical coverage)은 어느 정도나 되는가?
- 선정한 연구와 직/간접적으로 깊은 관련을 맺고 있는 학문 분야는 무엇인가?

(3) 자료원 탐색 · 수집

관심 주제를 선정 · 명료화하고 맥락화한 후, 연구자는 해당 연구주제 혹은 연구문제를 해결하기 위해 필요한 제반 자료원(sources)을 탐색 · 수집해야 한다. 이러한 자료원의 대표적인 것으로는 책, 학술 혹은 일반 저널, 연구보고서, 학위논문, 인터넷 자료, 서지목록, 백과사전, 신문, 정부간행물, 각종 법률이나 표준, 각종 통계자료, 학술발표 자료집 등을 들 수 있다. 연구자는 이러한 다양한 자료원들로부터 연구주제나 연구문제에 적합한 자료원을 신속 · 정확하게 탐색 · 수집하기 위하여 주제어나 핵심어 목록을 작성 · 활용하는 등과 같은 효과적 · 효율적인 자료탐색 · 수집방안을 강구 · 활용할 필요가 있다. 특히 최근에는 각종 통계자료, 학술논문 등과 같은 대부분의 연구자료가 디지털 형태로 인터넷을 통해 제공되고 있기 때문에 인터넷을 효과적으로 활용하면 원하는 자료를 보다 손쉽게 접근 · 활용할 수 있어 자료를 수집하는 데 걸리는 시간적 · 재정적 비용을 상당히 줄일 수 있을 뿐만 아니라 이를 통해 연구기간도 상당히 줄일 수 있다. 따라서 연구자는 인터넷을 통한 적절한 연구자료의 수집방법에 대해 자세히 알 필요가 있다. 아울러, 연구자는 앞에서 언급한 것과 같은 유형의 자료를 통해서 뿐만 아니라 동료나 다른 연구자, 사서 등을 통해서도 다양한 자료를 얻을 수 있다. 따라서 앞에서 언급한 것과 같은 공식적인 자료원을 통해서 뿐만 아니라 비공식적인 접촉을 통한 보다 적합하고 직접적인 자료원의 확보를 위한 인적 네트워크를 구축하는 방안도 강구해야 할 것이다.

(4) 탐색 · 수집된 자료분석

다양한 자료원을 통해 수집된 연구주제나 연구문제와 직 · 간접적으로 관련된 자료들은 적절한 분석틀에 의해 분석 · 활용되지 않으면 아무런 쓸모가 없는 쓰레기와 마찬가지라 할 수 있다. '구슬이 서말이라도 꿰어야 보배'라는 속담처럼, 단지 또 다른 유형의 쓰레기에 불과한 이러한 자료들이 제대로 활용되기 위해서는 연구주제나 연구문제를 해결하기 위한 체계적이고 구조화된 일련의 분석틀에 의해 적절히 분석되지 않으면 안 된다. 이를 위해서는 우선적으로 해당 자료에 대한 요약·정리가 제대로 이루어져야 한다. 이를 효과적으로 수행하기 위해, 연구자는 참고문헌 작성방법을 활용하여 논문의 제목과 저자, 출간지 등에 대한 내용과 더불어 요약내용을 간략히 정리한 논문요약지와 같은 양식을 사용할 수 있다. 일단 수집된 자료에 대한 요약·정리가 끝나면, 연구자는 이미 설정된 연구주제나 연구문제에 대한 구체적인 분석틀을 이용하여 재분류, 조직화, 통합, 삭제하는 등의 과정을 거치면서 요약·정리된 자료를 분석해야 한다. 이 때, 연구자는 컴퓨터화된 카드파일(cardfile)이나 *Endnote*, *Reference Manager*와 같은 참고문헌이나 논문의 내용을 요약·정리하는 데 매우 효과적인 소프트웨어를 활용함으로써 자료분석과 관리의 효율성을 높일 수 있다.

(5) 연구결과 작성

마지막으로, 연구자는 문헌연구의 결과를 일반인들에게 알리기 위하여 위와 같은 과정을 통해 탐색·수집·분석된 결과를 일련의 작성 서식에 맞추어 기술해야 한다. 연구자가 수집된 문헌을 분석·종합하고 고찰한 내용을 체계적·조직적으로 정리·기술하는 과정은 많은 시간과 노력이 필요할 뿐만 아니라 창의성과 세심함이 필요하다. 특히 자신의 연구결과를 선행연구결과와 관련지으면서 논의해 나가는 과정에서 연구자는 더욱 꼼꼼하고 세심한 분석이 필요하다.

연구결과를 작성할 때, 연구자는 다음과 같은 점을 유념해야 한다.

- 자신이 설정한 연구주제나 연구문제와 관련된 선행연구물이 적절하게 분석·제시되었는가?
- 문헌연구결과가 해당 연구주제나 연구문제에 대한 연구결과를

포괄적으로 보여주고 있는가?
- 자료수집, 분석방법과 같은 일련의 과정이 구체적이고 명료하게 기술되었는가?
- 자료분석을 위한 분석틀 등이 제대로 제시되었는가?
- 문헌연구를 통해 얻을 수 있는 시사점 등이 적절하게 제시되었는가?

4) 문헌연구의 자료원

문헌연구를 수행하는 데 있어 연구자가 활용할 수 있는 자료원(sources)은 다음과 같이 크게 세 가지로 나누어 볼 수 있다.

(1) 예비자료

예비자료(preliminary sources)는 연구주제나 연구문제 관련 문헌을 요약·제시해 줄 뿐만 아니라 해당 자료에 대한 출처 등을 간략히 제시해 주는 자료이다. 예비자료는 본격적인 문헌연구를 위해 필요한 구체적인 자료를 구하는 데 참조할 수 있는 자료로서, 관심 연주주제와 관련된 정기간행물이나 학위논문, 학술논문, 단행본 등에 대한 색인, 초록모음집, 저지정보 등이 이에 해당된다. 이러한 자료들을 통해 연구자는 해당 연구주제와 관련된 연구제목이나 주요 연구자, 학술지 등에 대한 정보를 얻을 수 있다. 따라서 연구자는 이러한 정보를 활용하여 해당 자료를 수집·분석하기 전에 해당 자료가 자신이 탐구하고자 하는 연구주제나 연구문제에 대한 연구자료로서 적합한지 등을 쉽게 파악할 수 있다.

(2) 1차 자료

1차 자료(primary sources)는 연구자가 연구수행 과정에서 직접 관찰·수집·작성한 자료를 지칭한다. 문헌연구에서 가장 흔히 사용되는 1차 자료로는 학회나 학술단체에 의해 발행된 학회 논문이나 개별 연구자에 의해 작성된 학위논문이나 연구보고서를 들 수 있다. 아울러 교육현상에 대한 연구자의 의견이나 이론을 담고 있는 저서도 1차 자료라 할 수 있다. 대부분의 연구에서와 마찬가지로, 문헌연구에서도 연구자가 1차 자료를 올바르게 해석하는 능력을 갖추고 있어야 하는데, 그 이유는 1차 자료를 요약·정리하는데 있어 원저자의 의도나 연구결과를 정확하게 해석·분석해 내지 못하면 해당 자료에 근거한 종합이나 판단 등은 전혀 다른 결과를 초래할 수 있기 때문이다. 이는 결국 잘못된 결론에 이르게 되어 연구결과에 대한 신뢰성이 떨어질 뿐만 아니라 극단적인 경우 연구로서의 가치를 상실해 버릴 수도 있다.

(3) 2차 자료

2차 자료(secondary sources)는 1차 자료와는 달리 연구자가 직접 연구한 결과를 보고하기보다는 직접 연구하지 않은 제 3자에 의해 쓰여진 자료를 지칭한다. 2차 자료의 대표적인 것으로는 교과서, 백과사전, 안내서, 신문이나 잡지의 평론기사 등을 들 수 있다. 일반적으로 2차 자료는 1차 자료에 토대를 둔 많은 연구결과와 다양한 이론을 소개하고 있기 때문에 연구자의 연구주제에 대한 많은 기초 개념이나 지식을 한 곳에서 쉽게 얻을 수 있다는 장점이 있다. 그러나 2차 자료 제시자가 1차 자료에 제시된 결과들을 잘못 해석하여 제시하였고, 연구자가 1차 자료보다 이러한 2차 자료에 지나치게 의존한 경우 연구의 결과를 신뢰할 수 없게 되는 문제가 발생할 수 있다. 따라서 연구자는 이러한 오류를 막기 위하여 1차 자료 결과와 2차 자료 결과를 적절하게 대비·분석하는 노력을 할 필요가 있다.

3. 사례연구

1) 사례연구의 개념과 목적, 특징, 장 · 단점

일반적으로 양적 연구방법은 모집단이나 표집단의 개괄적인 특징은 잘 드러내 줄 수 있지만 그 속에 포함되어 있는 개별 사례의 특성은 제대로 드러내 주지 못하는 단점을 지니고 있다. 이러한 양적 연구가 지닌 문제점을 극복하고자 개발된 연구방법 중 하나가 사례연구이다. 사례연구(case study)란 현상과 맥락 간의 경계가 불분명한 경우 여러 가지 증거 자료들을 활용함으로써 밝혀내고자 하는 현상을 실제 그러한 현상이 발생하고 있는 구체적인 맥락 속에서 연구하는 경험적인 탐구방법이라 정의할 수 있다(Yin, 1994). 즉, 사례연구는 현상과 맥락을 구별하는 양적 연구와는 달리 맥락 속에서 현상을 이해하고자 하며, 하나 또는 소규모 사례에 대한 심층적인 관찰과 분석을 통해 개별 사례와 맥락 간의 역학관계와 관계의 복잡성을 밝히는 데 초점을 두고 있다. 따라서 사례연구는 다양성 속에서 공통점을 찾고자 하는 양적 연구방법이라기보다는 특정 사례에 초점을 맞추어 현상과 맥락과의 관계 및 그러한 현상의 이면에 내포되어 있는 심층적인 의미를 찾고자 하는 질적 연구방법의 하나라 할 수 있다.

사례연구를 수행하는 목적을 간략히 정리하면 다음과 같다(김석우, 2007; 김석우 · 최태진, 2007).

첫째, 사례연구는 통계치를 통한 현상의 일반적인 특성에 대한 이해보다는 어떤 현상을 보다 자세히 '기술(description)'하는 데 목적이 있다. 즉, 사례연구는 특정 혹은 소수의 사례를 통해 현상을 보다 상세하게 묘사하고 해당 현상이 일어나는 상황과 맥락을 재구성함으로써 독자로 하여금 해당 현상과 그 맥락뿐만 아니라 그러한 현상과 맥락 간에 내재하고 있는 심층적인 의미와 의도까지도 파악 · 이해할 수 있도록 해 준다.

둘째, 사례연구는 현상과 맥락이 갖는 표면적인 의미뿐만 아니라 심층적인 의미까지도 '설명(explanation)'해 주는 데 매우 효과적인 연구방법이다. 이미 언급한 바와 같이, 사례연구는 하나의 사례 혹은 소수의 사례를 대상으로 그러한 사례 속에 존재하는 현상 간 혹은 현상과 맥락 간의 표면적인 의미뿐만 아니라 그러한 관계 속에서 존재하는 어떤 심층적인 패턴 혹은 의미를 찾고자 할 때 활용할 수 있는 매우 효과적인 연구방법 중 하나이다. 따라서 연구자는 사례연구를 통해 한 현상이 다른 현상에 어떠한 영향을 미치는지와 같은 인과관계(causal pattern)를 밝혀 낼 수 있을 뿐만 아니라 현상 간 혹은 현상과 맥락 간의 인과관계가 명확하지 않는 경우 그들 간의 관계패턴(relational pattern)을 밝혀 낼 수도 있다.

셋째, 사례연구는 현상에 대한 '평가(evaluation)' 목적으로도 사용될 수 있다. 이미 언급한 바와 같이, 사례연구는 현상이나 맥락을 보다 명료하게 기술하고 그들 간의 표면적 의미뿐만 아니라 심층적인 의미를 보다 분명하게 설명하기 위하여 주로 사용된다. 더 나아가, 연구자는 이러한 기술과 설명을 토대로 현상과 맥락이 행위 주체에게 주는 의미와 중요성, 가치를 판단할 수 있게 된다.

이와 같은 사례연구는 다음과 같은 몇 가지 특징을 지니고 있다(손충기, 2007).

첫째, 사례연구는 특정 대상을 다각적인 면에서 연구하는 것이므로 누가적인 기록 이상의 가치를 지니고 있다.

둘째, 사례연구는 어느 특정 대상의 일면이나 대상자 그 자체만을 연구하는 것이 아니라 사회적·환경적 존재로서의 대상 즉, 그와 환경과의 상호작용이 일어나는 기능적 개인으로서의 대상을 연구하는 것이므로 포괄적이다.

셋째, 특히 학교에서의 사례연구 상담자에게는 학생 상담의 기초를 마련해 주며, 일반교사에게는 학생지도에 대한 관심과 의욕을 북돋아 준다.

한편, 사례연구가 지니고 있는 장·단점을 간략히 제시하면 <표

5-1>과 같다.

표 5-1 사례연구의 장·단점

장 점	단 점
• 다양한 자료원을 통해 현상이나 상황, 맥락을 여러 가지 측면에서 심층적·포괄적으로 분석함으로써 보다 풍부하고 의미 있는 정보 제공 • 탐색적, 설명적, 기술적 연구유형 등과 같이 다양한 목적의 연구 가능 • 현상과 맥락을 통합적으로 이해할 수 있도록 해 줌으로써 생태학적인 접근이 가능	• 연구결과가 제한된 사례를 통해 도출되었기 때문에 일반화하기 어려움 • 엄청난 양의 자료를 수집·분석하는 데 많은 경비와 시간이 듦 • 연구자의 해당 분야에 대한 전문적인 식견과 경험, 통찰력이 필요 • 수집된 자료의 타당도와 신뢰도를 보장하기 어려움 • 사실에 대한 기술이나 설명, 평가에 치중해 현실문제에 대한 구체적인 해결방안을 제공하기 어려움

출처: 김석우·최태진(2007). **교육연구방법론**. 서울: 학지사. 수정·재구성함.

2) 사례연구의 종류

사례연구는 사례의 수, 연구목적, 학문적 지향성 등에 따라 여러 가지로 구분해 볼 수 있다. 예를 들어, 연구자가 하나의 사례나 개체만을 연구대상으로 삼느냐 혹은 둘 이상의 복수의 사례를 연구대상으로 삼느냐에 따라 단일사례연구(single-case study)와 중다사례연구(multiple-case study)로, 학문적인 지향성에 따라 문화기술적 사례연구, 심리적 사례연구, 역사적 사례연구, 교육적 사례연구, 사회적 사례연구 등으로 구분할 수 있다. 특히 사례연구방법을 연구방법으로 체계화하는 데 지대한 공헌을 한 Yin(2002)은 이러한 다양한 사례연구방법을 크게 탐색적 사례연구, 설명적 사례연구, 기술적 사례연구의 세 가지로 분류하였다. 이들 세 가지 연구방법을 간략히 살펴보면 다음과 같다.

(1) 탐색적 사례연구

탐색적(exploratory) 사례연구란 최종 사례를 대상으로 구체적·심층적인 사례연구를 실시하기 전에 행하는 연구로서, 연구하고자 하는 현상에 대하여 무슨 일이 일어나고 있는지를 개괄적으로 살펴봄으로써 해당 현상에 관심을 가지며 그러한 과정을 통해 해당 현상에 대한 실제 연구를 위한 잠정적인 가설과 명제를 찾기 위해 수행된다. 따라서 탐색적 사례연구는 현상이 '무엇(what)'인지를 모색하는 데 초점을 두며, 이러한 점에서 활용할 수 있는 선행연구나 선행 지식이 거의 없을 때 행하는 것이 효과적이다.

(2) 설명적 사례연구

설명적(explanatory) 사례연구란 연구자가 현상 간 혹은 현상과 맥락 간에 어떠한 연관성이나 인과관계가 있으며 왜 그러한 연관성이나 인과관계가 나타나는지를 발견하고자 할 때 수행된다. 따라서 탐색적 사례연구가 '무엇(what)'에 대한 질문에 답하기 위해 수행되는 사례연구라면, 설명적 사례연구는 '어떻게(how)', '왜(why)'라는 질문에 답하기 위하여 행하는 사례연구라 할 수 있다.

(3) 기술적 사례연구

기술적(descriptive) 사례연구란 연구대상이 되는 어떤 현상이나 사례, 상황, 맥락을 보다 자세하고 정확하게 묘사하는 데 초점을 두고 행해진다. 특히 어떤 현상 등을 보다 자세하고 정확하게 묘사하기 위해서는 해당 현상 등에 대한 다양한 정보들이 수집·분석되어야 한다. 따라서 연구자는 이를 효과적으로 수행하기 위해 해당 연구주제에 대한 폭넓은 지식뿐만 아니라 자료를 적절하게 탐색·조사·분석할 수 있는 역량도 함께 지니고 있어야 한다.

3) 사례연구의 절차

성공적인 사례연구를 수행하기 위해서는 일반적으로 다음과 같은 단계를 거쳐야 한다.

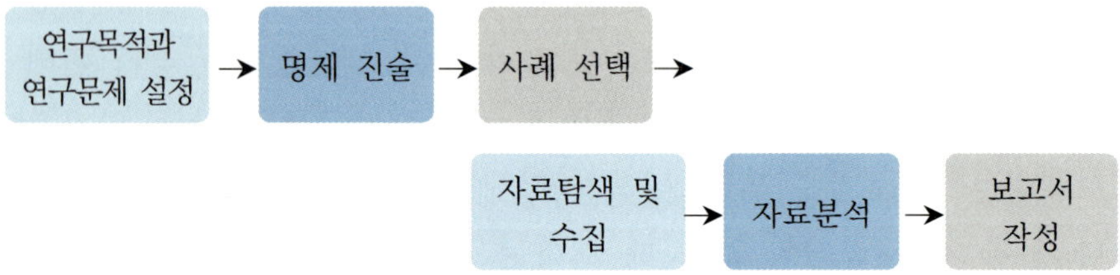

| 그림 5-2 | 일반적인 사례연구 절차

각 단계들을 좀더 구체적으로 살펴보면 다음과 같다.

(1) 연구목적과 연구문제 설정

어느 연구방법에서나 마찬가지로, 사례연구를 성공적으로 수행하기 위해서는 무엇보다도 먼저 연구의 목적이 무엇인지를 명확히 하고 연구문제를 명료하게 설정할 필요가 있다. 특히 사례연구의 경우, 위에서 살펴본 바와 같이, 연구목적에 따라 탐색적, 설명적, 기술적 사례연구의 세 가지로 대별해 볼 수 있는 바, 우선 이 세 가지 중 어느 목적을 달성하기 위하여 수행하는지를 분명히 해야 한다. 연구목적을 분명하게 설정한 후, 연구자는 또한 연구의 대상 즉, 탐구하고자 하는 상황이나 현상에 기초하여 연구문제를 구체적이고 명료하게 설정하여야 한다. 선행연구들이 거의 없는 탐색적 연구의 경우에는 조금 다르지만, 연구문제를 구체적이고 명료하게 설정하기 위해 연구자는 탐구하고자 하는 상황이나 현상에 관한 문헌연구를 충분히 해야 함은 두말할 나위도 없다.

(2) 탐구하고자 하는 명제 진술

'무엇(what)'에 해당하는 연구문제를 설정한 후, 연구자가 다음으로 해야 할 일은 '어떻게(how)'와 '왜(how)'라는 질문에 답할 수 있는 구체적인 명제를 명료하게 진술하는 것이다. 왜냐하면 이렇게 진술된 명제는 향후 사례연구를 통해 탐구하고자 하는 상황이나 현상, 문제가 무엇인지를 보다 구체적으로 파악할 수 있도록 도와주기 때문이다. 아울러 연구자는 이러한 과정을 통해 해당 명제를 해결하기 위한 증거를 어디에서 구할 것인지도 알 수 있게 된다. 그러나 연구자는 모든 연구문제가 반드시 명제를 지닐 필요는 없음을 알아야 한다. 왜냐하면 탐색적 사례연구의 경우 사전에 명제를 전혀 설정하지 않고 연구수행과정 중이나 수행 후에 명제를 설정할 수 있기 때문이다. 연구자는 또한 사례연구이기 때문에 하나의 명제만을 실징하고 이의 해결을 위해 진념해야 한다고 생긱힐 수 있다. 그러나 이 역시 잘못된 생각이다. 즉, 연구자는 비록 사례연구이기는 하지만 복수의 명제를 진술하고 그러한 명제들을 동시에 해결하고자 노력할 수 있다.

(3) 사례 선택

사례연구에서 사례(case)란 연구의 한 단위(unit)를 의미한다. 따라서 그것은 단일사례일 수도 있고 중다사례일 수도 있다. 그러나 사례연구인 이상 양적 연구에서와 같은 다수를 의미하지는 않는다. 사례연구라는 명칭이 의미하는 바와 같이, 어떠한 특성을 지닌 사례를 얼마나 많이 어떠한 방식으로 선택하느냐에 따라 사례연구의 성패가 결정될 수 있다. 따라서 연구자는 양적 연구에서보다 사례를 선택하는 데 훨씬 더 신중을 기해야 한다. 이 때, 연구자는 다음과 같은 몇 가지 질문에 대해 구체적으로 고려해 볼 필요가 있다.

- 연구하고자 하는 현상이나 상황과 관련하여, 독특한 사례를 선택할 것인가? 아니면 전형적인 사례를 선택할 것인가?
- 중다사례의 경우, 연구하고자 현상이나 상황에 대해 비슷한 경향을 보여주는 사례들을 선택할 것인가? 아니면 연구하고자

현상이나 상황에 대해 현격한 차이를 보여주는 사례들을 선택할 것인가?

- 사례를 무선으로 표집할 것인가? 아니면 의도적으로 표집할 것인가?

이러한 과정을 통해 어떠한 사례가 얼마나 많이 표집되었든, 중요한 것은 최종적으로 선택된 사례는 연구하고자 하는 현상이나 상황에 관한 정보를 다각적 · 심층적이며 풍부하게 보여줌으로써 연구자나 독자가 해당 현상이나 상황을 명료하게 이해하는 데 기여할 수 있는 사례이어야 한다는 것이다.

(4) 자료탐색 및 수집

일반적으로 사례연구는 밝히고자 하는 현상이나 상황을 다각적 · 심층적으로 파악하기 위해 한 두 가지의 제한된 자료에 의존하기보다 매우 다양한 각도에서 매우 많은 자료들을 추출 · 분석한다. 특히 사례연구는 다양한 자료원을 통해 밝히고자 하는 현상을 심층적으로 분석하는 데 초점을 두고 있는 바, 그것이 질적자료이든 양적자료이든, 면접자료이든 각종 기록물이든, 관찰자료이든 물리적인 인공물이든, 해당 현상을 설명해 주거나 탐색 · 평가할 수 있는 자료라면 어떠한 자료라도 탐색 · 수집되어야 한다. 따라서 연구자는 여러 가지 출처로부터 다양한 자료를 수집하기 위한 자료탐색 능력뿐만 아니라 수집된 자료를 체계적으로 조직화할 수 있는 능력도 사전에 갖추고 있어야 한다.

(5) 자료분석

어떤 연구방법에서나 마찬가지로, 사례연구에서도 일단 수집된 자료를 구체적인 연구의 목적이나 연구유형에 맞게 분석해 내는 것은 매우 중요하면서도 동시에 매우 힘든 일이다. 특히 사례연구에서는 수집된 정보의 양이나 형태가 다른 어떤 연구방법을 통해 얻어진 자료보다 풍부하고 다양하기 때문에 해당 자료를 적절하게 분석해 내는 것은 더욱 힘들고 오랜 시간이 걸릴 수 있다. 아울러 사례연구에서 수집된 자료는 일반적으로 동일한 현상이나 상황을 다른 각도에서 보다 풍부하게 설명해 주지만 연구자가 해당 자료가 함축하고 있는 의미를 제대로 파악하기는 매우 힘들며, 더욱더 힘든 것은 해당 자료들을 통해 현상이나 상황, 맥락 간의 인과관계를 도출해 내는 것이다. 따라서 연구자는 자료를 효과적으로 조직화하고 분석할 수 있는 분석틀을 사전에 구축하고 있어야 하며, 분석된 자료를 배열화, 범주화, 도표화하거나 흐름도를 만드는 등 수집·분석된 자료의 주요한 특성들을 효과적으로 제시할 수 있는 방법도 알고 있어야 한다.

또한 사례연구의 목적이나 연구문제가 무엇이든 연구자는 다음과 같은 질문을 항상 고려해 봄으로써 자료를 객관적이고 신뢰롭게 분석할 수 있도록 노력해야 한다.

- 자료분석을 위한 분석틀은 선행연구 등에 기초하고 있으며, 적절하게 구축되었는가?
- 자료분석은 분석틀뿐만 아니라 모든 관련된 증거자료에 근거하여 행해졌는가?
- 분석과정에서 모든 중요한 부분에 대한 해석이 행해졌는가?
- 연구자의 선험적, 전문적 지식이 적극 활용되었는가?

(6) 보고서 작성

연구결과를 가급적이면 간략하게 요약·정리하여 제시하는 데 목적을 두고 행해지는 양적연구보고서와는 달리, 사례연구는 현상이나 상황, 맥락에 대한 구체적이고 심층적인 기술이나 설명, 평가에 목적을 두고 행해지는 질적 연구방법의 하나이기 때문에 사례연구보고서는 독자가 그러한 현상이나 상황, 맥락을 충분히 이해할 수 있도록 구체적이고 심층적으로 기술되어야 한다. 따라서 연구자는 보고서 작성 시 해당 현상이나 상황, 맥락을 가급적 쉽고 명료하게 표현함과 동시에 독자가 보고서를 읽으면서 직접 경험하는 것처럼 느낄 수 있도록 생생하고 구체적으로 묘사해야 한다.

4) 사례연구의 자료원

앞에서 언급한 바와 같이, 사례연구는 특정 사례 혹은 현상, 상황, 맥락과 관련된 제반 자료들을 수집·분석함으로써 해당 현상을 보다 구체적·심층적으로 설명하거나 기술, 평가하는 데 목적이 있다. 따라서 사례연구를 위해 활용되는 자료는 각종 문서나 공문서 기록과 같은 양적인 자료뿐만 아니라 면접자료, 관찰자료 등과 같은 질적인 자료도 총망라된다 하겠다. <표 5-2>는 사례연구에서 주로 활용되는 여섯 가지 자료원과 그것의 장·단점을 보여준다.

표 5-2 사례연구에서 주로 활용되는 여섯 가지 자료원과 장·단점

자료원	장 점	단 점
문서	• 안정적이고 반복해서 볼 수 있음 • 사례연구 이전에 이미 존재하는 것으로, 연구자가 임의로 조작할 수 없음 • 상당히 정확함 • 장기간에 걸쳐 광범위한 사항을 다루고 있음	• 복구하기 어려움 • 선정에 편견이 개입될 수 있음 • 저자의 편견이 반영되어 있을 수 있음 • 접근이 용이하지 않을 수 있음
공문서 기록	• 문서가 갖는 장점과 동일 • 문서보다 정확하고 양적임	• 문서가 갖는 단점과 동일 • 기밀유지로 접근이 불가능할 수 있음
면접자료	• 연구주제에 맞추어 정확히 초점을 유지할 수 있음 • 인과적 추론에 통찰을 제공할 수 있음	• 면접질문이 좋지 않아 편견이 개입될 수 있음 • 피면접자가 면접자가 원하는 답만을 표현했을 수 있음
직접 관찰자료	• 사상(事象)의 실체를 실시간으로 다룰 수 있음 • 사상의 맥락을 이해할 수 있음	• 시간과 비용이 많이 듦 • 선택적이기 때문에 중요한 사실을 놓칠 수 있음 • 관찰자의 존재로 인해 행동이 바뀔 수 있음

자료원	장 점	단 점
참여관찰자료	• 직접 관찰자료의 장점과 동일 • 대인 간 행동에 대한 통찰 제공	• 직접 관찰자료의 단점과 동일 • 연구자의 행위로 인한 편파의 가능성
물리적 인공물	• 문화적 특징들에 대한 통찰 제공 • 기술적인 조작에 대한 통찰 제공	• 선택적 • 이용 가능성에 한계가 있을 수 있음

출처: Yin(1994). *Applications of case study research* (2nd ed.). Thousand Oaks, CA: Sage Publications, p. 80.

박스기사 5

계속적인 연구의 진행

① 학회지에 발표하기: 진행된 연구를 국내·외 학회지에 발표한다.
② 목표를 분명히 하기: 몇 월 몇 일까지 연구를 진행할 것인가를 분명히 한다. 지도교수와 만남을 통해서 어디까지 연구를 진행할 것인가를 분명히 한다.
③ 목록을 지키기: 진행하는 연구들을 목록화한다.
④ 계속적으로 새로운 것을 찾기: 문제 진술, 목표, 새로운 것의 접근을 통해 연구의 단계를 높인다.
⑤ 토론하기: 학우, 친구, 가족 등등과 진행되는 연구에 대해 토론화한다. 가능하면 많은 사람과 이야기하고 연구활동 등에 참석하여 본인의 연구가 타당한가를 감지한다.
⑥ 연구단계별로 편집하기: 초기단계, 진행단계, 종결단계로 구분하여 토론대상자도 달리하면서 연구를 진행한다.
⑦ 주의 산만을 정리하기: 연구가 진행되는 동안에는 동아리 활동 등을 최대한 억제하고 오직 연구에만 집중한다.
⑧ 두려움과 약함을 승화시키기: 토론이나 연설이 약하면 많은 모임에서 사회자를 자청하여 자신의 약점을 강점으로 승화시키도록 한다.
⑨ 읽고, 생각하고, 쓰고, 자르고 등을 반복하기: 연구는 많은 분량의 관련문헌을 읽고, 그것을 생각하고, 표현하는 반복적인 과정을 염두에 두고 진행하여야 한다.

6 Chapter 연구논문의 실제

"교육연구의 꽃은 보고서(논문) 작성이다."

연구보고서 작성은 연구계획서의 연장부분에 있다. 연구계획서가 잘 작성되었으면 연구자의 의도하는 방향대로 연구가 진행될 것이며, 이에 따라 연구보고서를 작성하게 될 것이다. 그러나 아무리 좋은 연구라도 연구보고서 작성이 제대로 이루어지지 않으면 연구의 질은 저하된다.

일반적으로 연구보고서는 첫째, 보고서를 이용할 사람들이 필요로 할 것으로 예상되는 모든 정보를 포함하여야 한다. 둘째, 조사결과의 해석과 활용에 중요한 영향을 미치고 있으므로 정확하게 작성되어야 한다. 셋째, 보고서 작성의 표현방식이 논리적이고 이해를 갖춰야 하며, 정확한 문장으로 구성되어 있어야 한다. 넷째, 보고서는 간결하게 정보를 전달하는 효율성이 있어야 한다.

조사·분석된 연구는 연구보고서 양식에 따라 작성하여야 한다. 연구보고서 제출 양식은 학교, 학회에 따라 서로 약간씩 다르다.

그러므로 학교, 학회 등 기관에 따라 연구보고서를 다르게 작성하여 제출하여야 한다.

일반적으로 국내에서 발표된 학위논문 및 연구보고서 구성형태는 다음과 같이 구성된다(김석우, 2000).

1) 조사연구논문

I. 서론 1. 연구의 필요성과 목적 2. 연구문제 3. 연구가설 4. 용어의 정의 5. 연구상의 제한점 II. 이론적 배경 연구문제에 대한 연구현황 III. 연구방법 1. 연구설계 2. 표집절차 3. 자료수집방법 4. 자료분석방법	5. 조사기간 6. 자료분석 방법 IV. 연구결과의 논의 1. 연구결과에 대한 해석 2. 논의 V. 요약 및 결론 1. 요약 2. 결론 3. 제언 참고문헌 부록 영문초록

2) 실험연구논문

I. 서론 1. 연구의 필요성과 목적 2. 연구문제 3. 연구가설 4. 용어의 정의 5. 연구상의 제한점 II. 이론적 배경 연구문제에 대한 연구현황 III. 연구방법 1. 실험설계방법 또는 실험방법의 개관 2. 피험자의 표집방법 및 속성 3. 실험처치방법 및 자료	4. 측정 또는 검사도구 5. 실험절차 6. 자료분석 방법 IV. 연구결과의 논의 1. 실험결과에 대한 해석 2. 논의 V. 요약 및 결론 1. 요약 2. 결론 3. 제언 참고문헌 부록 영문초록

1. 서 론

서론은 논문의 도입 부분으로서 교육현상에 대한 설명과 그에 따른 문제점과 의문점, 연구의 필요성, 연구목적, 연구문제, 연구의 제한점을 기록한다. 연구계획서의 부분과 다른 점은 별로 없다. 그러나 연구를 진행하면서 얻게 되는 교육현상에 대한 부분과 연구결과를 체계적으로 제시할 수 있어야 한다. 따라서 다음과 같은 사항이 고려되어야 한다.

1) 연구의 필요성

연구의 필요성에서는 이 연구가 왜 필요한가, 현장의 문제, 연구의 가치에 대한 논리적이고 설득력 있는 기술을 해야 하는데, 이때 연구에 관심이 없거나 교육에 대해서 전혀 모르는 사람들도 읽고 관심을 표명할 수 있을 정도로 논리적이고 설득력있게 기술해야 한다. 설득력있는 기술을 위해서는 현장의 문제점과 이론적인 논거를 중심으로 전개하면 된다. 이론적인 근거와 논리 없이 연구자가 아무리 중요하다고 말을 해도 전달되지 않는다.

연구의 필요성을 제시할 때에는 이론적 필요성과 실제적 필요성으로 나누어 생각해보는 것이 좋다. 연구의 필요성을 기술할 때에도 보기와 같이 ① 연구의 당위성, ② 연구주제에 대한 문제점, ③ 선행연구에서 제시된 연구의 틀, ④ 선행연구에서 연구되지 않았던 부분을 통한 자신의 연구관점, ⑤ 본 연구를 통한 시사점 순으로 기술한다.

예시 1

■ **제목:** 초등학교 '귀국반' 아동의 적응에 대한 문화기술적 사례 연구(권효숙, 서울대학교 대학원 박사학위논문, 2002)

1 연구의 당위성 제시

오늘날의 세계에서 공간적 거리는 더 이상 소통과 관계를 규정짓는 결정요인으로 작용하지 못하고 있다. 지구 전체를 통일된 단위로 하는 세계화는 국가적 차원과 개인적 차원에서 국제적 접촉을 확대시킴으로써 국가간 상호의존관계를 더욱 심화시키고 있다. 이러한 국가간 상호의존관계는 교육받은 인간상을 설정하고 그 실천방식을 탐색하는 교육의 장면에도 영향을 미치게 되었다. 더욱이 활발한 국가간 인구이동에 따른 국내 '귀국학생'의 증가는 ……(중략)

2 연구주제에 대한 문제점 제시

다문화적 경험을 가진 귀국학생의 증가는 학교장면에서 일종의 문제상황으로 나타나게 되었으며 이들의 학교생활을 위한 제도적인 장치의 필요성이 대두되기 시작하였다. 초기에 학교 밖 정부기관에서 단기적으로 실시되기 시작한 귀국학생 적응교육은 그 숫자가 늘어남에 따라 1992년부터 일반학교 내에 '귀국반'이라는 특수학급을 설치하여 실시하게 되었다. 귀국학생들의 적응교육을 위해 설립한 귀국반은 개인적 요구와……(중략)

3 선행연구에서 제시된 연구의 틀 제시

지금까지 국내에서 이루어진 귀국학생들의 적응교육에 관한 연구들(○○, 1999) 역시 부적응 현상과 그 해소에 초점을 맞춤으로써 적응은 모종의 변화를 불가피하게 수반한다는 점을 확인하고 있다. 먼저 ○○(1999)는 특정한 영역에서 일반학생과 귀국학생이 드러내는 차이를 분석함으로써 귀국학생들의 부적응현상이 어떤 요인에 기인하는지를 밝히고자 하였다.……(중략)

4 선행연구에서 연구되지 않았던 부분을 통한 자신의 연구관점 제시

그동안 이루어진 귀국반 적응교육에 대한 연구는 대부분 적응을 학습자의 관점보다는 교수의 관점에서, 그리고 주어진 시간 내에 해결해야 할 일종의 전략적 과제로서 파악해 온 것이 사실이다. 다종의 맥락이 혼재되어 있는 귀국반의 일상을 좀더 교육적으로 구성하는 일은 일차적으로 귀국반 아동의 적응 현상에 대한 이해를 깊이……(중략)

5 본 연구를 통한 시사점 제시

본 연구가 시도하고자 하는 것은 귀국학생들이 학교에 다니는 학생이라는 점을 중시하고, 그들의 적응 경험을 교육학적 개념을 통해 이해하는 것이다. 또 이 연구의 관심 범위에는 문화적인 특수성을 지니고 있는 사람들의 '가르치고 배우는 과정'이 포함……(중략)

이 연구에서는 이러한 점에 주목하여 '문화의 이질성'과 '문화적 기초'를 고려한 활동이 그들의 가르치고 배우는 활동을 어떻게 특징짓고 있는지……(이하 생략)

예시 2

■ **제목:** 아동의 기질, 어머니의 정서조절 및 양육행동과 아동의 정서조절 간의 관계(임희수, 이화여자대학교 대학원 박사학위논문, 2001)

1 연구의 당위성 제시

불과 얼마 전까지만 하더라도 사람들에게 '정서'라는 말은 생소했으며 인간발달학에 있어서조차 그리 중요하게 다루어지던 분야가 아니었다. 일반인들이나 학자들에게 있어서 또는 아동의 '정서발달'보다는 '지적 발달'이 더욱더 중요하게 인식되어졌으며 연구되어져 왔다. 그러나 십여 년 전부터 정서와 정서발달을 인간발달과 적응에 있어 대단히 중요한 측면으로 보기 시작했으며……(중략)

2 연구주제에 대한 문제점 제시

1980년대 후반 이후로 정서는 매우 다른 관점에서 정의되기 시작하였다. 즉, 정서는 단순한 감정이 아니라 개인에게 의미가 있는 인간과 내적·외적 환경 사이의 관계를 형성, 유지, 또는 파괴시키는 과정으로 인간 유기체의 심리학적……(중략)

③ 선행연구에서 제시된 연구의 틀 제시

정서에 관한 많은 연구들은 기본적으로 정서조절에 있어서의 성차에 대한 주제를 다루어 왔는데 일관된 결론을 내리기에는 이른 것으로 생각되며 결과들 사이에 일치하지 않는 부분들이 있다. 많은 연구자들은 남아는 여아보다 분노나 공격성을 표현하는(○○, 1999) ……(중략)

한편, 기질은 아동이 타고난 고유한 특성으로서 그 아동의 정서조절 능력이 적절하게 유지되도록 직접적, 간접적으로 영향을 주기도 하며 또는 정서조절 능력이 제대로 발휘되지 못하도록 영향을 줄 수 있다. 따라서 기질은 아동의 정서조절 능력을 설명해 주 있는 중요한 변인(○○, 1999) ……(중략)

④ 선행연구에서 연구되지 않았던 부분을 통한 자신의 연구관점 제시

국내에서는 아동의 정서조절에 대한 연구가 초창기에 있으며 더욱이 아동의 기질이나 어머니의 정서조절, 양육행동과의 관계를 통합적으로 살펴본 연구는 거의 없는 실정이다. 이에 본 연구는 이제까지 단편적으로 이루어져 온 아동의 정서연구 대신 아동의 기질적 특성이나 어머니의 정서조절 행동 및 양육행동과 관련시켜 ……(중략)

⑤ 본 연구를 통한 시사점 제시

이러한 시도는 아직까지 활발하지 못한 아동의 정서조절에 대한 연구에 있어 아동의 성, 기질 그리고 어머니의 정서조절 및 양육행동과 아동의 정서조절 간의 관계를 규명함으로서 아동의 정서조절 능력에 아동의 특성과 어머니의 특성 중 어떤 것이 더 영향력이 있으며 ……(중략)…… 더욱이 어머니의 양육행동과 아동의 정서조절에 대한 연구가 드문 실정에서 어머니의 양육행동과 아동의 정서조절 간의 관계를 알아보는 것은 아동의 정서발달을 위한 어머니의 실제적인 양육방식에 관한 정보를 제공해 줄 있을 것이다.

2) 연구목적

연구목적은 연구주제와 연구의 필요성에 근거하여 설정하게 되는 데, 가급적이면 일반적인 연구목적과 세부적인 연구목적으로 구분해서 제시하는 것이 좋다. 연구목적은 간결하고, 명료하면서도 구체성을 갖는 문장으로 진술하여야 한다.

예시 1

■ **제목:** 인권교육 프로그램의 인지 · 정서 요인에 관한 실험 연구(이승미, 서울대학교 대학원 박사학위논문, 2001)

본 연구는 인권교육 프로그램의 인지요인과 정서요인이 인권태도 및 공감정서, 그리고 인권을 옹호하는 행동경향성에 어떻게 서로 다른 영향을 미치는지를 탐색함으로써 인지 · 정서 두 심리적 요인 간의 관계를 밝히는 것을 목적으로 한다. 인권교육 프로그램의 인지적 요인은 인지적 판단능력의 발달에 중점을 둔 인지중심처치이며, 정서적 요인은 공감정서의 발달에 초점을 맞춘 공감중심처치로 이루어져 있다. 그러므로 본 연구에서는 인권교육 프로그램의 인지요인인 인지처치와 정서요인인 공감처치가 인권의식과 관련한 피교육자의 인지적 요인과 정서적 요인, 그리고 더 나아가서는 행동적 요인에 어떠한 영향을 미치는가를 밝히고자 한다.

예시 2

■ **제목:** 가족의 정서체계 역동성에 관한 연구(남순현, 고려대학교 대학원 박사학위논문, 2000)

가족과정을 설명하는 하나의 개념으로서 가족분화는 가족구성원들간의 연결성과 분리성의 균형의 정도를 조정해 주는 상호작용 유형이다. 연결성은 의미 있는 타인과 정서적 유대감을 유지할 수 있는 능력으로……

(중략)

본 연구에서는 결혼 이후에도 딸이 아들보다 근원가족과의 정서적 유대감을 강하게 보인다는 기존의 연구결과들(○○, 1998)을 토대로 근원가족의 정서적 역동에서 자녀의 성차를 가정하였다. 그리고 근원가족의 정서적인 힘은 자녀가 이성 친구를 만나거나 결혼 후 배우자와 느끼는 친밀감과 관계가 있을 것이다. 따라서 본 연구에서는 근원가족의 가족분화 수준과 성인 자녀의 이성 파트너와의 친밀감 간의 관계를 살펴보고자 한다.

3) 연구문제

연구문제는 연구의 필요성과 연구목적에 따라 진술하게 되는데, 진술되는 연구문제들은 결국 연구의 내용과 범위를 결정하게 된다. 연구란 바로 제기된 문제에 대한 해답을 얻기 위한 활동이기 때문에 연구의 목적과 비슷한 의미를 갖게 된다. 즉, 연구문제는 연구를 통하여 얻고자 하는 해답이 무엇인지를 묻는 간결하고, 명료하며, 완벽한 의문을 뜻한다. 그리고 이 의문 또는 질문에 대한 잠정적인 해답 또는 결론이 가설이다.

이와 같이 연구주제, 목적, 문제, 그리고 가설은 서로 밀접하게 관련되어 있다. 연구목적이 일반목표와 세부목표로 제시되면 세부목표는 연구문제와 상당히 중복되는 경우가 있어 연구문제는 종종 생략되는 경우도 있다. 연구문제와 가설을 동시에 제시하여도 되고, 연구문제만 제시하여도 된다.

예시 1

연구문제 1. 아동의 성 및 기질은 아동의 정서조절과 어떠한 관계가 있는가?

1-1. 아동의 정서조절은 성에 따라 차이가 있는가?

1-2. 아동의 기질은 아동의 정서조절과 어떠한 관계가 있는가?

예시 2

연구문제 1. 인권교육 프로그램은 인권태도의 변화에 어떤 영향을 미치는가?

1-1. 인지처치는 인권태도의 변화에 긍정적인 영향을 미치는가?
1-2. 공감처치는 인권태도의 변화에 긍정적인 영향을 미치는가?

4) 용어정의

용어정의에서는 연구자의 조작적인 정의를 필요로 한다. 해당 연구에서 사용하는 특정한 용어의 정의를 공식적으로 서술하여야 하는데, 이 때 용어의 정의를 여러 학자의 이론이나 학설을 종합적으로 인용하기보다는 이 연구에서 특별히 의미하는 용어 즉, 연구자가 정의한 내용이나 관점을 기술하여야 한다.

예시 1

진로결정 수준(career decision level): 진로결정 수준은 고등학생들이 진학, 직업선택에 대한 확신의 정도로서 진로결정과 진로미결정을 양극단으로 하는 연속선상의 어느 한 지점을 말한다. 본 연구에서는 Osipow 등(1980)의 진로결정 수준 검사를 활용하였으며, 이 점수가 높을수록 진로가 보다 확고하게 결정되어 있음을 나타낸다. 여기에서 진로라는 개념에는 졸업 후에 진학을 하는 것과 취업을 하는 것이 모두 포함되어 있다.

예시 2

아동의 정서조절 개념은 아동이 부정적 정서 상태인 분노, 두려움, 걱정스러움, 속상함 등의 정서를 유발하는 상황에서 그 정서를 조절하기 위해 사용하는 대처 전략으로 문제 중심적 대처 및 지지추구, 감정발산, 공격적 표현, 회피를 포함한다(○○, 1995).

1 문제중심적 대처 및 지지추구

아동이 분노, 두려움, 걱정스러움, 속상함 등의 정서를 문제 중심적으로 대처하거나 또는 사회적 지지를 추구함으로써 조절하려는 전략을 의미한다.

② 감정발산

아동이 자신의 감정을 있는 그대로 표출하는 것을 의미한다.

③ 공격적 표현

아동이 자신의 분노, 속상함 등의 정서를 부모나 형제 또는 친구 등에게 보다 적극적으로 공격적인 표현을 하는 것을 의미한다.

④ 회피

아동이 두려움, 분노, 걱정스러움 등의 정서를 그 상황을 회피하는 것으로 조절하려는 특성을 의미한다.

5) 연구의 제한점

자신의 연구결과를 일반화시키거나 해석할 때 주의할 사항을 중심으로 연구의 제한점을 제시하여야 한다. 즉, 자신의 연구에 나타날 수 있는 문제나 약점 등을 중심으로 기술하여야 한다.

예시 1

본 연구는 대학생을 대상으로 효과적인 인권교육 프로그램의 모형을 개발하기 위하여 인지처치와 공감처치를 실시하고 그것의 효과를 검증하기 위한 연구이다. 본 연구가 가지는 제한점은 다음과 같다.

첫째, 프로그램의 효과성 분석의 경우 표본이 ○○대학교 학생들로 제한되어 있어서 한국의 전체 대학생을 위한 프로그램으로 일반화시킬 수 있는지의 문제가 제기된다.

둘째, 본 연구에서 사용한 실험처치가 소집단을 대상으로 한 회기당 약 2시간에 걸쳐 토론이나 공감훈련을 하는 것이었으므로 실험처치의 특성상 대규모의 피험자를 대상으로 할 수 없었다. 그래서 표본의 크기가 작아 양적인 분석을 할 정도로 충분한 표본의 수를 확보하지 못한 점을 제한점으로 들 수 있다.

셋째, 효과적인 프로그램의 모형을 검증하기 위해서는 실험처치 설계상 2×2 요인설계를 실시하여 인지처치만 실시하는 집단, 공감처치만 실시하는 집단, 그리고 인지처치와 공감처치를 함께 실시하는 제3의 실험집단이 있어야 하나, 표집의 어려움으로 인지처치집단과 공감처치 집단, 이 두 개의 실험집단만으로 실험이 운영되었다. 그 결과, 인지처치와 공감처치가 행동경향성에 미치는 상호작용의 효과를 직접적으로 검증할 수 없었다. 그러므로 추후 연구를 통해 인지적 판단능력과 정서적 공감요인이 어떻게 상호작용하여 행동경향성에 영향을 미치는지를 엄격히 분석하기 위해서는 제3의 실험집단인 '인지훈련×공감훈련 처치'집단이 필요할 것이다.

예시 2

이 연구는 충청남도 고등학생만을 그 대상으로 하였기 때문에 연구의 결과를 충청남도 고등학생들에게는 일반화할 수 있으나, 전국의 모든 고등학생들에게 일반화시키기에는 다소 무리가 따른다.

2. 이론적 배경(문헌 및 선행연구 고찰)

이론적인 배경은 연구에 기초가 되는 이론을 전개하는 부분으로, 참고서적이나 문헌의 내용을 체계적으로 전개하는 부분이다. 일반적으로 연구의 주제와 관련되는 주요 개념이나 이론을 명확히 규정하는 작업을 말한다. 연구에 사용되는 여러 개념 또는 변인 그리고 이론 등에 대한 명확한 규정이 되어 있지 않으면 연구는 혼란스럽고 무엇을 위한 연구인지 알 수 없게 되므로 다음과 같은 방법으로 기술하여야 한다.

첫째, 이론적 배경에서 제시되는 이론이나 결과들은 논문의 제목에서 제시하는 독립변인, 종속변인 및 연구목적, 가설과 부합되는 내용과 일관성을 가져야 하며, 연구의 의의와 필요성과도 일관되어야 한다.

둘째, 상반되는 이론이나 연구의 논의에서 서술된 내용은 이론적 배경에서 간략하게 서술하는 것이 바람직하다.

셋째, 연구목적과 관련이 없는 이론적 배경의 이론들은 삭제되어야 한다.

넷째, 독립변인과 종속변인에 해당되는 개념이나 특성 등을 기술, 설명하고 자신의 견해를 논리적으로 전개한다.

다섯째, 독립변인과 종속변인 간의 관계를 이론적으로 구명(究明)하고 선행연구를 기술하여 선행연구와 연구자의 연구와의 관련성, 차이점을 기술한다.

예시 1

① 연구제목: 고등학생의 진로결정 수준에 영향을 미치는 개인변인과 심리적 변인 간의 인과관계

② 독립변인: 개인변인과 심리적 변인

③ 종속변인: 진로결정 수준

④ 독립변인과 종속변인 간의 관계: 개인변인(성, 부모의 사회경제적 배경)과 심리적 변인(부모와의 애착, 자아정체감) 관계 및 선행연구를 기술함. 이론적인 배경은 주로 문헌연구와 선행연구의 고찰을 기술하게 되는데, 이 때 학자들의 이론을 정리하고 그에 따른 연구자의 의견을 종합적으로 기술한다. 이론적 배경 진술 순서는 다음과 같다.

1 개인변인

① 성

② 학교유형

③ 부모의 사회경제적 배경

2 심리적 변인

① 부모와의 애착

② 또래애착

③ 자아정체감

④ 자기효능감

3 진로결정 수준과 관련 변인 간의 관계

① 성과 자아정체감
② 성과 자기효능감
③ 학교유형과 자아정체감
④ 학교유형과 자기효능감
⑤ 부모의 사회경제적 배경과 자아정체감
⑥ 부모의 사회경제적 배경과 자기효능감
⑦ 부애착, 모애착, 또래애착과 자아정체감
⑧ 부애착, 모애착, 또래애착과 자기효능감
⑨ 성과 진로결정 수준
⑩ 학교유형과 진로결정 수준
⑪ 부모의 사회경제적 배경과 진로결정 수준
⑫ 부애착, 모애착, 또래애착과 진로결정 수준
⑬ 자아정체감과 진로결정 수준
⑭ 자기효능감과 진로결정 수준
⑮ 개인변인, 심리적 변인과 진로결정 수준과의 관계

예시 2

부와 모의 가치, 부/모-자녀 간 정서적 친밀도 및 부/모의 과잉통제와 대학생의 소외감과의 관계(강완숙, 2000)

1 대학생의 발달적 맥락과 소외감

① 소외개념

- 객관적인 사회구조로서의 소외개념
- 개인의 독립된 심리적 상태로서의 소외개념
- 사회구조와 관련된 개인의 주관적 경험으로서의 소외개념

② 대학생의 발달과 소외감

2 대학생의 소외감과 관련된 변수들

- 부와 모의 가치와 대학생의 소외감
- 부/모-자녀 간 정서적 친밀도와 대학생의 소외감
- 부/모의 과잉통제와 대학생의 소외감

예시 3

아동의 기질, 어머니의 정서조절 및 양육행동과 아동의 정서조절간의 관계(임희수, 2000)

1 정서와 정서조절의 개념

① 정서의 개념 및 기능
② 정서조절의 개념

2 아동의 정서조절과 관련된 변인들

① 아동의 성 및 기질
② 어머니의 정서조절 및 양육행동

3 정서조절과 문화

선행연구를 중심으로 관련성을 진술한다.

3. 연구방법

1) 연구대상

연구방법은 연구를 진행하는 절차를 기록하는 부분으로, 연구대상, 연구도구, 연구절차, 프로그램 내용, 통계처리 방법 등을 포함한다. 연구계획서에는 미래형으로 서술하는 반면, 연구보고서에는 과거형으로 서술한다. 또한 학위논문인 경우 연구방법을 상세히 기술하는 반면, 학회지 등에 기재되는 논문에서는 간략히 서술한다.

예시 1 확률표집

1 모집단

이 연구의 모집단은 2001년 4월 1일 기준 충청남도(대전광역시 제외)에 소재하고 있는 106개 고등학교 학생 85,959명이었다. 이 중 남학생은 44,672명, 여학생은 41,287명이었다. 일반계 고등학교 학생은 61개교 51,045명으로 남학생은 28,075명, 여학생은 22,970명이고, 실업계 고등학교 학생은 45개교 33,914명으로 남학생은 15,597명, 여학생은 18,317명으로 인문계 고등학교와 실업계 고등학교 비율은 58:42이었다.

2 표집방법

표집방법은 다중층화수출법(Stratified Multistage Random Sam- pling)을 이용하였는데, 그 구체적인 절차는 다음과 같았다.

① 모집단을 전공(인문계, 실업계) 및 학생구성형태(남고, 여고, 공학)로 <표 6-1>과 같이 1차적으로 6개의 층으로 구성하였다. 전체 학교는 106개교, 학급수는 2,207개였으나, 남자 실업계 고등학교가 1개교에 불과해 공학에 포함시킴(남녀공학 실업계 고교수는 34개(32%))으로 인해서 층간 결합은 최종적으로 5개 층으로 구분하였다.

표 6-1 모집단 학교 및 학급수

n(%)

구분		남고	여고	공학	계
인문계	학교수	17(16.0)	15(14.2)	29(27.36)	61(57.5)
	학급수	422(19.1)	336(15.2)	498(22.50)	1,256(56.1)
실업계	학교수	1(0.9)	11(10.4)	33(31.30)	45(42.5)
	학급수	28(1.2)	298(13.5)	625(28.3)	951(43.1)
계	학교수	18(16.9)	26(24.5)	62(58.6)	106(100.0)
	학급수	450(20.3)	634(28.7)	1,124(50.8)	2,207(100.0)

② 1차적으로 각 층에서 비례적으로(proportionally) nh, h=1, ……, 5개의 학교를 추출하였다. 학급수 비율보다는 학교비율이 타당하다고 생각되어 <표 6-2>와 같이 학교수를 추출하였다.

표 6-2 표집 학교수

구 분	인문계 남 자	인문계 여 자	인문계 공 학	실업계 여 자	실업계 공 학	계
표본수(20개)	4	3	5	2	6	20
인문계(%)	20.0%	15.0%	25.0%	10.0%	30.0%	100.0%

③ 1차 추출(primary sampling unit: PSU) 단위는 학교수이고 각 층에서 최소한 2개 이상의 PSU를 추출하여 총 20개 학교를 추출하고, 2차 추출단위(secondary sampling unit)는 학급으로 각 추출된 학교에서 2학급씩 무작위로 추출하여 총 40개 학급을 표본으로 추출하였다. 최종 표본은 전체 학생 85,959명중 1.86%인 1,600명의 학생을 표집하였다.

3 표집대상

작성된 질문지는 표집 학교의 담임선생님에게 1차 전화통화 후에 우편으로 송부하여 자료를 수집하였다. 질문지에 성실히 답변할 수 있도록 하기 위해서 학생들에게 질문에 대한 유의사항을 철저히 숙지시키고, 질문지에 답변하도록 하였다. 또한 후배들에게 효율적인 진로지도가 될 수 있다는 것을 주지시킴으로써 성실한 답변을 얻을 수 있었다.

본 연구에서는 고등학교 3학년을 대상으로 하였다. 고등학교 3학년을 대상으로 한 것은 3학년 시기는 진로결정 시기로 진학과 취업을 선택해야 하는 시기에 놓여 있기 때문이다. 특히, 3학년은 대학 진학 공부로 바쁜 점을 고려하여 설문시기를 3월에 시행하였으며, 자율학습 시간을 이용하여 담임교사가 학생들에게 양해를 충분히 구한 후 시행하였다. 질문지는 20개교 학교에 각 80부씩 배부하였다. 질문지는 1,600부를 배포하여 그 중 1,455부가 회수되었으나 끝까지 응답하지 못하거나 무성의한 질문지 122부를 제외한 1,353부를 연구의 대상으로 사용하였다.

예시 2 실험연구

인권교육 프로그램 중 인지처치와 공감터치의 효과를 검증하기 위하여 ○○명을 대상으로 실험하였다. 총 ○○○의 학생 중 두 개의 처치집단의 피험자는 자원자에 한하여 표집되었다. 그리고 처치집단에 참여를 원하지 않는 학생이나 늦게 지원한 학생들은 통제집단으로 할당되었다. 표집 과정에서 실험의 내용을 일러주게 되면 인권에 관심이 사람이 실험에 참여하게 되어 피험자가 가지고 있는 특성이 실험의 효과와 혼합될 수 있으므로, 표집 과정에서 이러한 피험자의 편향을 막기 위하여 실험의 내용 및 목적은 자세히 일러주지 않았다. 실험 연구대상자는 <표 6-3>과 같다.

표 6-3 집단별 표본의 특성

구 분	인지처치집단	공감처치집단	통제집단	전체
표본수	○○명	○○명	○○명	○○명
남녀성비	남 ○○명(%) 여 ○○명(%)	남 ○○명(%) 여 ○○명(%)	남 ○○명(%) 여 ○○명(%)	남 ○○명(%) 여 ○○명(%)
평균연령	만 ○○세	만 ○○세	만 ○○세	만 ○○세

실험집단은 딜레마 토론을 실시하는 인지처치 집단과 공감 훈련을 실시하는 공감처치 집단으로 구성되었다. 두 개의 실험집단으로 피험자를 할당하는 과정은 무선적으로 이루어졌다.

각 처치집단은 두 개의 소집단으로 구성되어 실험이 진행되었으므로, 각 소집단별로 ○○명이 넘으면 토론이나 공감훈련이 어려워지므로, 소집단별 ○○명의 인원을 제한하여 각 처치집단의 인원은 인지처치 집단이 32명, 공감처치 집단이 ○○명이었다. 그러나 실험 도중에 휴학한 학생들로 인해 최종 표본수는 인지처치 집단이 ○○명, 공감처치 집단이 ○○명이 되었다.

피험자의 연령 특성을 보면 최빈치가 대학 학년 즉, 만 ○○세였으나, 연령이 많은 복학생들이 소수 있어 평균 연령은 보통 대학 ○학년생의 연령인 만 21세가 되었다. 성비 특성을 보면 두 개의 처치집단의 성비가 거의 50 : 50으로 균형을 이루는 데 비해, 통제집단의 경우, 여학생의 수가 더 많았다.

예시 3

본 연구의 대상은 초등학교 5학년 또는 6학년 남녀 아동 ○○○명과 그 아동들의 어머니들로서 서울(2개)과 경기도(2개) 지역의 4개 초등학교에서 표집하였다.

자료수집을 위해서 각 학교의 담임교사를 통해 설문지를 배부한 후 아동과 어머니의 설문지를 회수하였다.

본 연구대상자의 사회인구학적 특성은 다음의 <표 6-4>와 같다. 연구대상자인 아동의 성별은 남아가 ○○○명(46.4%), 여아가 ○○○명(50.3%), 무응답이 ○○명(3.4%)으로 여아가 더 많은 편이며, 아동의 평균 연령은 11.7세였다. 아버지의 평균 연령은 41.8세이고, 어머니의 평균 연령은 38.7세이며 부모의 교육수준은 아버지의 경우 고등학교 졸업이 47.7% ……(중략)

표 6-4 집단별 표본의 특성

변인/구분	빈도(%)	인지처치집단	
아동의 성별		아버지의 학력	
남 아	179(46.4)	중졸 이하	31(8.0)
여 아	194(50.3)	고 졸	184(47.7)
무응답	13(3.4)	대학중퇴 및 전문대학	33(8.5)
아동의 연령		대 졸	110(28.5)
9세	179(46.4)	대학원 이상	16(4.1)
10세	194(50.3)	무응답	12(3.1)

가정의 월 평균 수입은 100～150만원 미만이 18.4%, 150～200만원 20.7%, 200～250만원 미만이 17.9%, 250～300만원 미만이 11.4%, 300～350만원 미만이 8.3%인 것으로 나타나 대부분이 150만원에서 250만원 사이에 속한다.

본 연구대상자들은 부모의 교육수준과 아버지의 직업에 따른 계층 분류 기준에 근거해 분류해 본 결과 하류층이 15.2%, 중하류층이 45.4%, 중상류층이 32.6%, 상류층이 6.8%인 것으로 나타났다. 더불어 통계청(2000)에서 제시한 도시가계소득의 가구당 월평균 소득에 근거해 볼 때

본 연구의 대상자들은 대부분이 중류층에 속한다고 볼 수 있다.

2) 연구도구

예시 1

■ **연구도구:** 진로준비행동 검사(김봉환, 1997)

앞에서 언급한 바 있듯이 지금까지 연구자들은 진로준비행동의 측정에 대해서는 거의 관심을 보이지 않았다. 따라서 본 검사는 연구자가 시도적으로 직접 제작하였다. 진로준비행동 검사의 제작을 위해서 연구자는 몇 가지 기초작업을 수행하였다. 첫 번째는 진로상담과 관련된 사례들을 분석하였다. 두 번째는 진로를 결정했다고 확신하는 대학생들을 대상으로 그들이 그같은 결정에 이를 때까지 수행한 일들이 무엇인가를 진술토록 하는 면담을 실시하였다. 세 번째는 교육심리학 강좌를 수강하는 대학생 55명을 대상으로 "사람들이 진로 혹은 직업을 합리적이고 올바르게 선택을 하기 위해서 구체적으로 수행해야 할 활동내용은 무엇이라고 생각하십니까?"라는 질문을 던지고 이에 대해서 각자 5가지 이상의 구체적인 행동을 써서 제출토록 하였다. 네 번째는 외국에서 기존에 개발된 도구들 중에서 진로준비행동과 같이 관련된다고 판단되는 도구들을 수집하여 분석하였다. 이 때 분석의 대상이 되었던 도구들은 Career Exploration Survery(CES; Stumpf, Colarelli, & Hartan, 1983), Vocational Questionnaire Ⅱ(Slaney, 1983), Career Planning Questionnaire(Westbrook et al., 1985) 등이다.

이상의 과정을 통하여 처음에 20개 문항을 선정한 후에 교육상담 및 심리학을 전공한 전문가 6명에게 개별적인 자문을 받아서 부적합하거나 의미가 중첩된다고 판단된 문항 4개를 삭제하고, 문항의 표현방식을 수정・보완하여 최종적으로 16개 문항을 확정하였다.

사범대학생 293명을 대상으로 하여 진로준비행동검사의 신뢰도를 산출한 결과는 <표 6-5>와 같다.

표 6-5 진로준비행동 검사의 신뢰도

신뢰도 종류	Cronbach α	반분신뢰도	검사-재검사 신뢰도(2주)
신뢰도계수	.84	.74	.82

예시 2

■ **연구도구:** 정서적 공감척도(이승미, 2000)

정서적 공감 수준을 측정하기 위하여 메라비안과 웹스타인(Mehrabian & Epstein, 1972)이 개발한 정서공감 척도(Emotional Empathy Scale)를 사용하였다. 메라비안과 엡스타인은 공감을 대리적 정서반응이라고 정의하고 정서 공감 척도를 개발하였다. 성인대학생을 대상으로 제작된 이 척도는 신뢰도와 타당도가 충분히 입증된 척도이다. 이 척도 안에는 다시 7개의 하위척도가 들었다. 정서 감염에 대한 민감성, 낯선 타인에 대한 느낌의 인식, 극단적인 정서적 반응성, 타인의 긍정적 정서경허에 감동하는 경향성, 타인의 부정적 정서경험에 감동하는 경향성, 동정적인 경향성, 곤경에 처한 타인과 접촉하려는 의지 등이 그것이다. 이들의 연구에 의하면 전체 검사의 반분신뢰도는 .84로 나타났고, 하위척도간 상호상관은 모두 $p<.01$수준에서 통계적인 의미가 있었으며, 상관계수도 모두 .30을 넘는 것으로 나타났다. 소위 사회적인 바람직함에 의거해 반응할 가능성을 측정하는 사회적 바람직성 척도와의 상관계수는 .06밖에 안되어서 반응태도에 의한 오차는 거의 없는 것으로 판단할 수 있다.

본 연구에서 번안하여 사용한 한국어판 정서적 공감척도의 내적 일치도 지수는 .82로서 이 척도 역시 꽤 안정적인 신뢰도를 확보하였다고 볼 수 있다.

4. 연구절차

연구절차에서는 연구를 진행함에 있어 분리되는 각 단계를 요약하여 제시하여야 한다. 특히 실험연구의 절차에서는 프로그램 내용이나 적용방법 등을 상세하게 기술하여야 하며, 상관연구나 비교연구에서는 자료수집 절차나 통계처리 방법 등의 수행 정도를 제시하여야 한다.

예시 1

본 연구에서는 아동의 정서조절에 관한 측정도구 개발의 위해 두 차례의 예비조사를 실시하였으며 아동의 기질, 어머니의 양육행동, 어머니의 정서조절 측정도구에 대한 한 차례의 예비조사를 실시하였다. 이러한 예비조사결과를 바탕으로 본 조사를 실시하였으며 예비조사와 본 조사의 자세한 내용은 다음과 같다.

1 예비조사

1차 예비조사는 ○○○○년 ○○월에 서울과 경기도에 소재한 4개 학교에서 초등학교 5, 6학년 학생 ○○○명과 어머니들을 대상으로 실시하였다. 이 조사에서 사용된 설문지는 아동이 기록하는 아동의 정서조절 방법에 관한 척도, 어머니가 기록하는 아동의 기질, 어머니의 양육행동 및 정서조절 방법에 관한 척도로 구성되어졌다.

아동의 정서조절에 대한 척도는……(중략)

2차 예비조사는 2000년 11월에 실시하였으며 1차 예비조사를 통해 수정된 아동 정서조절 척도에 대해서만 ○○명의 아동과 그 어머니들을 조사하였다. 분석 결과, 어머니와 아동이 각각 기록하는 형식의 아동 정서조절 척도 내용이 적절한 것으로 판단되어 본 조사에서 사용할 최종 척도로 확정하였다.

2 본 조사

본 조사는 2002년 10월부터 2002년 12월까지 실시하였다. 서울 시내 소재 ○개 초등학교와 경기도 소재 ○개 초등학교에 교사의 협조를 얻어 5학년 또는 6학년 학생들과 어머니를 대상으로 질문지를 배부하였다. 총 600부의 설문지를 배부하였으며 45부가 회수되었다. 이 중 무응답이 많거나 분석에 사용하기 적절치 않은 15부를 제외한 435부를 연구문제의 분석을 위한 자료로 사용하였다.

예시 2

연구의 절차 및 내용을 다음과 같이 <표 6-6>을 통하여 제시할 수도 있다.

표 6-6 연구의 절차 및 내용

단 계	절 차	내 용	기 간
기초 계획 수립 단계	주제설정	교육문제 탐색	2002. 4. 1 ~ 6. 30
	이론적 배경 탐색	선행연구 분석 및 문헌탐색	2006. 6. 1 ~ 7. 30
	연구문제 선정	연구문제 추출	2002. 7. 1 ~ 8. 10
연구 실행 단계	진로발달프로그램 개발 및 선정	자기이해, 진로정보, 인간관계기술 등	2002. 8. 10 ~ 8. 20
	사전검사 실시	창의성 사전검사 실시	2002. 8. 28
	프로그램 적용	실험반 학생들을 대상으로 실시	2002. 9. 1 ~ 11. 30
검증 및 결과 고찰	사후검사 실시	사후검사	2002. 12. 1
	통계처리	통제집단과 실험집단비교	2002. 12. ~ 2. 10
	해석 및 논의	연구결과의 해석 및 논의	2002. 12. 10 ~ 12. 15
논문작성 단계	논문작성	연구논문작성	2002. 12. 15 ~ 12. 31

3 자료처리

연구문제에 대한 해답을 얻기 위해서는 연구자는 수집한 자료를 의미 있게 재조직하고 분석한다. 이렇게 자료를 분석하는 목적은 연구결과를 정확하게 해석하고 연구문제에 대한 구체적인 답을 얻기 위해서이다.

연구에서 종속변인이 단일 속성을 지닌 변인일 경우는 단일분산분석(univeriate analysis) 방법을 사용하고, 다양한 변인들이 섞인

복합변인일 때는 다변량분석(multi-analysis) 방법을 사용한다. 또한 종속변인이 양적 변인인지, 질적 변인 내지는 범주변인인지에 따라서도 집단 간 비교를 위한 통계적 방법이 달라진다. 종속변인이 양적 변인일 때는 Z검정, t-검정, F검정을 실시하고, 종속변인이 질적 변인 또는 범주변인일 때는 χ^2검정을 실시한다(성태제, 2000).

예시 1

본 연구의 자료처리 방법은 다음과 같다.

첫째, 본 연구에서 사용할 검사도구들의 문항들이 과연 본래 측정하고자 하는 내용을 제대로 측정하고 있는가에 대한 타당성 여부를 알아보기 위하여 요인분석(Factor Analysis)을 실시하였다.

둘째, 각 적재된 요인들의 문항들이 얼마나 신뢰로운가를 구명하기 위하여 문항내적 신뢰도(Cronbach α)를 산출하였다.

셋째, 부모의 경제적 배경, 부애착, 모애착, 또래애착, 자아정체감, 자기효능감 및 진로결정 수준이 고등학생들의 개인변인에 따라 심리적 변인에 차이가 있는가를 분석하기 위하여 t-검증(t-test)과 일원변량분석(one-way ANOVA)을 실시하였다.

넷째, 부모의 경제적 배경, 부애착, 모애착, 또래애착, 자아정체감, 자기효능감 및 진로결정 수준간의 상대적인 효과를 분석하기 위하여 상관관계분석(Pearson correlation)과 중다회귀분석(multiple regression analysis)을 실시하였다.

다섯째, 부모의 경제적 배경, 부애착, 모애착, 또래애착, 자아정체감, 자기효능감 및 진로결정 수준 간의 인간관계를 설명하기 위하여 경로분석(path analysis)을 실시하였다.

예시 2

1 검사자료의 분석

수집된 검사자료는 연구문제의 성격에 따라 SPSS/PC+를 이용, 다양한 통계분석기법을 활용하여 분석하였다. 진로결정수준과 진로준비행동의 발달을 알아보기 위해서는 학년 간의 차이에 대해서 *F*검증을 실시하였고, 양자 간의 관계를 탐색하기 위해서 상관분석을 활용하였다. 또한 연구에 포함된 인지적인 변인들이 진로준비행동에 미치는 효과를 분석하기 위해서는 중다회귀분석을 활용하였다. 대상자들은 네 가지 타입 중의 하나로 분류하기 위해서는 빈도분석과 백분율을 산출하였으며, 학년의 진급에 따른 타입분포의 변화를 알아보기 위해서는 교차분석을 실시하였다. 그리고 분류된 각 타입의 특성을 파악하기 위해서는 *F*검증을 활용하였고, 집단 간의 차이를 구체적으로 살펴보기 위해서는 던컨(Duncan) 검증을 실시하였다.

2 면담자료의 분석

면담조사 자료에 대해서는 내용분석(content analysis)을 실시하였다. 내용분석이란 표명되어진 커뮤니케이션 내용의 객관적, 체계적, 수량적 기술을 위한 종합기술이라고 정의될 수 있다. 본 연구에서는 면담시 활용된 ……(중략)

먼저 진로결정수주에 있어서는 ① 사범대학 입학동기 및 현재의 만족도 ……(중략)

이상의 내용을 주제별로 분석하고 이를 수량화하여 대상자들의 진로결정수준의 일반적인 경향을 분석하고 진로준비행동상의 특성 및 패턴을 탐색하였다.

5. 연구결과 및 해석

양적 연구인 경우는 연구목적과 구체화된 가설에 따라 연구의 결과를 기술하고, 질적 연구의 경우는 연구를 진행하면서 얻은 결과를 서술한다. 관찰연구의 경우 관찰한 내용을 체계적으로 기록한다.

일반적으로 알고자 하는 속성에 따라 다음과 같은 방법으로 기술하면 된다.

첫째, 가설 또는 목적별로 기술함을 원칙으로 한다. 결과는 가설 또는 목적별로 평가·검증된 내용이다. 따라서 가설 또는 목적별로 기술함을 원칙으로 해야 한다.

둘째, 특수한 방법이나 도구를 사용한 경우는 이를 밝힌다. 일반적인 연구방법은 '연구설계'에서 밝히지만 특수한 방법이나 도구를 가설이나 목적에 따라 달리 사용한 경우는 이를 여기에서 밝히도록 한다.

셋째, 연구주제, 연구문제, 목적, 가설과 직접적인 관련이 없는 자료는 제시하지 말도록 한다. 치밀한 연구계획 없이 자료를 수집한 경우에 가끔 볼 수 있는 현상이다. 논리가 정연하고 일관성 있게 전개되어 나가는 데 방해가 되거나 거추장스러운 자료는 과감하게 버려야 한다.

넷째, 객관적인 자료의 뒷받침을 받을 수 없는 표현은 삼가야 한다. 흔히 연구의 초심자에게 볼 수 있는 현상인데, 초심자들은 아무 증거의 제시도 없이 대담하게 표현하는 수가 있다.

다섯째, 객관적인 자료를 제시할 때 APA방식에 의한 표 작성방법에 따라 기술하여야 한다. 연구자는 연구결과를 제시할 때 독자를 배려하여 정확하고, 간결하며, 명료한 표현으로 진실성있게 기술하여야 한다.

여섯째, 통계적 결과를 제시하기 위해서는 객관적 서술방법을 선택하여야 한다. 특히 연구결과에서 연구가설의 수용 또는 부정 등이 제시되어야 한다.

일곱째, 결과의 해석에 신중을 기해야 한다. 결과 및 논의부분에서 연구자가 역점을 두어야 하는 것을 발견, 확정짓는 일과 이에 대한 해석이다. 해석에 있어서는 발견된 사실에 충실해야 하며, 확대해석을 하지 않도록 조심해야 한다. 그렇다고 하여 해석을 하지 않고 결과만을 제시하는 것도 삼가해야 한다. 해석에 있어서는 그러한 결과가 나타난 가능한 이유, 선행연구와의 비교, 현장에서의 적용 가능성, 이론 발전에의 공헌성 등에 관하여 언급하도록 한다.

예시 1

자기효능감에 대한 실험집단과 통제집단의 각각 사전/사후 t-검정 차이, 실험집단과 통제집단들 각각의 t-검정 차이 분석은 <표 6-7>과 같다.

표 6-7 자기효능감의 집단의 차이분석

집 단	사전검사		사후검사		사전-사후
	M	*SD*	*M*	*SD*	*t*
실험집단	72.57	5.18	90.33	6.51	-9.04
통제집단 1	58.89	8.88	80.67	11.00	-3.78
실험-통제 1t	.78		2.78		

예시 2

<표 6-8>과 같이 어머니와 나의 하위체계에서 가족분화수준과 친밀감과 융합간의 관계를 살펴본 것이다. 어머니와 나의 하위체계에서 높은 수준의 가족분화를 보이는 가족구성원들이 가족구성원들간에 높은 친밀감과 동시에 높은 분리성을 보이는 경우가 ○○○명(○○○%), 중간 수준의 가족분화를 보이는 가족구성원들이 가족구성원들간에 높은 친밀감과 융합을 보이거나 혹은 높은 분리성과 이탈을 보이는 경우가 ○○○명(○○○%), 낮은 수준의 가족분화를 보이는 가족구성원들이 가족구성원들간에 높은 융합과 동시에 높은 이탈을 보이는 경우가 ○○○명(○○○%)으로 다른 집단보다 많았다. 즉, 가족분화수준과 친밀감과 융합 간에는 유의미한 관계를 보였다($\chi^2(4)=387.037$, $p<.01$).

표 6-8 가족분화수준과 친밀감과 융합 간의 관계

가족분화 / 친밀감과 융합	높은 수준	중간 수준	낮은 수준
높은 친밀감+높은 분리성	○○○명(000%)	○○명(000%)	○○명(000%)
높은 친밀감+높은 융합/ 높은 분리성+높은 이탈	○○명(000%)	○○○명(000%)	○○명(000%)
높은 이탈+높은 융합	○○명(000%)	○○○명(000%)	○○○명(000%)

6. 논의 또는 고찰

연구의 논의를 전개할 시에는 가능한 논쟁, 일반적인 사항, 이론적 이해의 논리적 문제가 되는 부분은 피해야 한다. 논의는 연구결과와 선행연구와의 관계를 비교하면서 연구자의 생각을 제시할 수 있어야 하고, 실제적 자료와 이론에 기초하여 논리적으로 기술해야 한다.

예시 1

본 연구에서는 성인 기혼 자녀 ○○○명을 대상으로 근원가족의 가족분화수준과 부모와 기혼 자녀 간의 물리적인 요인간의 관계를 살펴보았다. 그리고 가족분화의 다차원적 양극 구조를 가정한 후 가족분화수준을 3수준으로 재분류했을 때, 가족분화 수준의 하위개념을 탐색해 보았다.

첫째, 근원가족의 가족분화 수준과 부모와 기혼 자녀 간의 물리적인 요인간의 관계를 회귀분석해 본 결과, 부모 하위체계에서 가족분화수준은 부모와 기혼 자녀 간의 접촉 빈도(전화나 방문 회수)와 상호작용 빈도(외식과 여가 회수)에 유의미한 관계가 있었으나, 주거상의 거리와는 유의미한 관계를 보이지 않았다.

어머니와 나의 하위체계가족분화수준은 접촉 빈도 중 전화 회수와 유의미한 관계 ……(중략)

둘째, 부모와 기혼 자녀 간의 접촉 빈도, 상호작용 빈도 및 주거상의 거리가 자녀가 결혼한 후 핵가족의 가족 관계에 영향을 미치는지 살펴보았다. 연구결과, 부모와 기혼 자녀 간의 접촉 빈도만이 나와 배우자와의 가족분화수준에 영향을 주는 것으로 나타났다. 그러나 부모와 기혼 자녀 간의 상호작용 빈도와 주거상의 거리는 나와 배우자와의 가족분화수준에 유의한 관계를 보이지 않았다.

따라서 부모와 기혼 자녀 간의 접촉 빈도만 나와 배우자와의 가족분화 수준에 영향을 미침으로써 ○○○(1999)의 연구를 지지하였고, ○○○(1995)의 연구는 지지하지 않았다. 그러나 부모와 기혼 자녀 간의 상호작용 빈도와 주거상의 거리는 나와 배우자와의 가족분화수준에 영향을 미치지 않음으로써 ○○○(1994)의 연구를 지지하였다. 이와 같은 연구결과는 후속 연구들을 통하여 계속 지지되는 과정을 거쳐야 하고, 새로운 요인에 대한 탐구가 계속 이루어져야 한다.

예시 2

자아정체감, 부모의 사회·경제적 배경, 부애착은 진로결정 수준에 적합한 예측변인으로 파악되었으나, 모애착 및 또래애착은 관련성이 없는 예측변인으로 파악되었다.

본 연구의 결과는 자아정체감이 높으면 진로결정 수준이 높다는 선행연구(김은진, 2000; 박수길, 2000; 신순란, 1999; Gordon, 1981; Munley, 1977; Salomone, 1982; Taylor, 1982) 등과 일치된 견해를 나타내고 있었다. 이는 자아정체감이 높을수록 진로결정 수준에 있어 확신적이며, 자신에게 적합한 진로를 결정할 수 있다는 점을 시사하고 있다.

부모의 사회경제적 배경과 진로결정 수준과의 관계는 선행연구(권정숙, 1992; 서우석, 1994; Blau와 Duncan, 1967; Hillman, 1983; Jackson, 1996; Ventura, 1992) 결과와도 일치하였다.

부모애착과 진로결정 수준과의 관계는 선행연구(이은경, 2000; Bowlby, 1982; O'Brien, 1996; Osipow, 1983) 결과와 부애착에 대해서는 일치하고 있으나, 모애착에 대해서는 일치하지 않았다. 이 결과는 자아정체감이 진로결정 수준에 미치는 영향이 너무 강해서 모애착이 미미하게 작용한 것이 아닌가 사료된다.

본 연구에서 나타난 결과와 같이 자아정체감은 진로결정 수준에 절대적인 영향을 미치므로 아동기부터 자아정체감을 높이는 프로그램의 적용과 교육이 필요하다. 또한, 유년시절부터 자신에 대한 기본적 신뢰를 발달시키면서 자신의 행동에 자기통제와 책임감을 지니고, 자율적 의지를 발달시킬 수 있는 체험적 교육현장이 제공되어져야 한다.

7. 결론 및 부록

1) 요약

연구의 요약에서는 연구논문을 모두 읽지 않아도 연구의 윤곽을 파악할 수 있도록 간결하면서도 포괄적으로 연구 전체를 기술한다. 대개 연구목적, 연구문제, 연구가설, 연구방법 그리고 연구결과를 포함시킨다.

2) 결론

연구의 결론은 연구문제나 가설을 기초로 하여 연구결과에서 제시된 객관적 자료를 평가하고 해석하는 것이 결론의 내용이다. 결과에서 제시된 내용과 결론의 타당성이 일관성 있게 제시되어야 한다. 따라서 결론은 연구자의 결과와 선행연구자의 연구결과 사이에 유사성과 상이함이 제시될 수 있어야 한다. 특히, 연구자의 가설에 기초하여 간결하게 진술되어야 하고, 결과는 결론의 기초가 되어야 한다. 즉, 연구문제가 3개이면 연구의 결론도 연구문제에 따라 3개만 도출하는 것이 바람직하다. 연구의 초심자들은 연구문제와 관련 없는 내용까지 다양하게 의견을 제시하는 경우가 종종 있는 데 이는 잘못된 것이다.

또 하나의 방법은 결과를 제시하고 시사점을 제시하는 방법도 있다. 이는 결과는 연구에 대한 결과인 반면, 결론은 연구결과의 결과적 자료에 근거하여 시사점을 제시해 주는 것이다.

예시 1

부모의 사회·경제적 배경, 부애착, 모애착, 또래애착, 자아정체감, 자기효능감 변인들이 진로결정 수준에 영향을 미치는 경로를 모형으로 구조화하였다. 개인변인(부모의 사회·경제적 배경)과 심리적 변인(모애착, 부애착, 또래애착, 자아정체감, 자기효능감)이 진로결정 수준에 직·간접적으로 영향을 미치고 있었다. 또한 부모의 사회경제적 배경, 모애착, 또래애착, 부애착이 진로결정 수준에 직접적으로 영향을 미치는 것보다는, 자아정체감과 자기효능감을 매개변인으로 할 때 진로결정 수준에 더욱 강하게 영향을 미치는 것으로 나타났다. 그리고 자아정체감 및 자기효능감은 동등한 역할 매개변인으로 작용하였다. 따라서 한 개인이 진로를 결정하는 데에는 그의 생애의 모든 개인변인과 심리적 변인이 복합적으로 영향을 미치고 있다. 따라서 유아기 때부터 부모와 신뢰감을 가지고 대화할 수 있는 교육여건이 조성되어야 한다. 그리고 자기의 적성과 흥미를 알고, 정체성과 자신감을 지닐 수 있도록 지도해야 한다. 또한, 고등학교 시절에는 자아실현을 위한 직업의 중요성과, 직업의 종류와 특성, 그 직업에서 거둘 수 있는 성과를 깊이 있게 이해하도록 지도해야 한다. 나아가 직업을 통한 사회에 대한 공헌의 중요성을 인식하고, 자신의 가치를 평가할 수 있는 안목을 키워주어야 한다.

효과적이고 성공적인 진로상담을 위해서 상담자는 내담자의 상태를 정확하게 진단하고, 내담자에게 도움이 되는 적절한 처치를 해야 한다. 이를 위해 효율적인 진단프로그램과 자아 계발 프로그램, 심성프로그램, 집단상담프로그램 등이 개발되고, 이러한 프로그램이 현장에서 활성화될 수 있어야 한다.

예시 2

인권교육 프로그램이 인권옹호적인 행동의 발달에 유의미한 효과를 가지기 위해서는 인지처치와 공감처치 프로그램이 함께 작용해야 한다는 것을 알 수 있다. 인지처치 프로그램은 원리적인 사고를 요하는 인권상황에서 친인권적인 태도를 가지게 하지만, 공감수준에는 유의미한 효과를 미치지 못한다. 반면, 공감처치 프로그램은 공감수준의 향상에는 유의미한 효과를 미치지만, 원리적인 사고를 요하는 인권문제를 해결하는데 유의미한 효과를 미치지 못한다. 더욱 중요한 것은 이렇게 각각의 역할을 담당하는 처치프로그램이 인권옹호적인 행동을 발달시키기 위해서는 두 처치 프로그램에 의해 발달하는 인지·정서적 심리적 요인의 상호작용이 선행되어야 한다는 것이다.

3) 제언

연구의 제언은 자신의 연구와 관련 있는 부분에 집중하여 기술하여야 한다. 연구결과와는 아무 관련도 없이 평소에 생각하던 것을 제언으로 내세우는 것은 금물이다. 자신의 연구주제와 관련된 내용과 후속연구에 관련된 내용을 중심으로 제언을 제시하여야 한다.

예시 1

대학 내에서 학생들의 진로상담과 심리상담을 전문적으로 주도하고 있는 학생생활연구소의 홍보를 강화하고 학생들과의 유대를 더욱 강화할 필요가 있다. 면담내용을 분석한 결과에서 나타났듯이 상당수 학생들이 대학 내에 학생생활연구소가 설치되어 있다는 사실을 모르고 있다. 그리고 그 존재를 아는 학생들도 거리감을 느끼거나 별로 도움을 받을 것 같지 않다는 생각으로 찾아가기를 꺼려하고 있다. 따라서 학생생활연구소의 인력확충과 전문성 제고는 물론이고, 그곳에서 하고 있는 활동내용에 대해서 체계적이고 지속적인 홍보를 통하여 학생들이 언제든지 편안한 마음으로 찾아갈 수 있도록 해야 할 것이다.

예시 2

본 연구에서는 개인의 다양한 성격요인과 인터넷중독간의 관계는 파악하지 못했다. ○○○이 실시한 바 있는 △△검사를 사용하는 성격요인과 관련한 후속연구가 진행된다면, 외국의 경우와 비교할 수 있는 좋은 자료가 될 수 있으리라 본다. 한편, 장기종단적 연구를 통해 아동·청소년기의 어떠한 특질이 인터넷중독과 관련되는지를 파악하는 것도 의미가 있을 것이다.

또한 인터넷 사용기간이 길어짐에 따라 사용기간에 따른 중독패턴의 변화에 대한 연구가 있어야 할 것으로 보인다. ……(중략)

또한 게임이나 채팅 등 단순한 수준의 사용에 중독적으로 사용하게 되는 유형과 성취지향적으로 넓은 영역을 탐색하고자 서핑위주로 몰두하는 유형 등 다양한 중독분야에 대해 후속연구에서 다뤄보아도 좋을 것이다.

4) 참고문헌

참고문헌 작성 시에는 콤마, 쉼표 하나도 논문의 작성요령에 따라 작성하여야 한다. 참고문헌 하나 제대로 표기하지 못하는 연구자가 좋은 연구를 했다고 할 수 없다고 하는 학자도 있다. 그러므로 다음 장에서 제시되는 참고문헌 기술방법에 따라 철저하게 기술하여야 한다.

5) 부록

논문에 따라 부록이 없을 수도 있다. 그러나 본문에서 제시하기 어려운 사항들을 부록에 제시하여 정확한 연구자의 의도를 제시하여야 한다. 부록에 제시할 수 있는 것은 프로그램 전체 혹은 표본, 조사지, 검사도구, 필요한 원자료 등이다.

박스기사 6

연구자료의 효과를 높이는 방법

1) 편집하기: 연구자는 전자참고문헌 목록을 소유하고, 연구자가 읽었거나 또는 스쳐지나갔던 종이라도 모두 파일철에 보관하는 습관을 가져라.
2) 실력을 향상하기: 연구와 관련하여 필요하다고 생각되는 것은 모두 읽으라. 특히, 각종 표 등을 자세히 읽고 다양한 정보를 수집하라.
3) 읽을 가치가 있는 모든 것은 노트화하라: 무슨 문제가 있는가?, 선행 연구자들의 접근방법은 어떤가?, 그것들은 다른 접근과 어떻게 다른가?를 비교 · 분석하여 메모한다.
4) 요약하기: 중요한 문제, 제언, 다양한 접근 사이의 관계 등을 요약하라.
5) Ph. D 논문을 읽으라: 연구의 필요성, 연구방법, 제언 등을 읽어 연구자의 연구방향 및 현재 연구의 흐름을 이해하라.

연구보고서 작성법

7

Chapter

"보기 좋은 떡이 먹기에도 좋다. 연구보고서는 준비된 양식에 따라 작성하여야 한다."

1. 구성

석사학위논문이나 박사학위논문은 학교에 따라 혹은 분야(인문계와 자연계)에 따라 형식이 다를 수는 있지만, 대체로 다음과 같이 서두, 본문, 참고자료의 3부로 구성된다.

1) 서두

① 표제지
② 내표지
③ 목차
④ 표목차
⑤ 그림목차

2) 본문

(1) 서론

① 연구의 필요성
② 연구목적
③ 연구의 제한점
④ 용어정의

(2) 이론적 배경

① 독립변인
② 종속변인
③ 독립변인과 종속변인과의 관계

(3) 연구방법

① 연구대상
② 연구설계
③ 연구절차
④ 연구도구
⑤ 통계처리 방법

(4) 연구결과 및 논의

① 연구결과
② 논의

(5) 결론 및 제언

① 요약
② 결론
③ 제언

3) 참고자료

① 부록(필요한 경우에 한함)
② 참고문헌
③ 색인
④ 영문초록

2. 항목별 작성요령

1) 서두

논문의 표지는 겉표지와 속표지로 나뉜다. 겉표지는 논문의 맨 앞 부분으로 여기에는 ① 논문제목, ② 학교 이름과 학과 이름, ③ 논문작성자, ④ 출판년도를 작성한다. 속표지에는 ① 논문제목, ② 지도교수, ③ 논문의 인준 예정 일자, ④ 학교와 학과 이름, ⑤ 제출자 이름 등을 기입한다.

학위논문은 심사위원의 심사를 거쳐야 하는데, 심사위원의 날인을 받는 곳이 인준서이다. 석사학위논문은 3명의 심사위원, 박사학위논문은 5명의 서명한 난과 학교 이름, 인준 날짜 등으로 구성된다.

연구논문에서 일관된 번호체계는 다음과 같은 순서에 의해 작성한다.

Ⅰ.
A.
1.
1)
가)
(1)
(가)
①
㉮

(1) 표제지

(2) 내표지

(3) 목차(계층기호): 목차의 단계별 구성은 국·영문 모두 다음과 같이 한다.

① 내용목차: 내용목차는 연구내용과 구성이 얼마나 논리적이고 과학적으로 구성되었는지를 나타낸다. 목차는 가능한 한 1행 이내로 표시하는 것이 좋으나, 부득이 2행으로 기록할 때는 1행의 셋째 글자에 해당되는 곳부터 시작한다. 특히, 목차의 총수는 20개 이내이고 최고 50개 미만이 적당하다.

(목차 실제)

Ⅰ. 시론

1. 연구의 필요성

가. (생략)

② 표목차: 표의 수가 3~4개 이상이 되는 경우에는 반드시 표목차를 만들어야 한다. 표의 번호와 표제는 본문의 것과 일치하여야 하며, 아라비아 숫자로 표기하고, 중간에는 하이픈을 넣어 다음과 같은 형식에 의해 작성한다. 단, 표목차의 괄호는 꺽쇠(<, >)를 사용한다.

· 한글의 경우: <표 Ⅰ-1>

· 영어의 경우: <Table Ⅰ-1>

③ 그림목차: 그림목차도 표목차와 마찬가지로 아라비아 숫자로 표기하고 중간에는 하이픈을 넣어 다음과 같은 형식에 의해 작성한다. 단, 그림목차의 괄호는 대괄호([,])를 사용한다.

· 한글의 경우: [그림 Ⅰ-1]

· 영어의 경우: [Fig. Ⅰ-1]

2) 본문

일반적으로 논문은 서론, 본론 및 결론의 순으로 구성하나, 연구방법이나 분야에 따라 구성양식을 다르게 할 수 있다. 학위논문에서 서론은 본문이 시작되는 부분으로써 논문의 1장에 해당된다. 본론 부분은 본론이란 용어를 사용하지 않고 각 장의 개별적인 제목으로 표현한다.

분야별 논문구성은 다음과 같다.

- 인문 · 사회계: 목차, 서론, 본론, 결론, 참고문헌, 초록, 부록
- 자연과학계: 목차, 서론, 관계이론(이론적 배경), 실험방법, 결과 및 고찰, 결론, 참고문헌, 또는 초록 또는 목차, 서론, 이론적 배경, 실험, 결과, 고찰, 결론, 참고문헌, 초록, 부록

3) 참고자료

부록에는 논문과 관련이 있으나 관련성이 낮은 것 혹은 본문에서 제시하기 어려운 사항, 혹은 본문의 내용에 신뢰성과 타당성을 제시해 줄 수 있는 자료, 문서, 도표 등과 같은 보충자료를 수록한다.

- 참고문헌(references)
- 영문초록(abstract)
- 부록(appendix)

3. 구두점 및 논문작성 세부지침

1) 마침표(period; .)

① 모든 문장의 종결이 이루어지는 곳에 마침표를 찍는다.

- 문제도 제기될 수 있을 것이다.

② 인용 저자가 있을 경우에 인용된 저자를 쓰고 마침표를 찍는다.

- M. S. Tae.

③ 지명의 약자(K. S. Seoul)인 경우 마침표를 찍는다.

④ 참고문헌에서의 약자(Vol. 1)는 마침표를 찍는다.

⑤ 라틴계의 약자인 경우(c. f.)에는 마침표를 찍는다.

⑥ 대문자의 약자(APA), 주이름(Washington), 미터법과 비미터법 단위의 약자(min, cd, cm)인 경우에는 마침표를 찍지 않는다. 단, inch(in.)를 약자로 표기하는 경우에는 마침표를 찍는다.

2) 쉼표(comma; ,)

① 3개 이상의 항목들이 연속적으로 나열되는 경우, '그리고(and)'와 '또는(or)' 앞에 쉼표를 찍는다.

② 절 없이도 문장이 되는 서술적 용법의 절 앞에 쉼표를 사용한다.

③ 접속사에 의해서 연결된 두 개의 독립절을 분리할 때 쉼표를 찍는다.

④ 1,000 이상의 숫자에서 세 자리 단위로 콤마를 사용한다.

3) 세미콜론(semicolon; ;)

① 접속사에 의해 연결되지 않는 두 개의 독립절을 분리시킬 때 사용한다.

② 이미 콤마를 가지고 있는 요소들을 분리하여 제시하여야 할 필요가 있을 때 사용한다.

③ 국문의 경우에는 보통 사용하지 않으나, 특수한 경우에는 사용한다.

④ 하나 이상의 참고문헌들이 주어질 때 그들을 구별하기 위하여 세미콜론을 사용한다(예 박아청, 1992; 정철영, 1997).

⑤ 이어진 항목이 길거나 복잡하고, 내부에는 구두점을 포함하는 있는 경우에 사용한다.

4) 콜론(colon; :)

① 비유를 나타낼 때
② 참고문헌에서 출판사 소재지명 뒤
③ 논문의 제목에서 부수적인 설명을 필요로 할 때

5) 대시(dash; –)

① 계속되는 문장에서 부수적인 설명의 내용이 상반되는 의미를 제시할 필요가 있을 경우
② 문장 말미의 영문단어 연결이나 기타 독자의 논문 이해를 위한 편의성을 제공하기 위한 경우

6) 따옴표(quotation marks; “ ” 또는 ‘ ’)

① 새로운 용어, 주의를 요하는 용어 또는 사투리와 같은 용어를 기술할 때 따옴표를 사용한다. 그러나, 첫 단어에서만 사용하고 다음 단어에서는 사용하지 않는다. 또한 큰따옴표(double quotation mark)는 문장형태에서 사용하고, 작은 따옴표는 단어형태에서 사용한다.
② 직접인용문을 사용할 때 사용한다.
③ 참고문헌 내에서는 따옴표는 사용하지 않는다.

7) 줄임표(…)

① 직접인용문 중에서 줄임표(…)를 사용할 경우 세 점의 줄임표를 사용한다.
② 직접인용문에서 줄임표를 사용하여 문장을 마칠 경우에는 네 개의 줄임표(····)를 사용한다.

8) 괄호(　　)

① 한 문장에서 부수적인 설명이 필요한 경우
② 표나 도표를 문장의 마지막에서 참고로 제시할 필요가 있을 경우
③ 문장 내에서 참고문헌을 인용할 필요가 있을 경우
④ 참고문헌을 작성할 때 연도를 표시할 경우에 사용
⑤ 요약된 약어를 기술할 경우 사용
⑥ 한 문장 내에서 식별 또는 강조할 필요가 있는 내용의 서술이 필요할 경우
⑦ 수학적 공식을 사용할 경우

9) 영어의 대문자

① 저자의 이름, 지명, 고유명사의 첫 자에만 사용한다.

10) 영어의 소문자

① 일상적인 용어를 기술할 때
② 본문에서 용어를 서술할 때 괄호를 열어서 일반적인 용어는 소문자를 사용한다.

11) 영어의 약어

이미 서술된 영어의 약어를 서술할 경우

- Regular Education Initiative → REI

12) 인용

이론을 뒷받침하기 위하여 중요한 사실에 대한 근거를 제시해야 할 필요가 있을 경우 관련분야 연구를 인용하는 것이 효과적이다. 그러나 인용의 지나친 남용은 오히려 논문의 가치를 저하시키는

결과를 초래하므로 인용할 자료는 인용할 가치가 충분히 있는 것이어야 하며, 아무리 사소한 부분이라 할지라도 그것이 남의 논문에서 인용된 것이면 인용근거를 양식에 맞추어 명확히 밝혀야 한다.

(1) 직접인용

직접인용이란 관련 논문의 내용을 맞춤법 하나 바꾸지 않고 원문 그대로 옮기는 것을 말한다. 일반적으로 규정이나 법조문 등과 같은 성격의 내용이나 관련 논문에서 특히 중점을 두거나 강조하고 싶을 때 직접인용을 하게 된다. 직접인용하고자 하는 내용이 3행 이내일 경우에는 문장 속에 따옴표(“ ”)로 표시해도 되고, 또한 줄을 바꾸어 다른 문단으로 따옴표 없이 시작할 수도 있다. 이 때 인용되는 부분의 앞뒤에 각각 한 줄씩 띄우고 글자체도 작게 조절하여(글자 크기 10) 본문의 내용과 직접인용 부분이 쉽게 식별될 수 있도록 한다. 이렇게 직접인용되는 부분을 쉽게 알아볼 수 있도록 하고 동시에 인용된 부분의 페이지도 명확히 제시해야 한다.

그러나 직접인용을 하고자 하는 문단의 길이가 3행 이상일 경우에는 한 줄 띄워쓰기를 한 다음에 왼쪽과 우측의 여백주기를 각각 5를 하여 서술하고, 문장의 끝에 인용한 페이지를 제시한다. 이럴 경우에는 따옴표를 사용하지 않는다.

(직접인용의 실제)

Lows that violate these principles can and should be disobeyed because “justice is above the law.”(Kohlberg, 1984).

(2) 간접인용

간접인용은 인용하고자 하는 내용을 그대로 인용하지 않고 연구자의 말로 바꾸어 인용하는 것을 말한다. 어떤 방법에 의해 인용되었던 간에 참고문헌은 정해진 양식에 맞추어 그 출처를 반드시 제시해야 한다.

(간접인용의 실제)

① 한글논문: 조성일(2002)에 의하면, 학교환경은 감수성이 강한 시기… 학교환경은 학생의 학업성취……

② 영어논문: Kohlberg(1984) believed that moral ……

③ 2명의 저자인 경우에는 영어이면 'and'로, 한글이면 '과/와'로 연결하고 괄호 속에서는 '&'를 사용한다.

④ 3～5명의 저자: 처음 언급할 때는 모든 저자의 이름을 표기하고 그 다음부터는 영어논문에서는 'et al.'로 표기하고, 한글논문에는 '등'이나 '외 3인' 식으로 표기한다.

⑤ 6명 이상의 저자: 처음 언급할 때부터 영어논문에는 'et al.'로, 한글논문에는 '등' 혹은 '외 5'로 표기하고, 참고문헌에는 이름을 모두 표기한다. et al.은 라틴어의 약어이므로 al.에만 점을 사용하고, 이탤릭체로 표기하지 않는다.

⑥ 여러 저자를 괄호 안에 소개: 여러 저자를 소개할 경우 동일 저자인 경우에는 연대순으로 정리하고, 저자를 달리할 때, 한글인 경우에는 가나다 순으로, 영어인 경우에는 A, B, C 순으로 배열한다.

(3) 재인용

인용은 1차적 자료(primary source)에서 하는 것이 원칙이나 부득이 1차적 자료를 참고할 수 없을 때 남이 인용한 것을 재인용(再引用) 또는 2차인용(secondary source citation)을 하게 된다. 이런 경우 정해진 양식에 의해 재인용이라는 사실을 밝혀야 한다.

(재인용의 실제)

장휘숙(1997)에 의하면, 청소년 초기에서 후기까지 비록 남녀의 패턴에서 차이가 있었지만, ～자신의 능력에 대한 많은 상대적인 정보를 얻는다(Marshall & Wienstein, 1984; Rosenholtz & Simpson, 1984; 박영신 외, 2001 재인용).

13) 내주

일명 내용주라고 하는데, 현행 연구들은 주로 이 내주의 방식을 택하고 있는 실정이다. 본문 중에 저자명과 간행연도, 페이지 등을 ( )로 묶어 표시하고(예 Kim, 2000, pp. 5-11), 논문 말미의 참고문헌에서 일괄처리하여 찾아볼 수 있도록 하는 것이다. 그러나 각주나 후주는 현재 사용하지 않고, 내주의 사용을 선호하는 것이 세계적 경향이다. 내주는 문맥의 흐름에 따라 저자명과 출판연도, 페이지 등을 문장의 앞 또는 뒤에 삽입할 수 있다. 여러 저자를 나열할 경우에는 한국, 일본, 중국, 서양의 저자 순으로 한다. 또한 각각의 순서는 저자 이름에 기초하여 한글의 자, 모음 순과 영어의 알파벳 순으로 작성한다. 출판연도에 기초하여 순서를 정하지 않는다. 또한 저자와 저자 사이를 구분할 경우에는 세미콜론을 사용한다.

(1) 단독연구

홍길동(1993)에 의하면……, 이들 연구(김길동, 1990; 홍길동, 1980)에 의하면……,

……라는 견해도 있다(홍길동, 1985; Haggett, 1990; Schaefer, 1989).

(2) 공동연구

① 2인: 홍길동, 양길동(1976)은……, Robinson과 Bamford(1980)는……

② 3명 이상: 홍길동 등(1987)은……, Robinson 등(1980)은……또는 ……(홍길동 외, 1987). ……(Robinson et al., 1987).

(3) 동일한 저자가 발행한 여러 참고문헌을 인용할 때

동일한 저자가 발행한 여러 참고문헌들을 인용할 때는 발행연도 순으로 적는다.

홍길동(1991a, 1991b)은 …… 또는 …… (홍길동, 1991a, 1992b).

(4) 문헌의 특정부분을 직접인용할 때

문헌의 특정부분을 직접인용할 때는 발행연도 뒤에 해당되는 페이지(쪽)를 적는다. 직접인용한 부분의 페이지가 한 장일 경우에는 p. 350과 같이 쓰고, 두 장 이상일 경우에는 pp. 150-152와 같이 저자와 출판연도 다음에 기록한다.

홍길동(1995, p. 250)은 "…………" 또는 "……………"(홍길동, 1995, pp. 150-220).

그러나 3행 이상일 경우에는 직접인용한 페이지를 저자와 출판연도 다음에 기술하는 방법 또는 문장의 마지막에 직접인용한 페이지를 기술하는 방법이 있다. 다음과 같이 예를 제시한다.

(5) 신문의 기사를 인용할 경우

……………… (N신문, 2002. 12. 1).

14) 표와 그림

수집한 자료나 실험결과를 정리하여 표나 그림으로 만들어 제시하는 것이 보다 더 간편하고 효과적인 방법이 될 수 있다. 경우에 따라서는 사진으로 제시하면 더욱 정확하게 설명될 수 있다. 그러나 표와 그림은 반드시 문자만으로 의사전달이 불충분할 때 사용해야 하기 때문에 자료의 선정에 신중을 기하여야 하며 불필요한 자료의 반복을 삼가야 한다.

(1) 표 작성요령

① 본문에서 표의 위치는 표에 대한 언급이 있은 직후가 가장 이상적이다. 표가 한 페이지 미만인 경우 처리하기 쉬우나 그 이상일 경우 즉, 2페이지 이상에 걸칠 경우에는 양면 이

상에 표시할 수 있고, 또 큰 종이에 인쇄하여 사이에 접어 넣을 수도 있으나, 가능하면 축소하여 한 면에 표시하는 것이 가장 좋은 방법이다.

② 표 제목(Table Titles)은 간단명료하고 쉽게 이해할 수 있는 제목을 단다. 제목의 위치는 표의 상 좌측에서 시작한다.

③ 표 번호는 표 윗부분의 상 좌측에 < > 속에 표 혹은 Table 이라 하고, 단원과 표의 순서에 따라 숫자를 표시한다.

④ 표를 만들 때는 가급적 그리기를 하지 말고 표 만들기에서 표를 만든 다음 좌측과 우측의 선을 투명으로 한다. 편집과정에서 선 그리기는 깨어지기 쉽기 때문이다.

⑤ 자료의 출처(source)는 표의 좌 하단에 명시하고, 필요에 따라 주(註) 혹은 * 표를 하고 달 수 있다.

(2) 그림 작성요령

① 본문에서 그림이나 지도는 표와는 달리 이질적인 것이 많다. 그림과 지도 또는 사진에 관한 보기(legend), 기호(symbols), 축소율, 도표설명 등은 간결하게 해야 하고, 크기는 축소나 확대를 하여 한 페이지 이상이 되지 않도록 하는 것이 바람직하다.

② 그림번호는 그림의 좌 하단에 그림 혹은 Fig.를 표시하고, 단원과 그림 순에 따라 [9-1]로 표시한다.

③ 제목 위치는 그림의 하 중앙이고, 보기와 축척이 반드시 필요할 경우가 많다.

④ 표와 같이 자료의 출처를 밝힐 필요가 있을 때는 표와 같은 방법으로 밝히고, 주를 달고자 할 때는 그 위치를 공백부분이나 그림의 하단에 주 혹은 * 표를 달 수 있다. 그림의 예는 다음과 같다.

(그림 인용시 실제)

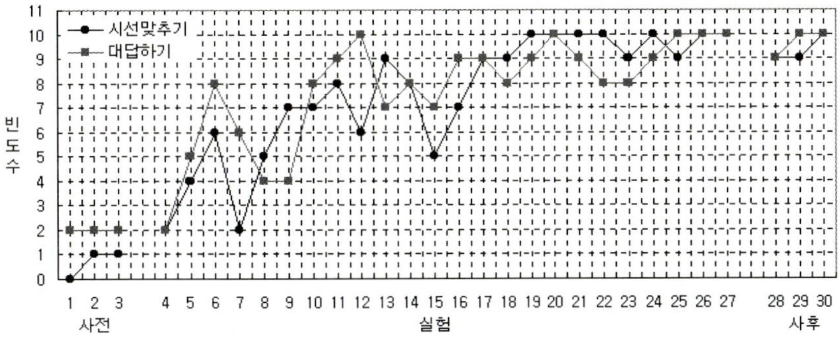

| 그림 7-1 | 시선맞추기와 대답하기의 결과

* 자료: 양종국(2000). **특수인성검사요강**. 서울소년원.

4. 참고문헌, 초록 및 부록 기록방법

1) 참고문헌(references)

참고문헌은 일반적으로 논문의 가장 끝에 위치하여 각 자료를 찾고 알아내는 데 필요한 정보를 제공하는 역할을 한다. 논문작성자는 서론, 본론, 결론 등에서 제시한 모든 참고문헌은 일괄 정리하여 참고문헌에 수록한다.

① 정기간행물이나 학술잡지에 실린 논문의 경우에는 논문의 첫 페이지부터 끝나는 페이지까지를 기입한다(예 pp. 140-155). 그러나 참고한 서적의 경우에는 페이지를 기록하지 않는다. 본문의 들여쓰기는 2를 하나, 참고문헌은 들여쓰기 5를 한다.

② 외국에서 출판된 서명과 정기간행물의 제목은 첫 글자만 대문자를 사용하고 나머지는 모두 소문자를 사용한다.

③ 외국의 경우, 저자가 2인일 경우에는 &를 사용하게 되나, & 앞에 ,(콤마)를 찍는다. 본문에서는 저자가 두 명일 경우에는 & 앞에 콤마를 찍지 않는다.

④ 본문에서 4인 이상일 경우에 첫 저자의 성(last name)만을 기재하고 다음에 et al.,을 사용하나, 참고문헌에서는 6인까지는 모든 저자의 성과 이름(첫 글자의 대문자)을 기재하고, 6인 이상의 경우에는 6인까지는 모든 저자의 성과 이름(첫 글자의 대문자)을 기재한 후 et al.,을 사용한다.

⑤ 단행본의 경우, 국내서적은 서명을 굵게 중고딕으로 표시하고, 외국의 서명은 이탤릭체를 사용한다. 밑줄을 긋지 않는다.

⑥ 전문잡지의 경우, 논문제목은 일반 글씨체(신명조)를 사용하고, 전문잡지의 이름은 이탤릭체를 사용한다. 그러나 정기간행물의 권(호)와 페이지의 처음과 끝은 명조체로 쓴다.

⑦ 참고문헌의 배열은 한국문헌, 동양문헌(일본문헌, 중국문헌), 서양문헌의 순으로 배열한다. 저자명은 한국문헌 및 동양문헌은 한글 자모음의 순으로, 서양문헌은 저자의 성에 기초하여 알파벳 순으로 나열한다.

⑧ 전자우편(e-mail)은 본문에서는 (　　)안에 인용처리(예 E. Robbins, Personal communication, January 4, 2001)를 하지만 참고문헌 목록에는 포함하지 않는다.

⑨ 참고문헌 작성 시 필요한 참고자료의 예는 다음과 같다.

㉠ 단행본: 저자명(성을 앞에, 이름은 뒤에), 발행연도, 서명(국내판은 굵게, 외국판은 이탤릭체), 판수(초판은 표시 않음), 출판지: 출판사.

- 이춘재(2000). **청년심리학**. 서울: 중앙적성출판사.
- Cone, J. D. & Foster, S. L. (1993). *Dissertations and theses from start to finish psychology and related fields*. Washington, DC: American Psychological Association.
- Bowlby, J. (1988). *A secure base: Parent-child attachment and healthy human development*. New York: Basic Books.

㉡ 학술지 논문: 저자명(성을 앞에, 이름은 뒤에), 발행연도, 논문제목, 잡지명, 권호, 면수를 기록한다. 국문 학회지나 책이름은 고딕체로 표시하고, 영문 학회지나 책이름은 이

탤릭체로 표시한다.

<<정기간행물 저자 1명>>

- 정철영(1996). 농업계 고등학교의 새로운 발전 방향 모색. **한국농업교육학회지**, 28(3), 1-22.
- Ainsworth, M. D. S. (1989). Attachments beyond infancy. *American Psychologist*, *44*(3), 709-716.

<<정기간행물 저자 2명>>

- 김현진, 나승일(2001). 농업계 고등학교 학생의 귀인성향과 학교적응과의 관계. **한국농업교육학회지**, 33(1), 57-70.
- Klimoski, R., & Palmer, S. (1993). The ADA and the hiring process in organizations. *Consulting Psychology Journal: Practice and Research*, *45*(2), 10-36.

<<정기간행물 저자 3명~6명>>

- 천성문, 이영순, 이현림(2000). 신경증적 비행청소년의 분노조절을 위한 인지행동적 집단치료 효과. **한국심리학회지**, 12(1). 53-81.
- Bell, N. J., Avery, A. W., Jenkins, D., Field, J. & Schoenrock, C. J. (1985). Family relationships and social competence during late adolescence. *Journal of Youth and Adolescence*, *14*(1), 109-119.

<<정기간행물 저자 6명 이상>>

- Harris, M., Karper, E., Stacks, G., Hoftman, D., DeNiro, R., Cruz, P., et al. (2001). Writing labs and the Hollywood connection, *Journal of Film and Writing*, *44*(3), 213-245.

㉢ 번역서의 경우

- 홍길동(역)(1994). **한국의 연구**. 서울: 법문사.
- Laplace, P. S. (1951). *A philosophical essay on probabilities.* (F. W. Truscott & F. L. Emory, Trans.). New York: Dover. (Original work published 1814).

㉣ 저자명이 없는 저술은 서명을 기준으로 배열하고, 서양문헌인 경우 서명의 맨 처음 관사는 무시한다.

- 충청남도교육청(2000). **충남교육통계연보**. 대전: 충청남도교육청.
- *Merriam-Webster's collegiate dictionary* (10th ed.). (1993). Springfield, MA: Merriam-Webster.
- American Psychiatric Association.(1994). *Diagnostic and statistical manual of mental disorders* (4th ed.). Washington, DC: Author.

㉤ 석 · 박사학위논문인 경우

- 문승태(2002). 고등학생의 진로결정 수준에 영향을 미치는 개인변인과 심리적 변인 간의 인과관계. 건국대학교 대학원 박사학위논문.
- 박경란(1998). 고등학교 학생들의 자아정체감에 관한 조사연구. 연세대학교 교육대학원 석사학위논문.
- Wilfley, D. E. (1989). *Interpersonal analyses of bulimia: Normal-weight and obese*. Unpublished doctoral dissertation, University of Missouri, Columbia.
- Almeida, D. M. (1990). *Fathers' participation in family work: Consequences for fathers' stress and father-child relation*. Unpublished master's thesis, University of Victoria, Victoria, British Columbia, Canada.
- Pendar, J. E. (1982). Undergraduate psychology majors: Factors influencing decisions about college, curriculum and career. *Dissertation Abstracts International, 42*, 4370A-4371A. (University Microfilms No. 82-06, 181)
- Foster-Havercamp, M. E. (1982). An analysis of the relationship between preservice teacher training and directed teaching performance (Doctoral dissertation, University of Chicago, 1981). *Dissertation Abstracts International, 42*, 4409A.

ⓑ 학술회의에서 발표된 논문의 경우

- 장휘숙(1997). 아동기 이후의 애착에 관한 연구 최근 연구의 개관. 한국심리학학회 1997년도 연차 학술대회, 439- 454.
- Orleans, L. A. (1977). China's Birth rate, death rate, and population growth. A report prepard for the Committee on International Relation, U. S. House of Representative. 95th Congress, 1st Session, Washington, DC: Government Printing Office.

ⓢ 비정기 간행물에 수록된 논문의 경우

- 홍길동(1995). 한글 맞춤법 연구. **김유신 교수 회갑기념논문집.** 김유신 교수 회갑기념 논문집 간행위원회 편(pp. 150-200). 대구: 대구대학교 출판부.

ⓞ 마이크로필름에서 참고한 문헌

- Gottfredson, L. S. (1980). *How valid are occupational reinforcer pattern scores?* (Report No. CSOS-R-292). Baltimore, MD: Johns Hopkins University, Center for Social Organization of Schools. (ERIC Document Reproduction Service No. ED 182 465)

ⓙ 한 명 또는 그 이상의 저자가 한 권의 책에 여러 저자의 내용을 목차로 정하여 합본한 책

- 최성규(1997). 청각장애아 교육. 최중옥 (대표저자). **특수아동의 이해와 지도** (pp. 181-203). 서울: 교육과학사.
- 조인수(1998). 주의집중 행동개선. 이상춘, 조인수(저). **정신지체아 교육.** 전주: 신아출판사.
- Gurman, A. S. & Kniskern, D. P. (1981). Family therapy outcome research: Knows and unknowns. In A. S. Gurman (Ed.), *Handbook of family therapy* (pp. 363-405). New York: Brunner/Mazel.
- Gurman, A. S. & Kniskern, D. P. (1981). Family therapy outcome research: Knows and unknowns. In A. S.

Gurman & D. P. Kniskern (Eds.), *Handbook of family therapy* (pp. 742-775). New York: Brunner/Mazel.

㉢ 출판 중에 있는 도서

• 김병하(출판중). 청각장애아 교육의 이론과 실제. 서울: 도서출판 특수교육.

• Cohen, J. (in press). *Statistical power analysis for the behavioral science*. New York: Academic Press.

㉣ 여러 간행물을 여러 저자의 이름으로 출판 중에 있는 서적

• Woodward, J. T. (in press). Children's learning systems. In J. T. Woodward, A. Pimm, S. S. Keenan, M. N. Blum, H. A. Hamner, & P. Sellzer (Eds.), *Research in cognitive development: Vol. 1. Logical cognition in children*. New York: Springer.

㉤ 인터넷 자료(Internet Resources)

<온라인 저널(Online Journal)>

• Egbert, I., & Jessup, L. (1996). Analytic and systemic analyses of computer language learning environments. *TESL-EJ, 2*(1). Retrieved October 14, 2008. from http://violet.berkeley.edu/~cwp/TESL-EJ/ej06/al.html.

<웹사이트(Website)>

• Hammersmith, L. (1997). EnglishNet: Writing for the Web. University of Illinois Tutorium in Intensive English. Retrieved May 2, 1998, from the World Web site: http://www.uic.edu/depts/tie/net.

2) 초록(abstract)

① 한글 또는 한글·한문 논문에는 외국어(주로 영어) 초록을, 외국어 논문에는 한글 또는 한글·한문 초록을 논문 말미에

첨부한다.

② 초록은 참고문헌 다음 페이지에 따로 마련한다.

③ 초록의 제목은 외국어의 경우 관사, 전치사 및 접속사를 제외한 모든 단어 첫 자만 대문자로 표시한다. 단, 부제를 같이 서술할 경우, 본제의 끝에 띄우기 없이 세미콜론을 찍고 한 칸 띄운 다음 첫 단어의 첫 글자만 대문자를 사용하고 나머지는 모두 소문자로 일괄 처리한다.

④ 초록의 내용은 간결해야 하며, 연구목적, 연구방법, 결과의 핵심적인 부분과 제언 등을 포함한다.

⑤ 영문초록을 작성할 때 특히 유의할 점을 지적하면 다음과 같다.

㉠ 수동태로 표현하기보다는 능동태로 표현하는 것이 좋다.

(O) Dunsing(1990) conducted the survey ……

(×) The survey was conducted by Dunsing (1990) ……

㉡ 초록은 논문을 완성하고 난 뒤에 쓰는 것이기 때문에 과거형으로 표현되어야 한다.

(O) Dunsing discussed the same question ……

(×) Dunsing discusses the same question ……

㉢ 초록에 포함될 내용 중 과거의 행동이나 상태가 일정한 시기에 발생한 것이 아니고 과거에 발생하여 현재까지 계속되고 있는 것일 때는 현재분사형을 사용한다.

(O) Since that time researchers have used the same method ……

3) 부록(appendix)

본문에서 취급하기가 너무 번잡한 자료나 보충적인 성격을 띠는 자료를 수록한다. 경우에 따라서는 표나 그림을 부록에 따로 모아 본문을 간결하게 만드는 경우도 있다. 부록에 수록되는 사항이 많은 경우는 부록 Ⅰ, Ⅱ…… 등으로 구분하기도 한다.

이상과 같이 연구논문 작성 시 보고서의 작성요령, 지침에 따라 작성하여야 하며, 편집시에는 다음과 같은 방법으로 편집하여야 한다.

(편집 시 글자크기 및 여백)

I. 서론 (글자크기 17)
  1. 연구의 필요성(글자 크기 15)
    가. (글자크기 11)
      (1) (글자크기 11)
        (가) (글자크기 11)

본문 (글자크기 11)

줄간격: 180~200
여백주기
- 좌 · 우측: 35
- 상 · 하: 30
- 머리 · 꼬리말: 15

* 기타 언급되지 않은 사항은 각 학문계열 양식에 준한다.

박스기사 7

교육연구에서 복합적인 측정도구를 사용하는 이유

1. 측정대상에서 되는 개념이나 변수가 너무 복잡하여 하나의 지표로서는 타당성 있고 신뢰할 수 있는 측정이 가능하지 않기 때문이다. 예를 들어 정치적 성향, 소외감, 조사대상자의 편견 등을 측정하는 경우 하나의 질문문항으로 충분하지 못하다.
2. 하나의 측정항목에서는 측정할 수 없는 변이성(다양성)을 측정하는데 유리할 수 있다. 예를 들어, 서열적 측정방법에 의해서 편견을 측정하는 경우라도 매우 약한에서 매우 강한까지 다양하게 측정함으로써 본래의 의미를 파악할 수 있다.
3. 혼합적인 측정방법을 사용하는 지수나 척도는 자료분석에 있어서 보다 포괄적이고 정확한 측정이 가능하다.
4. 척도의 단일성차원(척도를 구성하는 문항들은 공통적인 특성을 나타내야 함)을 검증해 볼 수 있다.

출처: 김병진 · 소재진(2006). **사회복지조사방법론**. 서울: 법문사.

현장연구보고서 작성

8

Chapter

"현장연구는 이론의 일반화보다 교육현장을 개선할 목적으로 한다."

현장연구(action research)는 이론의 일반화보다는 교육현장을 개선할 목적으로 교사가 교육실천의 문제를 중심으로 실험적인 성격의 연구를 하되, 조건을 통제하지 않으며 실천을 강조하는 연구법이다.

1. 현장연구의 유형

1) 조사연구

조사연구는 교육현상을 사실대로 기술하고 해석하는 연구로 조건통제나 변인통제를 하지 않는다. 이 연구는 사실발견적, 가설검증적으로 기준을 만들기 위한 연구이다. 그래서 이 방법은 교육현장의 실태나 요구분석을 통해 이론적으로 접근하기 어려운 부분에 대한 연구를 진행하는 데 적합한 연구이다. 조사연구는 반드시 도구를 사용해야 하며, 이 도구가 연구의 성패를 좌우한다. 이 연구의 장점은 일반적으로 단시간 내에 집중적으로 연구를 진행할 수 있다는 것이다.

예) 교육대학원 석사학위논문

2) 진단연구

개인 혹은 집단의 문제행동의 원인을 진단하여 알맞은 지도방안을 구안·실천하여 문제를 해결하는 과정에 대한 연구가 진단연구이다. 이 연구는 ① 문제발견, ② 문제분석, ③ 가설형성, ④ 실행 및 실천, ⑤ 검증평가의 5단계로 이루어진다.

예) 부적응아동 지도방안

3) 실천연구

보다 나은 교육실천을 위하여 이미 발견한 원리 및 법칙을 프로그램화하여 교육현장에 적용하는 연구로, 조건통제와 변인통제를 하지 않는다. 이 연구는 연구반과 비교반을 두지 않으며, 전후 비교로 결과를 검증한다.

예) 시범학교 운영

4) 실험연구

실험연구는 현장에 적용할 수 있는 가설을 검증하기 위하여 모든 조건을 인위적으로 통제하며 사상을 관찰하고 측정한다. 이 연구는 엄격한 조건통제, 변인통제를 하며, 실험설계를 특징으로 한다.

실험연구의 절차는 ① 주제선정, ② 이론적 탐색, ③ 가설형성, ④ 실험방법의 설계, ⑤ 가설의 실행, ⑥ 실험설계이다.

연구학교 운영과 함께 주제와 계획서 변경 불가능의 원칙이 적용된다.

예) 실험학교 운영

2. 현장연구보고서 체제

현장연구보고서 체제는 다양하다. 교육연구에 관련된 문헌을 고찰해 보면 학자마다 제각기 고유의 연구보고서 체제를 제시하고 있으며, 어떤 표준적인 연구 체제를 제시하기는 매우 어렵다. 그러므로 연구자는 자신이 수행한 연구의 특징이 잘 드러날 수 있는 보고서 체제를 독창적으로 구상해야 한다(한국교원단체총연합회, 1999).

대체로 연구보고서 체제는 앞 부분, 본문 부분, 끝 부분의 3단계로 나눈다.

1) 앞 부분

(1) 표지
- 작성연도
- 보고서 종류
- 연구주제
- 연구자 소속 성명

(2) 간지

(3) 표제면(소표지)

(4) 연구내용 체계표
- 내용 목차
- 표 목차
- 그림 목차

2) 본문 부분

Ⅰ. 서론

A. 연구취지(동기)

B. 연구목적

C. 연구문제
D. 연구범위와 제한
E. 용어정의

Ⅱ. 이론적 배경
A. 관련 이론 탐색
B. 선행연구 고찰

Ⅲ. 실태분석 및 실행목표 설정
A. 실태분석(기초분석)
B. 실행목표 설정

Ⅳ. 연구의 설계
A. 연구 대상 및 기간
B. 연구절차 및 방법

Ⅴ. 실행목표의 실천
A. 실행목표 '1'의 실천
B. 실행목표 '2'의 실천
C. 실행목표 '3'의 실천

Ⅵ. 검증 및 평가
A. 검증 및 평가도구
B. 검증내용 및 방법
C. 검증결과 및 해석

Ⅶ. 요약, 결론 및 제언
A. 요약
B. 결론
C. 제언

3) 끝 부분

1) 참고문헌
2) 부록

3. 현장연구대회

현장연구대회는 시・도교육청과 한국교원단체총연합회에서 시행하고 있다. 본 장에서는 1952년부터 한국교원단체총연합회가 시행하고 있는 현장연구지침을 제시한다.

1) 응모자격

① 초・중등교육법 제21조(교원의 자격) 및 별표와 고등교육법 제16조(교원 등의 자격기준)에 규정된 자격이 있는 교원과 교육기관, 교육행정기관 및 교육연구기관의 장학직, 연구직에 근무하는 자
② 현장교원으로서 학생지도 및 교직활동에 결격사유가 없고, 연구의욕이 높아 시・도 교원단체총연합 회장 및 한국특수교육총연합회에 응모하여 가장 우수한 연구보고서로 선정되어 시・도 교원단체총연합회장 또는 한국특수교육총연합 회장의 추천을 받은 자
③ 시・도 교원단체총연합회 및 시・도 교육과학(정보)연구원에서 주최하는 시・도단위 교육자료전에 응모하여 우수 교육자료로 인정받아 소속 시・도 교원단체총연합 회장의 추천을 받은 자
④ 현장교육연구운동에서 표절 판정을 받고 그 다음 해부터 "3년간 현장교육연구대회 및 교육자료전 참가제한" 기간이 경과된 자(3년 미경과자는 응모 제한)

2) 응모분과(분야)

응모분야는 전국현장교육연구대회와 전국교육자료전 두 분야로 나누어 시행하고 있다. 특히 특수교육분과는 본회 산하단체인 한국특수교육총연

합회에서 응모하고 있다.

(1) 전국현장교육연구대회

1 교과 및 특별활동, 재량활동분과

① 도덕·윤리, ② 국어, ③ 국사·사회, ④ 수학, ⑤ 과학, ⑥ 체육, ⑦ 음악, ⑧ 미술, ⑨ 외국어, ⑩ 실업·가정, ⑪ 통합교과, ⑫ 선택교과(한문·교련·교양), ⑬ 특별활동, ⑭ 재량활동

2 교직분과

① 교육행정(학교경영, 교직생활, 교육정책개발연구), ② 생활지도, ③ 교육과정운영, ④ 주제연구

3 특수영역분과

① 사회교육, ② 유아교육, ③ 교육공학(컴퓨터교육 포함), ④ 특수교육(청각장애·시각장애·정신지체·지체부자유·정서장애·학습장애), ⑤ 영재교육

4 기타분과

상기 23개 분과에 해당하지 않는 연구분야

(2) 전국교육자료전

① 도덕·윤리교육, ② 국어·한문교육, ③ 국사·사회교육, ④ 수학교육, ⑤ 과학교육, ⑥ 체육교육, ⑦ 음악교육, ⑧ 미술교육, ⑨ 외국어교육, ⑩ 실업·가정교육, ⑪ 특수교육, ⑫ 통합교과·유아 교육, ⑬ 일반자료(인성교육·진로교육·성교육·환경교육·사회교육 등의 범교과 영역 및 각 교과에 해당되지 않는 자료)

3) 응모방법 및 시기

- 전국현장교육연구대회

전국현장교육연구대회	전국교육자료전
① 시·도 추천 연구보고서 접수: 3월 중순 ② 예비 심사: 3월 중순~3월 하순 ③ 본 심사: 4월 초순 ④ 최고상 심사: 4월 중순 ⑤ 시상식(최종 심사결과 발표): 4월 하순	① 시·도 추천 자료설명서 접수: 9월 중순 ② 예비 심사: 9월 중순~9월 하순 ③ 본 심사(자료 및 면접심사): 10월 초순 ④ 최고상 심사 : 10월 초순 ⑤ 시상식(최종 심사결과 발표): 10월 중순

4) 응모절차

(1) 전국현장교육연구대회

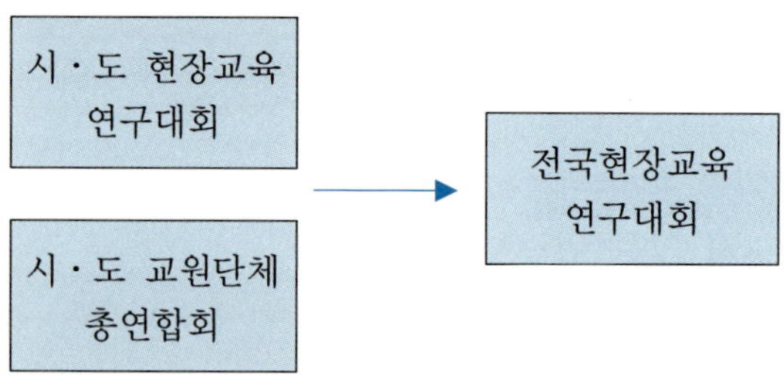

※ 특수교육분과는 한국특수교육총연합회에서 주관

(2) 전국교육자료전

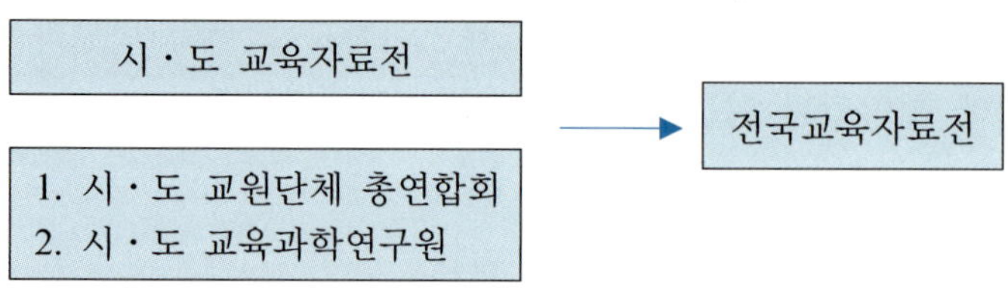

5) 응모 유의사항

① 1인 1연구이어야 한다.
- 동일 연도 전국 현장교육연구대회 및 전국 교육자료전 동시 응모 불허
- 2개 분과(분야) 동시 응모 불허
- 시 · 도 교원단체총연합회 및 한국특수교육총연합회에 이중 응모 불허

② 직위 상이자와의 공동연구는 허용되지 않는다.

③ 학교급별 상이자와의 공동연구는 허용되지 않는다.
- 단, 전국 교육자료전은 유치원교원과 초등교원, 초등교원과 중등교원과의 공동연구를 허용함

④ 공동연구의 필요성 및 연구과정에서의 역할분담이 명확하여야 한다.

⑤ 표절판정시에는 표절판정 다음 연도부터 3년간 현장교육연구대회 및 교육자료전에 응모할 수 없다.

⑥ 제7차 교육과정 편제상의 재량활동에 해당되는 영역(교과 재량활동, 창의적 재량활동) 중, '재량활동' 분과에 응모할 수 있는 연구내용은 창의적 재량활동 중 범교과학습 활동영역으로 한정한다(교과재량 활동에 해당되는 연구는 연구내용별로 각 교과로 응모).

6) 심사기준 및 배점

① 본 심사기준(100점 만점)

심사기준 및 배점	내 용
연구의 현장적용성(50점)	• 연구가 현장교육 발전에 기여할 수 있는 내용인가? • 연구내용은 교육현장에서 얼마나 활용될 수 있는가? • 현장문제 해결을 위해 얼마나 노력하였는가?
연구내용(25점)	• 연구내용을 일선교원들이 쉽게 이해할 수 있는가? • 연구내용의 분석력과 논리는 적절한가? • 연구내용이 현장교육 문제를 객관적으로 분석하고 그 결과를 정확히 기술하고 있는가?

심사기준 및 배점	내 용
연구방법(15점)	• 연구방법이 연구내용에 적절한가? • 연구의 도구 및 자료분석이 연구내용에 적합한가? • 연구의 체제 및 형식이 창의적인가?
연구주제의 접근성(10점)	• 연구주제 및 내용들이 한국교총이 설정한 연구주제에 얼마나 접근하고 있는가?

② 발표 심사기준(10점 만점)

심사기준 및 배점	내 용
연구내용의 현장성(3점)	• 연구주제와 연구내용은 교육현장의 문제를 다루고 있으며 그 접근방법은 적절한가?
연구내용의 진실성(4점)	• 연구문제 해결을 위해 얼마나 노력을 하였으며 연구내용을 숙지하고 있는가?
연구의 일반화 가능성(3점)	• 연구결과는 교육현장에서 얼마나 활용될 수 있는가?

7) 종합심사평

다음은 제46회 전국 현장교육연구대회 심사위원장 김언주(충남대 교수)의 종합심사평이다.

'교단의 발전은 선생님들의 연구로부터……'

현장교육의 질적 개선을 도모하고 교사들의 연구의욕을 고취시키기 위해 실시되어온 '전국현장교육연구대회'가 금년으로 46회를 맞이하였다. 금년에도 전국의 수많은 교원들이 본 대회에 열성적으로 참가하여 유종의 미를 거두게 되었다. 본 대회를 빛내주신 모든 연구교원과 심사위원 여러분의 노고에 진심으로 감사드린다. 특히 이 대회를 오늘처럼 성장·발전시킨 한국교원단체총연합회의 이군현 회장님을 비롯한 관계자 여러분의 노고에 심심한 경의를 표하는 바이다.

금년도에도 전국 16개 시·도 교원단체연합회 및 한국특수교육총연합회에 응모한 연구보고서 편수는 약 2만여 편에 이르렀다. 이들 중 중앙에 추천된 연구보고서는 22개 분과 1,285편이었다.

이들 연구보고서에 대한 심사는 예비 심사, 본 심사, 발표 심사 등 3단계로 이루어졌다.

예비 심사에서는 연구보고서 제출 자격, 연구분과 선정의 적절성, 선행 연구의 모작·표절여부·현장연구보고서로서의 적절성 등이 검토되었다. 예비 심사 과정에서 부적격 또는 모작·표절로 판정된 연구보고서에 대해서는 해당 연구자에게 통보하여 소명기회를 주어 억울한 판정이 내려지지 않도록 최대한 배려하였다. 이 과정에서 74편의 연구보고서가 탈락하여 본 심사에는 1,211편의 연구보고서가 상정되었다.

본 심사는 교육연구위원회와 본심사위원회에서 합의한 심사기준에 따라 연구보고서 1편에 대하여 3인 이상 심사위원들의 교차심사를 거쳐 1등급 후보작 274편, 2등급 409편, 3등급 528편을 선정하였다.

본 심사기준은 ① 연구주제 및 연구내용의 현장연구로서의 적절성, ② 연구를 위한 과학적·교육적 노력, ③ 연구설계, 도구, 절차, 자료분석 등의 타당성과 적절성, ④ 연구결과의 일반화 가치성 등이었다.

발표 심사는 1등급 후보작 274편을 대상으로 연구내용의 진실성과 현장성, 그리고 일반화 가능성을 평가하였다. 그리하여, 228편의 1등급으로 확정하고 나머지는 2등급으로 분류하였다.

한편, 대통령상 1편과 국무총리상 1편은 발표 심사를 거쳐 최고상 후보로 추천된 8편의 연구보고서를 대상으로 최고상 선정위원회의 심사와 현장 확인 방문을 거쳐 최종적으로 선정하였다.

주지하는 바와 같이, 현장교육연구는 학교현장에서 이루어지는 교육실천상의 문제를 개선하기 위하여 현장의 교사가 주체가 되어 과학적인 방법으로 문제를 해결하는 연구이다.

현장연구는 연구자 주변의 교육환경에서 연구결과의 응용이나 실제 상태의 개선을 목적으로 절실히 필요하다고 느낀 문제를 다루어야 할 것이며, 표본집단에 의하여 대표되는 이론적 모집단보다는 연구되는 특수대상에 관심이 있어야 하고, 연구방법을 연구가 진행되는 과정에도 변경할 수 있어야 하며, 연구결과 교육의 실제 상황을 어느 정도 개선할 수 있어야 하고, 교육목적 실현에 기여할 수 있는 연구이어야 한다.

2002년도 제 46회 전국 현장교육연구대회 심사에서 발견할 수 있었던 특징은 다음과 같이 정리될 수 있다.

첫째, 제출된 연구보고서들의 질적 수준이 예년 수준을 유지하였다고 평가된다. 예를 들어, 도덕·윤리, 국사·사회, 음악, 미술, 외국어, 한문,

교육과정 운영 및 유아교육 분과의 연구보고서들은 많은 개선이 이루어진데 비하여, 국어, 수학, 체육, 실업・가정, 통합교과, 환경, 특별활동, 교육행정, 생활지도, 주제연구, 사회교육, 교육공학 분야의 연구보고서들은 예년 수준이거나 그에 못 미치는 것으로 평가되었다.

둘째, 최근 우리나라가 지식기반 정보화사회로 발전해 나가고 있음은 주지의 사실이다. 이러한 영향이 그대로 반영되어 ICT를 적용한 연구들이 상당수에 이르렀다. 이러한 경향성은 작년과 대동소이하다. 수학이나 과학분야뿐만 아니라 국어, 한문, 외국어 등 어학분야와 음악, 미술까지도 확대되는 추세를 보였다.

셋째, 학교현장의 교수-학습 방법 개선에 기여할 만한 실천적인 지도방법 및 프로그램을 제시한 연구가 많았다. 많은 연구들이 현장연구의 특수성을 살려 연구의 내용과 방법이 실제적이고 현장적용 가능한 것들이었다. 그리고 학습자주도 학습을 강조하고 있는 경향을 반영하여 학생들의 흥미와 동기유발에 기여하는 학습지도 방법을 개발한 연구들이 많았다.

넷째, 대부분의 연구보고서들은 논문으로서의 체계를 어느 정도 갖춘 것으로 평가되었다. 연구의 필요성과 목적, 연구의 논리, 연구방법, 연구의 실천과 평가, 요약・결론, 참고문헌 등의 구성요소들을 공통적으로 포함하고 있었다.

한편, 개선되어야 할 점도 많았다.

첫째, 연구주제를 구체화・세분화시킬 필요가 있다. 연구주제가 너무 방대하다보니 의욕만 앞서고 결과는 신통치 않은 연구보고서들이 상당수에 이르렀다.

둘째, 주제를 선정하고 연구의 틀을 구상할 때, 기존의 1등급 연구보고서들을 참조는 하되, 그들에게 얽매이지 않는 발상이 필요하다. 어떤 연구보고서들은 훌륭히 연구를 수행하였으나, 기존의 선행연구 틀 속에 연구결과를 그대로 집어넣는 바람에, 제대로 평가받지 못하는 안타까운 경우도 있었다.

셋째, 연구결과는 항상 학생의 학습과 복지향상에 도움이 되어야 한다는 인식이 부족한 경우가 발견되었다. 연구를 위한 연구, 교사만을 위한 연구, 교사의 점수를 위한 연구도 상당수에 이르렀다.

넷째, 계량적 분석에 있어서 단순히 백분율에 의존하기보다는 좀더 심층적인 의미를 발견할 수 있는 통계적 분석기법이 활용될 필요가 있다. 또한, 질적 연구를 수행하는 것이 필요하다고 판단되었다.

끝으로, 한편의 연구보고서를 만들어 내기 위해 혼신의 힘을 다하신 연구교원 여러분에게 다시 한번 격려와 존경을 보낸다. 부디, 여러분의 연구보고서를 통해 우리나라 학생들이 행복해지고 더욱 훌륭해지길 기원해 본다.

4. 현장연구 주제설정 방법(충청남도 교육연수원)

1) 주제어 설정 방법

(1) 실험학교, 연구학교 운영의 경우에 주제어

실험학교, 연구학교 운영의 경우에 주제어는 ① ~이 ~에 미치는 영향, ② ~이 ~에 미치는 효과, ③ ~ 신장방안, ④ ~관한 연구를 사용한다.

- 국민공통 기본교과의 절대평가문항 및 도구개발 연구

(2) 시범학교 운영

첫째, 그런 방법만 이용하면 ~이 신장되고, 함양된다는 확신에서 출발하여 주제진술은 학생의 행동변화 용어, 종속변인 위주의 진술을 해야 한다.

둘째, 주제어는 ~ 신장, 함양, 제고, 거양, 배양, 증진, 향상, 강화, 개선, 조장, 기르기, 계발, 육성, 고취, 예방, 교정, 치료, 정착, 효율화, 내면화, 활성화, 극대화, 지역화, 생활화 등을 사용한다.

- 개방적 학급 분위기 조성과 교육 방송 재구성 활용을 통한 듣기, 말하기, 능력 신장

(3) 개인연구의 주제 설정

첫째, 포용적 주제는 모든 교과 내용에 적용할 수 있는 주제

이다.

- 교육방송 프로그램의 선별적용을 통한 자주적 학습력 신장

둘째, 배타적 주제는 주제의 독립변인과 종속변인에 특정한 내용을 담는 경우이다.

- TV 간접체험 활동 프로그램 구안 적용을 통한 효 실천 태도 함양 ('간접체험'이 직접체험을 배제하며 '효'가 효 이외의 모든 내용(교과)을 배제한다.

셋째, '~ 관한 연구'라는 주제어는 개인 실천연구에 적합하지 않다.

넷째, '~과(와)', '혹은', '및'이 들어가는 주제어는 가능하면 사용하지 않는다.

(4) 인성실천 사례연구

인성실천 사례연구는 고도의 실천력을 강조하는 사례연구이다. 따라서 학생들의 행동변화를 위한 연구이여야 하며, 종속변인 위주의 진술이 되어야 한다.

- 다양한 심화체험 활동 프로그램 구안 · 적용을 통한 바른 심성 함양 사례
- 밝은 마음, 푸른 꿈, 프로그램 구안 · 적용을 통한 바른 심성 실천력 강화

2) 주제어 설정시의 유의사항

첫째, 창의적이고 참신해야 한다.

둘째, 독립변인과 종속변인과의 연계가 잘 이루어져야 한다.

셋째, 부제어는 설정하지 않는다.

넷째, 주제어에 연구내용을 암시하여 연구결론을 예측할 수 있어야 한다.

다섯째, 연구주제명은 3~4개 단어 군으로 표현한다.

여섯째, 불필요한 주제어를 금지하고 구체적 용어로 간단명료하게 진술한다.

5. 현장연구보고서 작성

1) 서론

서론은 현장연구의 본문부분으로서 일반적으로 연구의 필요성, 연구목적, 연구 문제, 가설, 용어정의 등이 포함된다.

(1) 연구의 필요성

연구자가 느끼고 직면하고 있는 문제를 직접적이고 구체적인 동기나 필요를 예로 들면서 이유를 진술한다. 가능하면 교육적인 문제의식과 그것을 해결하기 위한 연구문제를 잡아 부각시키고, 해답을 얻고자 하는 것이 무엇인지를 명확히 진술한다.

연구의 필요성은 객관적인 근거를 기초로 하여 진술하여야 한다. 객관적인 근거를 제시해야 할 필요가 있을 때는 선행연구의 결과나 이론적 근거를 인용하여도 된다. 마지막으로, 연구의 의의를 밝히거나 이 연구가 어떤 면에 공헌할 것인지를 분명하게 진술하여야 한다.

예시 1

■ **제목:** 바른생활 체험활동의 날 프로그램 운영을 통한 기본생활습관 함양(심혜영, 2002)

1 구체적 동기 부분

21세기 급변하는 세계 속에서 사회는 많은 지식을 요하고 있다. 아동들의 방과 후 시간은 학원수강으로 매일 바쁘며 하루생활의 반성의 기회조차 없이 무의미한 연속된 삶을 살아가고 있다. 요즈음은 맞벌이 부부가 늘어나고 핵가족 생활로 인해 가정교육의 힘이 약해져 가고 있으며 기본적인 교육이 가정에서 이루어져야 함에도 불구하고 제대로 이루어지지 못하고 있는 실정이다. 그런데다 가정에서 경쟁적으로 내 아이만 잘 키우면 된다는 생각에 왕자, 공주로 받들어 줌으로써 남을 배려하는 마음은 거의 없다고 해도 과언이 아니다.

[2] 선행연구의 이론적 근거 인용

급변하는 사회변화는 우리 고유의 기본 도덕을 퇴색시키고 윤리적인 도덕생활에 혼돈을 가져다 주고 있다. 제 7차 교육과정에서 도덕과의 기본목표는 세계화 시대에 한국인의 정체성을 가지고 한국인으로써 바람직한 삶을 살아가는 데 필요한 기본생활과 예절 및 도덕규범을 익히며 일상생활에서 부딪히는 도덕적 문제를 바람직하고 합리적으로 해결할 수 있는 판단능력……(중략)

[3] 객관적 현장의 문제 제시

요즘 우리 반의 아이들은 어떠한가? 복도에만 나가면 뛰고, 소리지르고 쓰레기는 아무데나 버리며, 싸우고 욕하는, 교실에서 신발신고 돌아다니며 자기만 편리하면 된다는 이기주의가 만연하고 도덕이 땅에 떨어져 수습할 수 없을 정도로 엉망인 것을 볼 수 있다.

……(중략)

2001년 서울시 교육청에서는 「이것만은 꼭 지킵시다」라는 슬로건을 내 걸고 기본이 바로 된 어린이 육성을 중점 시책으로 내 세우고 있다. 앞으로 맞이할 2002년 월드컵 등 세계화 시대를 맞이하여 기본이 바로 된 어린이를 사회에서 요구하고 있다.

[4] 연구의 의의

이에 본 연구자는 바른생활 체험활동의 날 프로그램을 통해서 실천적 인성교육을 실시하여, 지적 경험 위에 판단력을 기르며, 다양한 실천적 체험활동을 통해 칭찬하고 적절한 보상을 줄 때 기본 생활 습관형성이 가능하리라 보고 내면화시킬 수 있는 프로그램을 찾아 지도한다면 효과가 있을 것이라고 생각하여 본 연구를 시도하게 되었다.

예시 2

■ **제목:** '난상 토론' 프로그램 시청과 신문 사설의 분석적 읽기 지도를 통한 논술능력 신장 방안(김경희, 2002)

1 구체적 동기 부분

15일 건국대를 끝으로 마무리된 올해 주요 대학의 논술고사는 '암기 논술'의 종언으로 특징지워진다. 이같은 출제 경향은 2002학년도 논술의 지표가 될 것으로 보인다. ……수험생들이 특정 주제를 외워 쓰는 논술을 막으려는 시도가 다양해진 것이 눈에 띈다. ……이와 같은 방식은 논술 준비서에서 찾기 힘든 새로운 시도로 '틀에 박힌 논술'을 공부했던 수험생은 다소 당황했다. 특정한 서술 방식을 ……(중략)

2 객관적 현장의 문제 제시

현행 대학 입시에서 대학별 본고사로 논술고사만을 시행하도록 하는 교육부의 정책은 그 동안 암기력 위주의 고등학교 교육을 탈피하고, 학생들에게 독해력과 사고력을 길러 주어야 한다는 명분 아래 추진되었다. 그리하여 학생들에게 고전을 많이 읽히고 ……(중략)

이 점에서 고등학교 논술교육 내지 논술정책이 필요하다는 지적은 설득력을 얻게 된 것이다. 그러나 정작 학교현장에서는 논술 지도의 필요성을 절감하면서도 논술교육이 제대로 이루어질 수가 없었다. 학생들에게 논술을 지도할 교사가 확보되지 않았으며, 학교현장에서 지도하기에 적절한 논술능력 향상 방안이 마련되지 않았다.

3 연구의 의의

본 연구는 영상 매체에 익숙한 우리 학생들이 흥미를 가지고 있는 영상매체를 활용하여 논리적, 비판적, 창의적으로 사고하게 하며, 신문 사설의 분석적 읽기 지도를 통해 시사와 관련된 배경 지식을 향상시켜서 학문과 생활 전반에 걸쳐 제기될 수 있는 제반 문제에 대한 해결점을 창의적, 논리적으로 표현할 수 있는 능력을 길러 주려는 의도에서 시도하였다.

(2) 연구목적

연구의 심장부분으로 연구문제에 관한 해결방안을 제시하고 그것을 통해서 얻고자 하는 것이 무엇인지를 구체적으로 밝힌다. 연구과정에서 연구목적은 결과를 예측해 주는 핵심요소가 된다. 진술방법은 세분해서 하위목표별 항목식으로 진술하며, 논리적이어야 한다. 연구목적을 표현하는 방법은 다음과 같다.

첫째, 이 연구는 ~을 적용하여 보고 ~을 일반화하는데 있다.

둘째, 본 연구의 목적은 ○○을 △△에 어떤 결과를 나타내는가를 검증하는 데 있다.

예시 1

기본이 바른생활 습관형성을 위해서는 체험활동을 통해 질서의식을 심어주고 열린 마음 위에 행동으로 실천하게 하여 내면화시키는 데 그 목적이 있으며, 이를 구체적으로 제시하면 다음과 같다.

① 기본생활 습관형성을 위한 방법을 모색하여 체험활동 프로그램을 구안한다.

② 기본생활 태도를 정착시키기 위해 체험활동의 날 프로그램을 적용한다.

③ 기본생활습관 정착과 내면화를 위한 다양한 방안을 모색하여 적용한다.

예시 2

첫째, 논술 능력의 기본이라고 할 수 있는 문제지향적 태도와 비판력, 사고력을 향상시킬 수 있는 학습자료를 탐색·선정하고,

둘째, 선정한 학습자료(EBS 생방송 '난상 토론' 프로그램, 신문 사설)를 논술문 쓰기 교수-학습에 투입·적용하여,

셋째, 논술 전개의 유형에 맞는 논술문을 쓰게 하고, 이를 평가하고 첨삭지도함으로써 개인별 논술능력을 신장시키는 데에 본 연구의 목적이 있다.

(3) 연구문제

연구의 필요성과 목적에서 진술된 내용을 구현하기 위해 연구자가 실제로 실천할 연구문제를 진술한다. 연구문제는 연구를 통해서 얻고자 하는 것이 무엇인지를 간결하고 명료하게 나타낸다. 연구문제를 제시할 때는 다음과 같이 제시한다.

첫째, 객관적인 진술이 되어야 한다. 그러므로 효율적, 개선, 바람직한 향상 등의 용어는 부득이한 경우를 제외하고는 사용하지 않는다.

둘째, 연구주제의 독립변인을 하위요소로 분석하여 진술한다.

셋째, 실태분석 결과와 논리적 연관이 있게 진술한다.

넷째, 목표(종속변인)와 방법(독립변인)을 포함하는 의문문으로 진술한다.

특히, 연구문제는 연구주제를 하위주제로 구분하여 가설형성의 근거를 마련하는 것이다. 필요에 따라서는 연구문제와 연구가설을 둘 다 제시할 수 있고 어느 하나만을 제시할 수도 있다(김석우, 2000).

예시 1

① 기본생활 습관형성을 위한 방법을 모색하기 위해 체험활동을 어떻게 전개할 것인가?

② 기본생활 태도를 정착시키기 위해서 바른생활 훈련 프로그램을 어떻게 구안・활용할 것인가?

③ 기본이 바로 된 어린이를 육성하기 위해 다양한 체험활동을 어떻게 적용할 것인가?

예시 2

■ **제목:** 역사적 인물 행위 중심의 추체험(追體驗) 학습이 역사적 사고력 신장에 미치는 영향(이제실, 2002)

① 역사적 인물행위의 추체험 학습대상을 어떤 기준으로 선정할 것

인가?

② 역사적 인물행위의 추체험을 위해 어떤 교수-학습모형을 구안할 것인가?

③ 역할극 · 모의재판 · 추체험 글쓰기 교수-학습을 어떻게 적용하여 역사적 사고력을 함양할 것인가?

(4) 용어정의

해당 연구에서 사용하는 특정한 용어의 정의를 하여야 한다. 학자들이 제시하는 일반적인 용어의 정의를 인용하기보다는 이 연구에서 특별히 의미있는 용어를 제시한다. 일반적으로 용어정의는 다음과 같다.

첫째, 독립변인과 종속변인 중에서 각각 한 단어씩 정의한다.

둘째, 검증이 가능하도록 구체적이고 개조식으로 학생 수준에 맞게 정의한다.

셋째, 연구에서 그냥 두면 오해될 수 있는 용어 2～3개를 정의한다.

예시 1

■ **체험활동의 날 프로그램:** 생활 속에서 지켜야 할 영역별 기본덕목(질서, 예절, 청결, 친절)을 직접적이고 전체적인 접촉활동을 통해서 기본생활 태도를 강화시키도록 하는 프로그램을 의미한다.

예시 2

■ **추체험 학습:** '역사적 행위자의 사고를 관련된 증거에 입각하여 행위자의 입장에서 다시 생각함으로써 역사적 행위를 상상적으로 재구성하고 인식하는 활동'을 의미하는 데, 본 연구에서는 학습자가 모의재판 · 역할극 · 역사적 인물이 되어 상상 글쓰기 등에 역할학습자로서 참여함으로써 역사적 인물의 행위결정 과정에서의 의식상태를 경험하게 교수-학습방법을 추체험 학습이라 한다.

(5) 연구범위 및 제한

① 연구범위는 연구자의 계획과 의도의 소산이다. 연구대상, 지역, 기간, 교과, 단원, 교수-학습방법, 탐구과정 투입자료 매체, 연구방법, 평가도구(검증도구), 분석도구 등의 범위를 밝힌다. 연구자가 의도적, 계획적으로 연구내용을 일정하게 규정해서 정한다.

② 연구제한은 외부와 타인에 의해 한정되는 내용이다. 표집대상, 표집방법, 연구반과 비교반, 조건통제 여부 등을 나타낸다. 실험연구에서는 동기유발, 태도변화에서는 오는 심리적 동기 및 흥미 효과를 제시한다.

③ 연구범위는 연구내용과 관련된 것만이 아니라 자료와 방법의 한계나 약점 또는 제한점 등을 솔직히 지적해 두어야 한다.

- 본 연구는 농촌 초등학교 6학년 남녀학생을 대상으로 하며 연구기간은 1년으로 한다.
- 본 연구는 농촌 초등학교 6학년 학생을 대상으로 실시하므로, 초등학교 전 학년 교육과정의 환경 관련 지도요소를 중심으로 실행하고 그 결과를 논의하였다.
- 본 연구는 연구기간이 1년이고, 타교생이나 본교 전 학생을 연구대상으로 하지 못하고 6학년 43명만을 대상으로 하기 때문에 연구결과를 일반화하는데 한계가 따를 것으로 예상되었다. 따라서 이에 따른 대비도 철저히 하였다.

예시 1

본 연구의 대상자는 서울 ○○초등학교 3학년 3반 어린이 40명(남 20, 여 20)으로 하며 비교반을 두지 않는다.

예시 2

① 역사적 인물 행위의 추체험 학습범위는 시기적으로 '중학교 국사(상)'의 범위인 선사시대부터 임진왜란시기까지로 제한한다.

② 역사적 인물 행위의 추체험 교수-학습방법은 모의재판 · 역할극 · 상상글 쓰기를 실시한다.

③ 역사적 사고력의 신장여부는 자작 질문지와 전문연구자가 개발한 역사적 사고력 평가문항으로 좌우비교를 통해 검증한다.

※역사적 사고력 평가문항(최상훈, 서울대학교 대학원 박사학위논문, 2000)

2) 이론적 배경

이론적 배경의 내용에는 연구의 흐름과 연구주제에 대한 자기주장을 나타내며, 다음과 같은 점을 고려해야 한다.

첫째, 독립변인과 종속변인에 관한 논의가 있어야 한다.

둘째, 독립변인과 종속변인 간의 관계를 구명해야 한다.

셋째, 논리성이 유지되어야 하고 개념정립이 뚜렷해야 한다.

넷째, 가설의 설정, 가설 도출 가능성 혹은 직전상태까지 제시한다.

이론적 배경은 관련이론 탐색과 선행연구 분석의 두 부분으로 이루어진다. 관련이론 탐색에서는 연구주제와 관련되는 주요 개념이나 이론에 대한 세밀하고도 광범한 진술을 하며, 선행연구 분석에서는 선행연구들을 정리, 분석, 제시한다.

(1) 관련이론 탐색

관련이론 탐색에서는 연구주제에 포함되는 기본개념이나 이론을 명확히 규정하는 작업을 한다. 현장연구는 추상적 개념을 사용하지 않는 경우가 대부분이지만, 추상적인 이론적 개념들을 변인으로 사용할 때는 이들에 대한 충분한 고찰을 하고, 본 연구에서 그들을 사용하는 기본적인 맥락과 의미를 분명히 밝혀야 한다.

관련이론을 탐색하는 목적은 기존 연구의 반복을 피하고, 연구문제를 설정하기 위한 근거를 찾고, 연구방법에 시사를 받으며, 연구결과의 해석에 도움이 되거나 비교할 수 있는 근거를 얻기 위한 것이다.

(2) 선행연구 분석

선행연구의 분석은 본 연구의 성격과 위치를 파악할 수 있게 해준다. 선행연구 고찰에서는 본 연구와 관련이 있는 연구만 논리적으로 연결이 잘 되게 제시하여야 한다. 그래서 독자들로 하여금 이러한 선행연구들이 현재의 연구와 어떠한 관련이 있는지를 분명히 이해할 수 있도록 기술해야 한다.

선행연구를 고찰할 때는 다음과 같은 점을 고려해야 한다.

첫째, 최근, 가능하면 5년 이내의 연구물 7～8편 이상을 제시한다.

둘째, 진술방법은 연도순으로 제시한다.

셋째, 선행연구를 제시할 때는 "선행연구에서는 ○○방법을 적용해서 △△효과를 거두었지만 본 연구에서는 ○○방법을 적용함으로써 선행연구에서 해결하지 못한 ○○문제의 해결과 함께 ○○성과를 거두었다. 따라서 A라는 문제는 B라는 방법으로 C라는 문제는 D라는 방법으로 해결할 수 있다고 본다." 등의 구체적인 방안을 수업현장을 통해 논리적으로 제안할 수 있어야 한다.

예시 1

■ **연구제목:** 바른생활 체험활동의 날 프로그램 운영을 통한 기본생활습관 함양

■ **관련이론 탐색 및 선행연구의 고찰**

A. 관련이론 탐색

1. 도덕과 교육과정 및 지도과정
2. 아동 생활지도의 방향과 원리
3. 아동 정서지도와 인성교육
4. 기본생활습관 지도덕목과 방법

5. 체험활동의 중요성과 지도원리

B. 선행연구 고찰

1. 선행연구 분석
2. 선행연구의 시사점

예시 2

■ **연구제목:** 역사적 인물 행위 중심의 추체험(追體驗) 학습이 역사적 사고력 신장에 미치는 영향

■ **이론적 배경**

A. 이론적 기초

1. 역사수업에서의 인물학습
2. 역사학습과 추체험
3. 역사적 사고력

B. 선행연구 분석

1. 선행연구의 내용
2. 선행연구의 시사점

3) 기초조사 및 문제분석

연구문제가 선정되면 연구주제와 직접 관련 있는 실태조사나 문제를 분석하여 진술한다. 교육주제와 관련 있는 교육현장의 실증적인 문제점을 분석하여 구체적인 연구문제의 해답을 얻기 위한 방법이다. 이는 주제의 범위나 문제의 원인, 사실 등을 규명하여 연구의 제한점, 방법 또는 애로점, 가설형성 근거를 암시하거나 제시할 수 있도록 간결하고 일목요연하게 작성한다.

예시 1

1. **문제분석 내용 및 방법**

본 연구의 기초자료를 얻기 위하여 교육과정 분석, 아동과 교사, 학부

모를 통해 다음과 같이 실태를 조사・분석하였다.

아동과 학부모는 연구자가 담임한 ○○초등학교 ○학년 ○3반 아동○○ 40명과, 학부모를 대상으로 하였고, 교사는 본교 직원 ○○명을 대상으로 하였다.

표 8-1 실태분석내용 및 방법

구 분	분석내용	도 구	대 상	시 기
교육과정 분석	• 교육과정 목표 내용	교육과정 목표분석	○○과 교과서	2001. 2
아동 실태	• 실내에서 생활태도 • 복도통행 실태 • 자율실천 과제 • 나의 청결상태 • 친구에게 대하는 태도 • 나의 예절생활 태도	• 교사관찰 • 아동 실태분석 • 설문지를 통한 조사분석	○○초등학교 ○학년 ○반 아동 ○○명	2001. 3
학부모 실태				
교사 실태				

2. 실태분석 결과

<표 8-2>에서와 같이 '실내에서 조용히 한다'가 6명(15%)으로 가장 낮은 반응률을 보여 주었고, 그렇지 않다는 20명(50%)이나 되었다. 이 조사에서는 아동들이 실내에서 조용히 하지 않는 아동들이 많음을 알 수 있다.

표 8-2 실내에서 생활태도 (N = 40)

내 용		N	%
나는 실내에서 조용히 한다.	그렇다	6	15
	보통이다	14	35
	그렇지 않다	20	50
	계	40	100

3. 실태분석 결과 요약

표 8-3 실태분석 및 문제점

구 분	실태분석 요약	문 제 점
아동 실태 아동 실태	• 대부분의 아동이 기본생활 습관 형성이 잘 안되어 있음 • 실내에서 뛰는 아동이 많이 있음 • 학급의 자율실천 과제를 잘 알고 있지 않았음 • 쓰레기를 아무데나 버린다는 아동이 많이 있었음 • 친구들과 친절하게 지내려고 하는 아동이 많이 있지 않았음 • 복도나 길에서 어른을 만났을 때 인사를 잘하지 않은 아이들이 많았음	• 본 연구의 목표달성을 위한 프로그램 개발이 시급함 • 기본생활 태도 형성이 지도에 시급히 필요함을 느꼈음 • 바른생활 습관형성이 필요함 • 어른을 만났을 때 인사를 하지 않은 어린이가 많아 인사 예절지도가 필요함을 느꼈음
학부모 실태		
교사 실태		

4) 실행중점(실천과제, 실천목표, 가설)

현장연구는 지도, 실천, 개선이 목적이기 때문에 계획도 중요하지만 실천이나 실행이 더욱 중요시된다. 연구의 실행은 교육과정에 바탕을 두고 있으며, 나아가 연구문제에 대한 답을 진술할 수 있다. 실행중점을 진술하는 방법에는 다음 세 가지가 있다(충청남도 교육연수원, 2002).

(1) **단계별 연계**

- 실행목표: 환경관련 TV 프로그램을 교재화한다.
- 실천내용: 교재화한 환경관련 TV프로그램을 교수-학습에 적용하여 환경보전 의식을 함양한다. 이것은 교재화 → 교재화한 프로그램 적용 → 환경보전 의식함양으로 되었다. 이렇게 실행목표 '1'과 '2'가 단계적으로 연계되어 있다. 이것을 '단계적

연계'라고 한다. 실행목표가 서로 연계되어 있으면, 연구효과가 크다.

(2) 분야별 연계

- 실행목표: 교육방송 프로그램을 선별 적용을 통한 종합적 문제해결력 신장
- 실천내용

① 정보수집능력을 신장한다.
② 정보처리능력을 신장한다.
③ 정보해석능력을 신장한다.
④ 정보이용능력을 신장한다.

이와 같이 4가지 실천내용을 정했다면, 이 4가지 실천내용이 신장되어 종합적인 문제해결이 신장되었다면 이것은 분야(영역)별로 연계되었다고 볼 수 있다. 이렇게 영역 및 분야별로 연계되었을 때 연구의 효과가 크다.

(3) 독립변인과 종속변인의 내용이 서로 관련성이 있게 연계되어야 한다.

예시 1

이상과 같이 연구의 필요성, 목적, 이론적 배경, 실태분석을 토대로 다음과 같은 실행목표를 설정하였다.

실행목표 1
↓
기본생활 습관형성을 위한 지도요소를 추출하여 바른생활 체험활동의 날 프로그램을 구안한다.

① 도덕과 교육과정 분석

② 기본생활 지도요소 추출

③ 체험활동의 날 프로그램 연간지도계획

④ 기본생활 형성을 위한 지도모형 구안

⑤ 체험활동의 날 프로그램 운영계획

예시 2

① 역사적 인물의 선정기준 설정
- 국사교과서의 수록인물 분석
- 역사적 인물의 선정기준 설정

② 역사적 인물의 선정 및 분석
- 역사적 인물의 선정
- 역사적 인물의 선정결과 분석

③ 선정된 인물의 행위결정과정 분석
- 행위결정과정 분석 모형 탐구
- 행위결정과정 분석

연구의 실행에서는 연구문제에 대한 실천목표나 실행중점 등을 진술하고, 이의 실천을 위한 구체적인 내용과 방법, 나아가 실천과제에 대한 분석을 구체적으로 제시한다. 이 부분은 교육실천 부분을 나타내기 때문에 엄밀히 조건통제나 변인통제를 할 수는 없다. 그러나 연구결과의 타당성이나 신뢰성을 높일 수 있도록 변인의 통제가 이루어져야 한다. 최근의 현장연구에서는 실천목표의 실행과제에서 나타난 문제점 및 느낀 점 등을 표시하는 경우도 있다.

5) 연구설계

연구설계에서는 연구대상, 연구기간, 연구절차 및 방법 등을 제시한다.

(1) 연구대상

연구대상에서는 연구인원, 선정이유, 선정근거, 선정절차 등을 진술한다.

(2) 연구기간

200×년 Y월 Z일~200X년 Y월 Z일

(3) 연구절차 및 방법

연구절차 및 방법에서는 조사단계, 계획단계, 실천단계, 검증단계에서 실제로 시행한 절차와 방법을 구체적으로 진술한다.

예시 1

단계	절 차	내 용	기 간
계획단계	문헌연구	관련된 각종 문헌연구 및 연구내용 탐색	200×. Y. X~Y. X
	선행연구 고찰	선행연구물 조사 분석 및 자료수집	
	기초 조사	각종 실태조사 분석 정리 설문지 작성	
	계획서 작성	연구주제 설정 및 계획서 작성	
실행단계	연구계획에 따른 자료수집	연구문제 실행에 따른 종합적 실천계획	
		말하기 기능 신장을 위한 지도의 실천내용선정지도	
정리단계	결과 검증 및 평가	적용 효과의 검증	
	연구보고서 작성	보고서 작성 및 반성	

예시 2

단 계	연구추진 내용	연구기간	비 고
계획단계	• 연구계획 수립 및 주제 선정 • 연구과제 선정 • 연구과제 검증 계획 수립	200×. Y. X~Y. X	

단 계	연구추진 내용	연구기간	비 고
	문헌연구 및 선행연구 고찰		
	• 대상 학생의 실태조사 • 대상 학생의 실태분석 • 연구 계획서 작성 및 제출		
실행단계	• 실행목표 1의 실행 • 실행목표 2의 실행 • 실행목표 3의 실행		
검증 및 평가단계	과제 실행의 평가 • 실행목표 1 • 실행목표 2 • 실행목표 3 • 실행목표의 종합 평가		
정리단계	• 연구보고서 작성 및 제출 • 연구결과의 반성		

6) 결과 분석

연구문제나 실행중점 및 목표 등을 현장에 적용한 후의 성과 여부를 알아보는 것으로 모든 증거자료를 통합해서 적절하게 해석하여 연구의 의의를 밝히는 것이다. 연구의 실천과정에서 수집된 증거자료를 바탕으로 예측했던 결과가 사전, 사후, 또는 실험군과 비교반 간에 변화가 있었는지를 알아보는 것이다. 여기서 제시되는 자료는 객관성, 수량화, 계수화가 요구되고 있으며, 검증방법으로는 전후비교법, 좌우비교법 등이 있다.

결과 및 가설을 기술함에 있어서 유의할 점은 다음과 같다(한국교원단체총연합회, 1999).

첫째, 가설 또는 목적별로 기술함을 원칙으로 한다. 결과는 가설 또는 목적별로 평가·검증된 내용이다. 가설 또는 목적을 기술하고 다음에 검증, 평가방법을 쓰고 그 결과를 기술하고 해석을 한다. 결과는 가설의 긍정 또는 부정을 밝히며, 그렇게 된 이유를 살핀다. 목적별로 기술하는 경우에 '긍정', '부정'이 아니라 목적 달성의 정도를 기술한다.

둘째, 특수한 방법이나 도구를 사용한 경우는 이를 밝힌다. 일반적인 연구방법은 연구방법과 절차에서 밝히지만, 특수한 방법이나 도구를 가설이나 목적에 따라 달리 사용한 경우는 이를 여기에서 밝히도록 한다.

셋째, 연구주제, 연구문제, 목적, 가설과 직접적인 관련이 없는 자료는 제시하지 않도록 한다. 치밀한 연구계획 없이 자료를 수집한 경우에 가끔 볼 수 있는 현상이다. 자료를 방대하게 수집해 놓고 이를 버리기가 아까워서 무리하게 주제와 관련을 지어가며 자료를 제시하는 수가 있다. 논리가 정연하고 일관성 있게 전개되어 나가는 데 방해가 되거나 혼란을 초래할 자료는 과감하게 버려야 한다.

넷째, 객관적인 자료의 뒷받침을 받을 수 없는 표현은 삼가야 한다.

끝으로, 결과의 해석에 신중을 기해야 한다. 결과 및 논의부분에서 연구자가 역점을 두어야 하는 것은 '발견'된 것을 확정짓는 일과 이에 대한 해석이다. 해석에 있어서는 '발견된 사실'에 충실해야 하며 확대 해석을 하지 않도록 조심해야 한다. 해석에 있어서는 '그러한 결과'가 나타난 가능한 이유, 선행연구와 비교, 현장에의 적용 가능성, 이론 발전에의 공헌성 등에 관해 언급하도록 한다.

예시 1

기본예절 습관에서 친구를 만나면 인사하기 노력에 +42.5%, 부모님께 존댓말 쓰기 +35%, 부모님께 인사하기+77.5%, 친구에게 고운말 쓰기 +77.5%, 친구의 어려운 일 도와주기 78.5%로 기본생활을 실천하기 위해 노력하는 태도가 매우 긍정적으로 나타났으며 기본예절 생활 실천태도가 향상되었음을 알 수 있었다.

예시 2

사회교과 국사영역의 학업성취도 변화 측면에서 비교반은 0.71점 하락한데 반해, 연구반은 4.32점 상승하여 역사적 인물행위 중심의 추체험 학습이 학업성취도에도 긍정적인 영향을 미치고 있음을 알 수 있다.

7) 요약 · 결론 · 제언

(1) 요약

이 부분에는 전체적인 연구보고서를 읽지 않아도 연구의 흐름을 알 수 있도록 연구목적, 연구문제, 연구의 실행중점, 연구결과를 제시한다.

(2) 결론

이 부분에는 연구결과에서 발견된 내용을 서술한다. 이 때 연구의 결론에는 반드시 연구결과에서 나타난 내용만 기술해야지, 추상적인 사고를 제시해서는 안 된다. 특히, 결론에는 결과를 바탕으로 연구자의 주관적 서술이 들어가도록 해야 한다.

예시 1

기본생활 태도를 정착시키기 위한 체험활동의 날 프로그램은 아동의 바른 가치관과 판단력 신장에 도움을 주었으며 자기 자신을 반성하여 실천의지를 다지는 데 매우 효과적이었다.

예시 2

추체험 인물학습에 앞서 교과서에 수록 인물과 인물의 행위결정 과정에 대한 분석을 통해 인물뿐만 아니라 그가 살았던 시대적 배경을 이해할 수 있었다.

(3) 제언

제언도 연구결과에 기초하여 작성한다. 연구결과와는 아무런 관련이 없는 내용을 기술하는 것은 잘못된 해석이다. 반드시 제언의 기초는 연구결과에서 찾아 기술하도록 한다. 이번 연구와 관련하여 앞으로 더 연구해야 할 과제도 진술할 수 있다. 또한 정책 방향 등을 제시할 수도 있다.

예시 1

기본생활 태도는 학년 단계가 낮을수록 효과가 있으므로 저학년에서 단계를 밟아 꾸준한 지도가 이루어져야 할 것이다.

예시 2

역사적 사고력의 영역별(연대기 파악력, 역사적 탐구력, 역사적 상상력, 역사적 판단력)로 객관적 검증도구가 개발되어야 하겠으며, 역사적 사고력을 함양하기 위한 학습방법도 역사적 사고력의 하위영역별로 차별성 있게 개발되어야 하겠다.

박스기사 8

논문작성 후 점검방법

연구논문을 작성한 후에 다음과 같은 내용을 중심으로 점검을 실시하여 수정·보완한 후에 논문을 제출하여야 할 것이다. 연구의 성격, 접근방법, 내용 등에 따라 다소 차이는 있을 수 있으나 완성된 논문을 다음의 준거에 기초하여 점검하고 부족한 부분과 논리적으로 문제가 되는 내용은 보완 또는 수정하여야 할 것이다.

준 거	적절	보통	수정 요망	없음
1. 연구문제가 분명하게 진술되어 있는가?				
2. 가설이 명확하게 진술되어 있는가?				
3. 연구문제의 중요성이 확인되는가?				
4. 가정이 분명하게 진술되어 있는가?				
5. 연구의 제한점이 진술되어 있는가?				
6. 중요한 용어가 정의되어 있는가?				
7. 연구문제와 선행연구 간의 관련성이 분명한가?				
8. 연구설계가 연구목적 접근에 타당하게 기술되어 있는가?				
9. 연구설계가 문제의 해결에 적절한가?				
10. 연구설계가 특정한 약점을 피할 수 있는가 ?				
11. 전집과 표집이 기술되어 있는가?				
12. 표집의 방법이 적절한가?				
13. 자료수집방법 또는 절차가 기술되어 있는가?				
14. 자료수집방법 또는 절차가 문제해결에 적절한가?				
15. 자료수집방법 또는 절차가 정확하게 사용되었는가?				
16. 수집된 증거의 타당도와 신뢰도가 설정되어 있는가?				
17. 자료분석방법이 적절한가?				
18. 자료분석방법을 정확하게 적용하였는가?				
19. 분석 결과가 선행연구와 관련 지워 고찰되었는가?				
20. 얻은 결과가 선행연구와 관련 지워 고찰되었는가?				
21. 결과고찰을 통해 의미부여가 되어 있는가?				
22. 결론이 분명하게 진술되어 있는가?				
23. 실증적 근거에 입각하여 결론을 내렸는가?				

준 거	적절	보통	수정 요망	없음
24. 표집에서 얻은 결과를 전집으로 일반화하는데 제한점을 가지고 있는가?				
25. 보고서는 명확하게 작성 되었는가?				
26. 보고서는 논리적으로 조직되었는가?				
27. 보고서의 어조는 객관적이며 공정한 과학석 태도를 유지하고 있는가?				

통계분석 Ⅱ

Part

9 Chapter 자료의 수집과 분석

"연구대상을 기술할 때는 표집의 방법을 명확하게 밝혀야 한다."

1. 연구대상

조사연구의 대상을 기술할 때는 표집방법을 명확하게 밝혀야 한다. 조사연구에서는 연구대상이 되는 표본이 모집단을 대표하는지의 여부가 연구결과의 외현적 타당성을 결정지으며, 실험연구에서는 처치가 시작되기 전 실험집단과 통제집단의 출발단계가 같은지의 여부가 연구의 내재적 타당성을 결정짓는 지표가 된다.

표집방법으로는 확률적 표집인 단순무선표집(simple random sampling), 층화표집(stratified sampling), 군집표집(cluster sampling), 다단계 표집(multistage sampling), 체계적 표집(systematic sampling)과 비확률적 표집인 의도적 표집(purposive sampling), 할당표집(quota sampling), 우연적 표집(accidental sampling), 편의표집(convenience sampling) 등이 있다.

1) 모집단과 표본

모집단(population)이란 연구자가 관심을 두고 있는 연구대상 전체를 말한다. 다시 말해, 모집단은 연구자의 관심이 되는 하나 또는 그 이상의 변인을 포함하고 있는 전체집단을 의미하며 전집이라고도 한다.

예를 들어, 고등학교 학생들의 진로의사결정과 관련변인을 조사하고자 한다(서우석, 1994). 이 연구의 모집단은 1994년 3월 현재 경기도에 소재한 218개 고등학교 학생 228,365명이었다. 이 중 여학생은 113,251명으로 남학생과 여학생의 비율은 50.4 : 49.6이었다. 일반계 고등학생은 109개교의 104,058명(여학생 59,806명)으로 일반계 고등학교 학생 대 실업계 고등학교 학생의 비율은 54 : 46이었다. 실업계 고등학교 학생들의 현황을 구체적으로 살펴보면, 농업고등학교는 4개교에 2,410명(여학생, 391명), 공업고등학교는 15개교에 19,644명(여학생 894명), 상업고등학교는 27개교에 32,661(여학생 28,335), 실업고등학교는 3개교에 2,719명(여학생 896명), 종합고등학교는 60개교에 46,624명(여학생 29,290명)이었다.

이와 같이 조사된 경기도 고등학생들의 전체 학생들이 모집단(전집)이 된다. 전체 학생인 모집단을 연구대상으로 하는 것이 실질적으로 불가능하기 때문에 모집단을 대표하는 표본을 사용하여 연구를 하게 된다. 표본이란 모집단을 대표하는 연구대상을 말한다.

2) 표집과정

표집(sampling)이란 모집단으로부터 표본을 추출하는 과정을 말한다. 표집에서 어려운 점은 표본이 모집단의 특성을 잘 대표할 수 있도록 해야 한다는 것이다. 그러나 표집이 잘못되었을 때 표본이 모집단의 특성을 잘 대표하지 못하여 표본 추출된 집단에서의 통계치가 모집단의 모수와 다른 경우가 많이 발생된다. 이 때 발생된 차이를 표집오차(sampling error)라고 하고, 표집의 대표성은 부분적으로 표집오차의 크기에 근거하여 판단된다[그림 9-1].

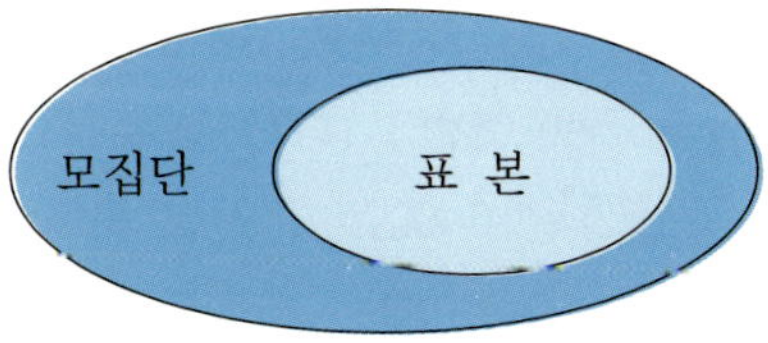

| 그림 9-1 | 모집단과 표본의 관계

(1) 표집은 다음의 네 질문에 답하는 과정으로 이루어진다.

첫째, 어느 집단에 일반화할 것인가?-이론적 모집단(the theoretical population)의 문제

둘째, 어느 모집단에 접근 가능한가?-목표 모집단(the target population)

셋째, 그들에게 어떻게 접근할 수 있는가?-표집틀(the sampling frame)

넷째, 연구의 대상은 누구인가?-표본(the sample)

(2) 표집의 종류

1 단순무선표집(simple random sampling)

단순무선표집이란 모집단의 모든 구성원이 표본에 추출될 확률이 같고, 하나의 구성원이 추출되는 사건이 다른 구성원이 추출되는 것에 영향을 주지 않는 독립적인 표집방법을 말한다. 예를 들어, 1,000명의 모집단에서 50명으로 구성된 표본을 추출하고자 할 때 1,000명의 모집단 구성원이 표본에 뽑힐 확률은 1/1,000으로 동일하고 한 대상의 추출과 관련된 다른 대상이 추출되지 않는 것을 말한다.

(단순무선표집에서 난수표를 이용한 방법의 예)

① 어느 대학에 입학한 신입생 1,500명 중 100명의 신입생에게 대학의

이미지를 물으려고 할 때 단순무선표집을 실시할 수 있다.

② 우선 신입생에게 1번부터 1,500번까지 번호를 부여한 다음 난수표(random number)의 한 지점을 설정한다. 예컨대, <표 9-1>에서와 같이 설정한 지점의 난수가 만약 3720이라면, 이 난수는 모집단의 번호에 있지 않으므로 버리고 다음 난수를 보면 6361이므로 역시 버린다. 그 다음 번호인 0402는 신입생 명단에 있는 번호이므로 추출한다. 그 다음 난수인 0082는 취하고, 2916은 버린다. 만약 동일한 신입생의 번호가 나올 경우에는 버리고 다른 번호를 추출한다. 이런 과정을 계속하여 100명의 신입생이 추출되면 단순무선표집은 종료된다.

- 장점: 첫째, 모집단에 대한 사전지식이 없을 때 간단히 사용할 수 있으며, 둘째, 모집단의 층화에서 발생하는 오차가 없고 셋째, 표집오차 계산이 용이하다는 점을 들 수 있다.
- 단점: 표집틀이 없으면 표집이 불가능하고 만약 모집단이 어떤 특성에 의하여 층화되어 있다면 표집오차가 발생할 수 있다는 것이다.

표 9-1 난수표

열→
행↓

10 09 73 25 33	76 52 01 35 86	34 67 35 48 76 ↙	80 95 90 91 17	39 29 27 49 45
37 54 20 48 05	64 89 47 42 96	24 80 52 40 37	20/63 61/04 02	00 82/29 16/65
08 42 26 89 53	19 64 50 93 03	23 20 90 25 60	15 95 33 47 64	35 08 03 36 06
99 01 90 25 29	09 37 67 07 15	38 31 13 11 65	88 67 67 48 97	04 43 62 76 59
12 80 79 99 70	80 15 73 61 47	64 03 23 66 53	98 95 11 68 77	12 17 17 68 33
66 06 57 47 17	34 07 27 68 50	36 69 73 61 70	65 81 33 98 85	11 19 92 91 70
31 06 01 08 05	45 57 18 24 06	35 30 34 26 14	86 79 90 74 39	23 40 40 97 32
85 26 97 76 02	02 05 16 56 92	68 66 57 48 18	73 05 35 52 47	18 62 38 85 79
63 57 33 21 35	05 32 54 70 48	90 55 35 75 48	28 46 82 87 09	83 49 12 56 24
73 79 64 57 53	03 52 96 47 78	35 80 83 42 82	60 93 52 03 44	35 27 38 84 35
98 52 01 77 67	14 90 56 86 07	22 10 94 05 58	60 97 09 34 33	50 50 07 39 98
11 80 50 54 31	39 80 82 77 32	50 72 56 82 48	29 40 52 42 01	52 77 56 78 51
83 45 29 96 34	06 28 89 80 83	13 74 67 00 78	18 47 54 06 10	28 71 17 78 17
88 63 54 02 00	86 50 75 84 01	36 76 66 79 51	90 36 47 64 93	29 60 91 10 62
99 09 46 73 48	87 51 76 49 69	91 82 60 89 28	93 78 56 13 68	23 47 83 41 13

2 체계적 표집(systematic sampling)

체계적 표집이란 모집단의 표집목록에서 일정한 간격을 두고 연구대상을 추출하는 표집방법으로 K번째 1이라는 법칙이 적용된다. 표집목록에 일련번호를 부여한 다음 한 번호를 선정하고 K번째를 뛰어넘어 표집하는 방법을 말한다. 모집단에서 표본을 추출할 때 표본의 크기를 고려하여 전 모집단의 대상이 표본에 추출될 수 있도록 K를 선정한 후, 특정 번호를 추출하고 K번째마다 대상을 추출한다.

① 100명의 수강생 중 10명에게 질문지를 배부하고자 한다면, 출석부 1번 학생을 추출한 다음 10번 간격으로 학생을 추출하여 11, 21, 31, 41, 51, 61, 71, 81, 91번의 학생 10명으로 구성된 표본이 만들어진다.

② 모집단의 표집틀이 무선적으로 배열되어 있지 않을 경우, 특정 집단이 상대적으로 많이 추출되어 모집단을 대표하지 못한다는 것이다.

3 층화표집(stratified sampling)

층화표집이란 모집단 안에 동일성을 갖는 여러 개의 하부집단이 있다고 연구자가 가정할 때, 모집단을 속성에 따라 계층으로 구분하고 각 계층에서 단순무선표집을 하는 방법을 말한다. 모집단이 어떤 속성에 의하여 여러 층으로 나누어질 수 있는 것은 이론적·경험적 배경에 의하여 알게 된다.

① 현재의 수능시험에 대한 교사들의 의견을 묻고자 할 때, 교사들이 근무하는 학교의 형태에 따라서 의견이 다를 수 있으므로 국립, 공립, 사립학교 교사로 모집단을 층화하여 표집을 하면 보다 모집단을 대표하는 표본을 추출할 수 있다.
층화표집은 각 계층간에 동일한 표집비율을 적용하여 표집하는 비율층화표집이 있고 비율을 적용하지 않고 일정 크기의 표본을 추출하는 비비율층화표집이 있다.

② A대학에 재학하는 학생들을 대상으로 학교에 대한 만족도를 연구할 때, 각 단과대학별로 학생들이 대학에 대해 느끼는 만족도는 다를 것이라 생각하여 층화표집을 실시할 수 있다. 이 때 단과대학별로 학생수가 다르다면 단과대학별 학생 수를 고려하여 각 단과대학 학생의 10%를 추출하여 연구를 실시할 수 있다. 이를 비율층화표집이라고 한다. 만약 각 단과대학 학생 수에 차이가 없으면 각 단과대학별로 일정 수의 학생을 추출할 수 있는 데 이를 비비율층화표집이라고 한다.

③ 층화에 대한 정보가 확실하고 표집이 정확하면 표본의 추정치가 정확하여 모집단의 모수치를 잘 대표할 수 있다. 또한, 계층으로 분류된 하부집단의 계층간 집단 비교가 가능하다.

④ 계층을 분류하는 정보가 확실하지 않으면 표집의 오류때문에 표본의 속성이 모집단의 속성을 대표하지 못한다는 것이다. 또한, 모집단의 표집틀은 있으나 계층간 표집틀이 없다면 모집단의 표집틀을 계층정보에 의하여 계층간 표집틀로 만드는 작업이 선행되어야 하므로 많은 시간이 소모된다.

4 군집표집(cluster sampling)

군집표집은 표집의 단위가 개인이나 요소가 아니라 집단이다. 군집표집은 의견을 조사할 때 개인에게 묻는 것이 아니라 어떤 집단에 속한 사람들에게 묻는 것으로 집단을 추출한다는 것이 특징이다.

① 서울시 고등학교 3학년 여학생들의 체중조절에 관심이 있어서 체중을 추정하고자 할 때, 학생들을 표집하기가 용이하지 않다. 그러므로 서울시에 소재한 각 학교를 군집으로 설정하고 단순무선표집으로 학교를 추출하면 고등학교 3학년 학생들을 대표하는 표본이 추출된다. 이와 같이 한 수준에서 이루어지는 군집표집을 1단계 군집표집이라고 한다.

위의 표집에서 해당 학교 3학년 학생을 모두 표집하지 않고 많은 학교에서 한 학급씩을 추출한다면 이는 군집이 두 차원에서 이루어지는 것이다. 첫 단계는 학교이고 다음 단계는 학급이다. 이를 2단계 군집표집이라고 한다. 이와 같이 여러 단계에 걸친 군집표집을 다단계 군집표집이라고 한다.

② 표집단위가 집단이므로 쉽게 표본을 만들 수 있어 시간과 경비를 절감할 수 있다.

③ 군집표집에서 소수의 군집을 추출할 경우에는 표집오차가 클 수 있다. 그러므로 군집표집을 실시할 경우 모집단을 대표하는 표본을 얻으려면 많은 수의 군집을 표집하여야 한다. 이를 위하여 군집의 크기를 작게 하거나 다단계 군집표집을 하는 것이 바람직하다.

5 편의표집(convenience sampling)

편의표집이란 연구대상을 연구자가 편의대로 선정하는 방법을 말한다. 연구자가 일하는 곳이나 가까운 곳에서 연구대상을 얻는 방법이다. 그러나 목적표집이나 편의표집 모두 확률의 개념을 사용하지 않기 때문에 연구결과를 일반화하는 데 제한점이 따른다. 두 표집방법에 의한 연구대상 추출이 모집단을 대표한다는 보장이 없기 때문에 연구결과의 외현적 타당성을 얻기가 쉽지 않다.

3) 표본크기

표본크기를 어느 정도로 하는가 하는 문제는 곧 연구결과의 신뢰성과 직접적인 관계가 있다. 학자들은 표집의 크기에 대한 절대적인 기준은 존재하지 않는다고 하지만, Borg와 Gall(1996)은 전통적으로 상관연구는 최소 30명 이상의 표본을 필요로 하고, 인과-비교연구와 실험연구는 각 비교집단에 최소 15명 이상의 표본을 필요로 한다고 한다. 그리고 조사연구는 각 주요집단별로 최소 100명 이상의 피험자를 갖추어야 하고, 분석단위가 되는 하위집단별로는 최소 20~50명 이상의 피험자가 포함되어야 한다.

이종승(1988)은 표집크기를 결정할 때 다음과 같은 점을 고려하여야 한다고 한다.

첫째, 연구결과에 영향을 미칠 수 있는 중요한 변인들을 모두 통제하지 못할 경우 좀더 큰 표집이 요구된다. 이럴 때에 대표집을 이용하면 통제하지 못한 변인들이 연구결과에 체계적으로 영향을 미치지 못하고 무선적으로 작용하기 때문에 그 영향을 상쇄시킬 수 있다. 예컨대, 교사의 전통적 교수법과 비전통적 교수법을 비교하는 연구에서 만약 2명의 교사들만이 연구에 참여한다면, 그 연구결과는 두 교수법의 차이보다는 연구대상의 능력 차이에 의해 차이를 나타낼 것이다.

둘째, 효과의 크기(effect size)가 작을 것으로 예상되지만 가급적 그 효과를 검증하고자 할 경우 대표집이 요구된다. 사례수가 적으면 표집오차 때문에 작은 크기의 효과는 탐지하지 못한다.

셋째, 연구대상 집단을 여러 개의 하위집단으로 분류하여 소집단 간을 서로 비교하고자 할 경우 대표집이 필요하다. 예컨대, 어떤 사회문제에 대한 의견조사를 할 때, 학생들의 배경변인인 성별, 학년별, 전공영역별에 따라 각각 그들의 의견이 어떻게 다른가를 비교하고 싶다면, 이런 요인에 따라 분류된 마지막 소집단의 사례수가 상호 비교할 수 있을 만큼 있어야 한다.

넷째, 중도탈락률이 높을 것으로 예상될 때는 처음부터 필요한 표집의 크기를 여유 있게 잡는 것이 좋다. 연구기간이 너무 길 때에는 중도탈락률을 감안하여 처음에 표집수를 결정해야 한다.

다섯째, 높은 수준의 유의도와 통계적 검증력을 요구하는 연구를 할 경우 대표집이 요구된다. 통계적 유의수준과 표집의 규모와는 밀접한 관련이 있으므로 동등한 조건에서는 표집이 크면 클수록 통계적 검증력이 증가한다.

여섯째, 전집이 연구하려는 변인과 관련하여 매우 이질적 사례들로 구성되어 있을 경우 좀더 많은 사례수를 표집해야 한다. 표집이 이질적 집단이라고 판단되면, 그러한 이질적 사례를 충분히 대표할 수 있도록 표집의 크기를 크게 한다.

일곱째, 연구변인의 측정에 있어 신뢰도가 낮을 경우 좀더 큰 표집을 대상으로 연구하는 것이 좋다. 즉, 신뢰도가 낮은 경우 표본 수를 늘린다고 연구의 신뢰도가 높아지는 것이 아니고, 측정도구의 타당도와 신뢰도를 높여야 한다.

표집의 크기를 결정하는 일은 매우 신중하게 해야 한다. 연구자가 설정한 통계적 유의수준 및 검증방향에 따라 표집오차, 측정도구의 신뢰도 등을 고려해야 하기 때문이다. 일반적으로 표집으로부터 단순무선표집을 할 경우에는 다음 <표 9-2>와 같이 표집의 크기를 간편하게 결정한다.

표 9-2 양적 연구와 질적 연구의 비교

허용오차	신뢰한계	
	99% 수준	95% 수준
1%	16,587	9,604
2%	4,147	2,401
3%	1,843	1,067
4%	1,037	600
5%	663	384
6%	461	267
7%	339	196
8%	259	150
9%	205	119
10%	166	96

출처: 박도순(2002). 교육연구방법론, p. 148.

표본의 크기를 결정하는 일반적 방법은 다음과 같다(박도순, 2002).

첫째, 전집의 크기가 제한되어 있거나 비복원적인 표집인 경우 공식 (9.1)에 의해 표본의 크기를 추정할 수 있다.

$$n = \frac{N}{\left(\frac{d}{z}\right)^2 \frac{N-1}{\sigma^2} + 1} \tag{9.1}$$

n : 표본의 크기
N : 전집의 크기
d : 수용오차
z : 신뢰한계
σ : 전집의 표준편차

예시 1

어느 고등학생 1,500명 학생들의 과학성적을 알아보기 위하여 표준화 학력고사를 실시하고자 한다. 이 표준화 검사의 표준편차는 12라고 하자. 신뢰한계를 95%, 수용오차를 3으로 잡는다면, 표집의 크기는 얼마로 하는 것이 적당한가?

이 문제에서 신뢰한계 95%에 해당하는 z점수는 1.96 혹은 2이고, 그 밖에 해당하는 각 수치를 공식에 대입하여 계산하면 다음과 같다.

[신뢰한계(z)가 1.96일 경우]

$$n = \frac{1500}{\left(\frac{3}{1.96}\right)^2 \frac{1500-1}{12^2} + 1} = 59.08(\text{명})$$

[신뢰한계(z)가 2일 경우]

$$n = \frac{1500}{\left(\frac{3}{2}\right)^2 \frac{1500-1}{12^2} + 1} = 61.42(\text{명})$$

즉, 위와 같은 조건을 만족시키는 최소한의 표집크기는 약 60명이다. 이 정도 크기의 표집을 대상으로 조사하게 되면, 3점 이내의 오차를 나타내며 95%의 확신을 갖고 전집의 평균치를 추정할 수 있다. 그런데 이렇게 계산된 표집크기는 미리 설정한 조건을 만족시키는 최소한의 수이다. 따라서 실제 연구에서는 이보다 사례수를 약간 많이 표집하는 것이 좋다.

둘째, 전집의 크기가 무한히 큰 경우 공식 (9.2)로 표본의 크기를 추정할 수 있다.

$$n = \left(\frac{z\sigma}{d}\right)^2 \tag{9.2}$$

n: 표본의 크기
d: 수용오차
z: 신뢰한계
σ: 전집의 표준편차

2. 집중경향

여러 가지 방법으로 측정되거나 수집된 자료가 방대할 때 그 자료가 어떠한 특성을 지니고 있는지를 가장 손쉽게 파악할 수 있는 방법 중 하나가 해당 자료의 집중경향 정도를 살펴보는 것이다. 집중경향(central tendency)이란 측정 혹은 수집된 자료가 어떤 전형적인 값을 중심으로 몰려있는 현상을 말하며, 이 때 그 어떤 전형적인 값을 집중경향치라 한다. 집중경향치는 측정 혹은 수집된 자료의 특성이나 전체적인 경향을 가장 잘 대변해 주는 수치로서, 기술통계에서 가장 자주 사용되며 일반적으로 양적인 용어 즉, 점수로 나타낸다. 이러한 집중경향치에는 크게 최빈치, 중앙치, 평균의 세 가지가 있다. 이를 좀더 자세히 살펴보면 다음과 같다.

1) 최빈치

최빈치(mode)는 측정 혹은 수집된 자료의 분포에서 가장 빈번하게 나타나는 점수를 말한다. 따라서 최빈치는 해당 점수 분포에서 사례수가 가장 많은 점수이지 그 점수의 빈도수를 의미하지는 않는다.

최빈치는 자료가 어떠한 상태에 있는지, 다시 말해 급간을 이용하여 묶여있는 묶음자료인가 그렇지 않은가에 따라 다르게 계산된다. 묶음자료가 아닌 경우에는 해당 점수를 크기순으로 나열했을 때 나타나는 점수분포 중 가장 빈번하게 나타나는 점수가 최빈치이다. 예를 들어, 특정 검사에서 12명의 학생들의 점수를 크기순으로 나열했을 때 75, 75, 77, 78, 79, 80, 81, 82, 82, 82, 82, 83인 경우, 최빈치는 이 중 가장 빈번하게 나타난 수인 82가 최빈치가 된다. 묶음자료의 경우, 가장 빈번하게 나타나는 점수 급간을 최빈 급간이라고 하며, 이 급간의 중간치를 최빈치라 한다. 예를 들어, 다음 <표 9-3>과 같은 묶음자료의 경우 최빈 급간은 전체 200명 중 40명이나 나타난 51.1～58.0이며, 최빈치는 최빈 급간의 중앙값인 54.55점이다.

표 9-3 묶음자료의 급간, 빈도수, 중앙값(예시 자료)

급간(Y)	빈도수(f)	중앙값($\hat{Y}$)	$f \cdot \hat{Y}$
30.1 ～ 37.0	6	33.55	201.3
37.1 ～ 44.0	14	40.55	567.7
44.1 ～ 51.0	32	47.55	1521.6
51.1 ～ 58.0	40	54.55	2182.0
58.1 ～ 65.0	22	61.55	1354.1
65.1 ～ 72.0	36	68.55	2467.8
72.1 ～ 79.0	28	75.55	2115.4
79.1 ～ 86.0	16	82.55	1320.8
86.1 ～ 93.0	4	89.55	358.2
93.1 ～ 100.0	2	96.55	193.1
n = 200		$\sum f \cdot \hat{Y}$ = 12,282.0	

최빈치와 관련하여 주의해야 할 것은 최빈치가 존재하지 않을 수도 있다는 점이다. 이는 총 사례수가 매우 적거나 모든 사례수가 특정 값에 몰리지 않고 매우 다양한 값을 가질 때 나타날 수 있다. 그러나 최빈치가 존재하지 않는다고 해서 최빈치가 0임을 의미하

지 않음에 주의해야 한다. 또한 최빈치가 여러 개 존재할 수도 있다. 예를 들어, 어떤 검사의 점수 분포를 히스토그램으로 나타냈을 때 [그림 9-2]의 (b)나 (c)와 같은 분포도를 보일 수 있으며, 이 때 (b)의 경우를 쌍봉최빈분포(bimodal distribution)라 하고, (c)의 경우를 다중최빈분포(multi-modal distribution)라 한다. (a)의 경우는 최빈치가 하나인 단일최빈분포(single-modal distribution)이다.

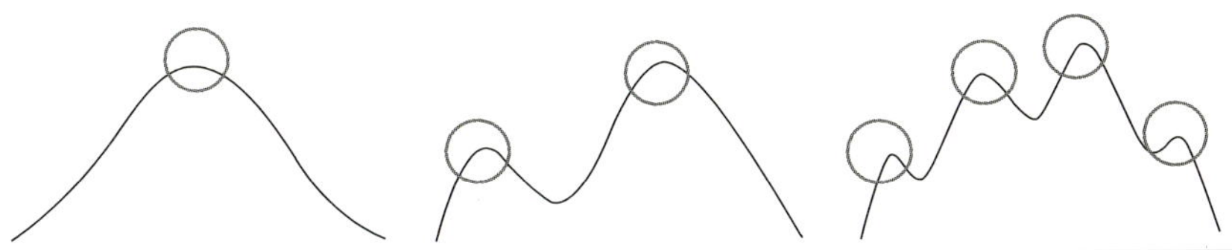

(a) 단일최빈분포　(b) 쌍봉최빈분포　(c) 다중최빈분포

| 그림 9-2 | 다양한 유형의 최빈치 분포도

한편, 최빈치는 분포의 집중경향치를 나타내는 데 자주 사용되지 않는데, 그 이유는 빈도수가 가장 많은 점수를 쉽게 알 수는 있지만 빈도수가 적거나 분포형이 불명확할 경우 그 값을 산출하기가 힘들뿐만 아니라 묶음자료의 경우 급간을 어떻게 정하여 묶느냐에 따라 그 값이 달라질 수 있기 때문이다. 최빈치는 해당 자료에서 가장 빈번하게 나타나는 점수이기 때문에 원점수의 영향을 거의 받지 않으며, 자료가 명명척도일 때 가장 유용하게 사용될 수 있는 집중경향치라 할 수 있다.

2) 중앙치

중앙치(median)란 측정 또는 수집된 자료의 점수를 가장 작은 수부터 가장 큰 수까지 순서대로 크기에 따라 나열했을 때 중앙에 위치하는 사례의 값을 말한다. 즉, 중앙치는 측정된 값을 상하로 50%씩 나누어지게 하는 점의 값으로, 측정된 자료의 점수 분포가 특정 부분에 극도로 몰려있는 경우에 많이 쓰인다.

중앙치도 최빈치와 마찬가지로 자료가 묶인 자료인지 묶이지 않은 자료인지와 사례수가 홀수인 경우인지 혹은 짝수인 경우인지에 따라 산출하는 방법이 다르다. 예를 들어, 앞의 최빈치에서 사용한 예제 점수분포의 경우(12명 학생의 점수: 75, 75, 77, 78, 79, 80, 81, 82, 82, 82, 82, 83) 자료가 묶이지 않은 자료이며 사례수가 12개로 짝수이다. 이 경우, 중앙치는 점수 80과 81의 중간에 위치하게 된다. 따라서 이 경우 두 점수를 합한 후 2로 나누어 얻은 점수 즉, (80 + 81) / 2 = 80.5가 중앙치가 된다. 그러나 2, 4, 6, 8, 10, 16, 40의 경우와 같이 사례수가 홀수일 경우는 점수분포를 상하에 각각 50%씩으로 나누는 중앙에 위치한 점수인 8이 중앙치가 된다.

묶은 자료의 경우에는 산출방법이 위의 경우보다 좀더 복잡하지만 그 원리는 동일하다. 첫째, 자료를 앞의 <표 9-3>과 같이 작은 값에서 큰 값의 순으로 히스토그램의 형태로 요약한다. <표 9-3>의 경우, 사례수가 200이므로 중앙치는 사례수가 100과 101사이에 존재한다.

둘째, 중앙치를 포함하고 있는 급간을 결정한다. <표 9-3>의 경우, 중앙치를 포함하고 있는 급간은 58.1～65.0이며, 이 급간의 빈도는 22개이다.

셋째, 중앙치를 포함하고 있는 급간을 해당 급간에 포함된 빈도로 나눈다. <표 9-3>의 경우, 급간의 크기는 7이며, 그 급간에 22개의 측정치가 있으므로 22 / 7 ≒ 3.14이다.

넷째, 사례수가 중앙에 해당하는 급간의 측정치가 어디인지를 확인한다. <표 9-3>의 경우, 중앙치는 100번째와 101번째에 해당하는 점수이며, 58.1～65.0 급간점수 바로 앞 급간까지의 빈도가 92이므로, 58.1～65.0 급간 중 가장 작은 점수인 58.1로부터 3.14점씩 계산하여 8번째와 9번째 점수의 중앙값이 된다. 따라서 이 경우, 중앙치는 58.1 + 3.14 × 8 (= 83.22)～58.1 + 3.14 × 9 (= 86.36)의 중앙값 즉, 84.79가 된다.

이와 같은 과정을 보다 간단하게 수식화해 보면 다음과 같다.

$$Mdn = l.l. + i\frac{(\frac{N}{2} - Fc)}{F}$$

Mdn: 중앙치
$l.l.$: 중앙치가 들어있는 급간의 하한계
i: 해당 급간의 사례수
N: 전체 사례수
Fc: 중앙치가 들어있는 급간의 바로 아래 급간까지의 누가빈도
F: 중앙치가 들어있는 급간의 빈도

한편, 중앙치는 서열척도 이상의 자료에서 사용할 수 있으나 명명척도에서는 사용할 수 없으며, 자료의 묶음에 영향을 받지 않는다. 특히, 중앙치는 자료가 어느 한쪽으로 편포되어 있거나 극단치가 있는 경우 다음에 설명하게 될 평균보다 더 나은 집중경향치라 할 수 있는데, 그 이유는 편포나 극단치가 있다 하더라도 원자료의 서열에 영향을 받지 않기 때문이다.

3) 평균

평균(mean)은 측정되거나 수집된 전체 사례수의 값을 모두 더한 후 전체 사례수로 나눈 값으로, 집중경향치 중에서 가장 흔히 사용되는 수치이다. 평균은 산술평균이라고도 하며, 산출방법은 앞의 최빈치나 중앙치와 같이 주어진 자료가 묶은 자료인지의 여부에 따라 달라진다.

예를 들어, 원자료가 묶은 자료가 아닌 경우에는 위에서 설명한 바와 같이 측정되거나 수집된 전체 사례수의 값을 모두 더한 후 전체 사례수로 나누면 된다. 예를 들어, 최빈치에서 사용한 예의 경우(12명 학생의 점수: 75, 75, 77, 78, 79, 80, 81, 82, 82, 82, 82, 83) 전체 사례의 총합은 956이며, 전체 사례수는 12이므로, 평균은 956 / 12 ≒ 79.67이 된다.

그러나 묶은 자료의 경우 평균을 산출하는 것은 약간 더 복잡한

과정을 거친다. 우선, 각 급간의 중간값을 계산해야 한다. 예를 들어, <표 9-3>의 경우, 첫 번째 급간인 30.1～37.0의 중앙값은 33.55이며, 두 번째 급간 37.1～44.0의 중앙값은 40.55이다. 셋째, 이러한 방식으로 모든 급간의 중앙값이 모두 계산되면(<표 9-3>의 경우, 중앙값 참조) 이들 중간값과 해당 급간의 사례수를 곱한다(<표 9-3>의 경우, $f \cdot \hat{Y}$ 참조). 넷째, 해당 급간의 중간값과 급간의 사례수의 곱의 값을 모두 더한다. <표 9-3>의 경우, 이 값($\sum f \cdot \hat{Y}$)은 12,282.0이다. 마지막으로, 앞 단계에서 구해진 해당 급간의 중간값과 급간의 사례수의 곱의 전체 합을 전체 사례수로 나눈다. 이렇게 하여 얻어진 값이 바로 평균이다. <표 9-3>의 경우, 평균은 12,282.0 / 200 = 61.42이다.

이와 같은 과정을 보다 간단하게 수식화해 보면 다음과 같다.

$$\overline{Y} = \frac{\sum f \cdot \hat{Y}}{n}$$

$\overline{Y}$: 평균(산술평균)
f: 해당 급간의 사례수
$\hat{Y}$: 해당 급간의 중앙값

앞의 평균 산출 과정에서도 살펴볼 수 있는 바와 같이, 평균은 다른 집중경향치와는 달리 자료의 무게중심이라 할 수 있으므로 다른 값들이 어떻게 변화하느냐에 따라 민감하게 영향을 받지만, 다른 집중경향치(중앙치, 최빈치)보다 가장 정확하고 신뢰로운 값이다. 평균은 또한 평균으로부터 모든 점수차의 합이 0이며, 평균을 중심으로 획득된 편차점수의 제곱의 합은 다른 값을 기준으로 획득된 편차점수의 제곱의 합보다 항상 적다. 즉, 평균은 편차점수의 자승화가 최소가 되는 점수이다(김병성, 1996).

아울러, 최빈치와 중앙치, 평균이 어떻게 얼마나 일치하느냐에 따라 그 분포모형과 집단의 특성을 알 수 있다. 예를 들어, 정규분포(normal distribution)는, [그림 9-3]에서 보는 바와 같이, 최빈치

(M_o), 중앙치(M_d), 평균(M)이 모두 동일하며, 정적편포(positively skewed distribution)는 평균(M)이 가장 크고, 다음으로 중앙치(M_d), 최빈치(M_o) 순이다. 이에 비해 부적편포(negatively skewed distribution)는 최빈치(M_o)가 가장 크며, 다음으로 중앙치(M_d), 평균(M) 순이다. 만약, 교수·학습환경에서 교사가 완전학습을 추구한다면 학생들의 학업성취 점수는 높은 점수를 획득하는 학생수가 상대적으로 많을 수 있으므로 부적편포를 보일 가능성이 높은 데 반해, 정신지체아 학생들의 지능검사나 매우 어려운 시험문제에 대한 학생들의 학업성취도 점수의 경우에는 낮은 점수를 획득하는 학생들이 많을 가능성이 높아 정적편포를 보일 가능성이 높다.

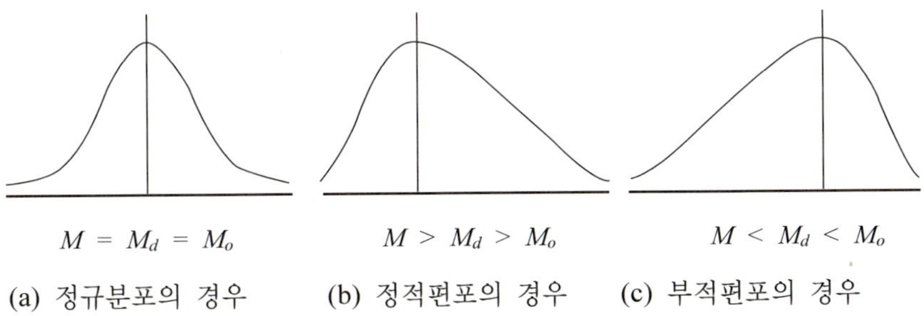

| 그림 9-3 | 최빈치(M_o), 중앙치(M_d), 평균(M)의 차이에 따른 분포모형의 변화

한편, 평균은 자료가 동간척도나 비율척도 자료일 경우, 가장 신뢰로운 집중경향치를 원할 때, 자료의 분포가 좌우대칭이거나 정규분포에 가까울 때, 변산도, 상관도, 점수 차이 등의 후속적인 분석이 뒤따를 때, 그리고 한 분포의 중력 등 무게중심을 알고자 할 때 매우 효과적으로 사용될 수 있는 집중경향치라 할 수 있다(김호권, 1990).

4) 집중경향치 선택 시 고려해야 할 사항

이상에서 살펴본 바와 같이, 세 가지의 대표적인 집중경향치는 그 사용목적이나 자료의 성질 등에 따라 선택·활용되는 것이 다르다. 이를 좀더 구체적으로 살펴보면 다음과 같다(김병성, 1996; 김태웅 · 이원준, 2006; 최종덕 · 조호성 · 구자항, 2005).

첫째, 사용목적별로 볼 때, 최빈치는 해당 자료 중 어느 점수가 가장 빈번히 나타나는지를 간략히 살펴보고자 할 때 사용하며, 중앙치는 상 · 하 50%로 나누는 분할점수를 알고 싶을 때, 평균은 후속적인 계산이 필요한 경우에 주로 사용된다.

둘째, 자료의 성질별로 볼 때, 최빈치는 명명척도 자료에, 중앙치는 서열척도 이상의 자료에, 평균은 동간척도와 비율척도 자료인 경우에 적합한 집중경향치이다.

셋째, 자료의 분포 측면에서 볼 때, 최빈치는 빈도분포상 해당 자료에서 가장 빈번히 나타나는 점수로서 개별 사례의 점수분포에 전혀 영향을 받지 않으며, 중앙치는 사례의 분포 상태에 따라 영향을 받기는 하지만 자료에 극단치가 있을 때 가장 적당한 집중경향치이고, 평균은 모든 점수 분포에 영향을 받으나 집중경향치 중 가장 정확하고 신뢰로운 수치라 할 수 있다.

따라서 연구자는 자료의 사용목적이나 성질, 점수분포 등을 면밀히 검토하여 어느 집중경향치를 사용할 것인지를 결정할 필요가 있다.

3. 변산도

변산도(variability)란 한 분포가 얼마나 흩어져 있는지를 나타내는 통계수치로서, 해당 분포 내 혹은 분포 간 집단 구성원들이 얼마나 동질적 또는 이질적인지를 설명해 준다. 즉, 변산도란 개별적인 점수들이 집중경향치로부터 떨어져 있는 정도, 다시 말해서 다양성의 정도를 나타내는 통계치이다. 따라서 모든 점수가 동일하면 변산도 값은 0이 되며, 변산도 값이 작을수록, 다시 말해서 0에 가까울수록 해당 분포 내 혹은 분포 간의 집단 구성원들의 특성을 동질적이라 할 수 있다. [그림 9-4]는 평균은 같지만 변산도가 달라 동질적 혹은 이질적인 집단의 특성을 보이는 두 분포를 보여준다.

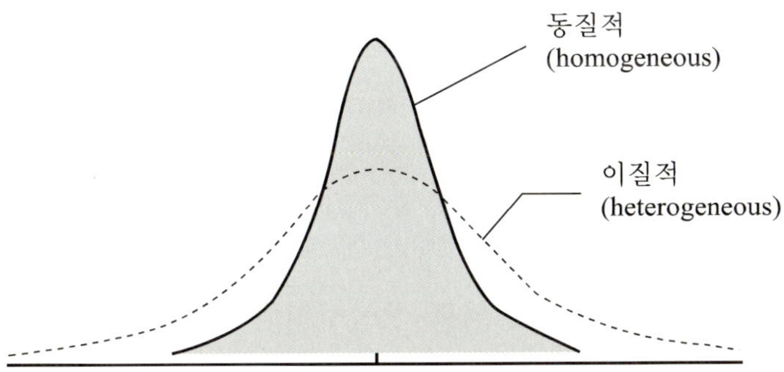

| 그림 9-4 | 평균은 같지만 변산도가 다른 두 분포

이러한 변산도는 학자에 따라 산포도라고도 불리며, 대표값을 고려하는가 하지 않는가에 따라 <표 9-4>와 같이 절대적 분산도와 상대적 분산도로 나뉘며, 각각에는 또한 다양한 통계치들이 있다. 이 책에서는 이러한 분산도 중 절대적 분산도에 대해서 주로 언급한다.

표 9-4 분산도의 분류

절대적 분산도	상대적 분산도
범위(range) 평균편차(mean deviation) 사분편차(quartile deviation) 표준편차(standard deviation) 분산(variance)	변동계수(coefficient of variation) 사분편차계수(coefficient of quartile deviation) 평균편차계수(coefficient of mean deviation)

1) 범위

범위(range)는 집중경향치에 있어 최빈치처럼 자료가 얼마나 흩어져 있는지를 가장 쉽고 빨리 구할 수 있는 변산도이다. 그러나 최빈치와 마찬가지로, 수치가 나타내는 자료의 특성이 다른 분산도에 비해 신뢰도가 떨어져 일반적으로 자료의 대체적인 특성을 파악하고자 할 때 주로 사용된다. 범위가 신뢰로운 통계치가 되지 못하는 이유는 그 값을 결정하는 데 있어 해당 분포의 모든 점수의 특성을 반영하지 않고 단지 최고점수와 최소점수의 두 특정치만을 고려하여 산출하기 때문에 안정성이 없으며, 표본의 크기와 관계가 없기 때문이다. 따라서 범위를 통해 연구자는 두 개의 극단치만을 알 수 있을 뿐 극단치 사이에 놓여있는 사례들이 어떻게 분포되어 있는지를 전혀 알 수 없다.

이러한 특성 때문에 범위를 계산하거나 해석하는 데 주의를 기울여야 한다. 즉, 사례수가 현저하게 다른 두 분포의 분산도를 비교하고자 할 경우, 범위는 일반적으로 사례수가 많을수록 커지는 경향이 있기 때문에 사례수가 현저하게 다른 분포의 분산도와 비교하는 것은 의미가 없다 하겠다(김병성, 1996; 최종덕 · 조호성 · 구자항, 2005).

한편, 범위는 이미 설명한 바와 같이 한 점수분포에서 최고점수와 최저점수 간의 차이를 의미하므로, 다음과 같이 산출할 수 있다.

$$R = (H + u/2) - (L - u/2) = (H - L) + u$$

H: 최고점수

L: 최소점수

u: 측정단위

따라서 최빈치에서 사용한 예(12명 학생의 점수: 75, 75, 77, 78, 79, 80, 81, 82, 82, 82, 82, 83)를 사용하여 범위를 구해보면, $R = (83 + 1/2) - (75 - 1/2) = (83 - 75) + 1$ 즉, 9가 된다.

2) 편차

편차(deviation)란 한 분포에서 어떤 측정치가 평균으로부터 얼마나 떨어져 있는가의 정도를 나타내는 수치로서, 그 떨어진 정도를 편차점수 혹은 편차라고 하며, 일반적으로 d 또는 소문자 x로 표기한다. 따라서 편차는 다음과 같이 나타낼 수 있다.

$d = X_i - \overline{X}$

d: 편차점수(혹은 편차)

X: 측정점수

$\overline{X}$: 평균점수

이 식을 이용하여 최빈치에서 사용한 예(12명 학생의 점수: 75, 75, 77, 78, 79, 80, 81, 82, 82, 82, 82, 83)의 편차점수 혹은 편차를 구해보면 다음과 같다.

점수 X	75	75	77	78	79	80	81	82	82	82	82	83
편차 d	-4.67	-4.67	-2.67	-1.67	-0.67	0.33	1.33	2.33	2.33	2.33	2.33	3.33

$\overline{X} \fallingdotseq 79.67, \ \sum d = 0$

이와 같은 편차는 아래와 같이 크게 세 가지 유형이 있다.

(1) 사분편차

사분편차 혹은 사분위편차(quartile deviation)는 수집된 자료를 크기순으로 나열한 후 4등분한 값으로서, 자료에 아주 큰 값이나 아주 작은 이상값(outlier)이 포함되어 있는 경우 그 이상값으로 인하여 범위나 분산이 아주 커지게 되는 결함을 줄이고자 할 때 사용하는 통계치이다. 즉, 이상값의 영향을 줄이고자 자료 중 큰 값과 작은 값을 일정부분 제거한 후 평균을 구하는 경우처럼, 분산도를 구할 때도 이러한 개념을 사용하여 보다 안정적인 분산도를 구하기 위하여 사용되는 것이 사분편차이다.

자료를 크기순으로 나열했을 때 자료가 4등분되는 위치에 있는 값을 사분위수(quartile)라고 한다. 따라서 사분위수는 세 개가 존재하게 되며, 제일 작은 사분위수부터 제1사분위수(Q_1), 그 다음 사분위수를 제2사분위수(Q_2) 등으로 부른다. 특히, 제2사분위수는 세 개의 사분위수 중에서 중앙에 있다는 의미로 중위수라고도 부른다. 따라서 제1사분위수(Q_1)와 제3사분위수(Q_3) 사이에는 전체 사례수의 50%가 존재하게 된다.

사분편차는 이렇게 하여 산출된 제1사분위수(Q_1)와 제3사분위수(Q_3)의 점수를 2로 나눈 값을 말한다. 이를 도식으로 나타내면 다음과 같다.

$$Q = \frac{Q_3 - Q_1}{2}$$

Q: 사분편차(혹은 사분위편차)

Q_3: 25%에 해당하는 점수

Q_1: 75%에 해당하는 점수

예를 들어, 어떤 조사결과 측정된 수치를 크기순으로 나열하였을 때 다음과 같았다고 하자(김상익 외 4인, 2004: 49).

3, 36, 37, 45, 52, 56, 58, 66, 68, 75, 90, 100

측정된 사례수는 $n=12$이므로, 측정치 56과 58의 평균 57이 중위수 혹은 제2사분위수 Q_2가 된다. 그리고 3부터 56까지의 측정치 중 중위수는 37과 45사이 즉, $\frac{(37+45)}{2}=41$이며, 이 수치가 제1사분위수인 Q_1이 된다. 또한 58부터 100까지의 측정치 중 중위수는 위와 동일한 방식으로 계산하면 71.5이며, 이 수치가 제3사분위수인 Q_3이 된다. 이렇게 구해진 각각의 사분위점수를 앞의 수식에 대입하여 사분편차를 구하면 $Q = \frac{Q_3 - Q_1}{2} = \frac{71.5 - 41}{2} = 30.5$가 된다.

한편, 집중경향치와 마찬가지로, 제1사분위수와 제3사분위수 간[이를 사분위간 범위(interquartile range)라 함]의 정도 차에 따라, 또한 사분편차의 각 사분위수별 점수들 간의 차이 즉, 제1사분위수와 중위수, 중위수와 제3사분위수 간의 차이를 비교해 봄으로써 해

당 집단의 분포의 분산도와 정규분포를 보이는지, 정적 혹은 부적 편포를 보이는지를 알 수 있다. 예를 들어, 사분위간 범위가 크면, 다시 말해서 제1사분위수와 제3사분위수 간의 범위가 크면 해당 자료의 분포는 상당히 흩어져 분산도가 높기 때문에 이질적인 집단의 특성을 보이는 반면, 사분위간 범위가 작으면 해당 자료의 분포는 밀집되어 있어 동질적인 집단의 특성을 보인다. 또한 [그림 5]에서 볼 수 있는 바와 같이, $|Q_2 - Q_1| < |Q_3 - Q_2|$이면 정적편포를 보이는 반면, $|Q_2 - Q_1| > |Q_3 - Q_2|$이면 부적편포를, $|Q_2 - Q_1| = |Q_3 - Q_2|$이면 영편포 즉, 정규분포를 보임을 알 수 있다.

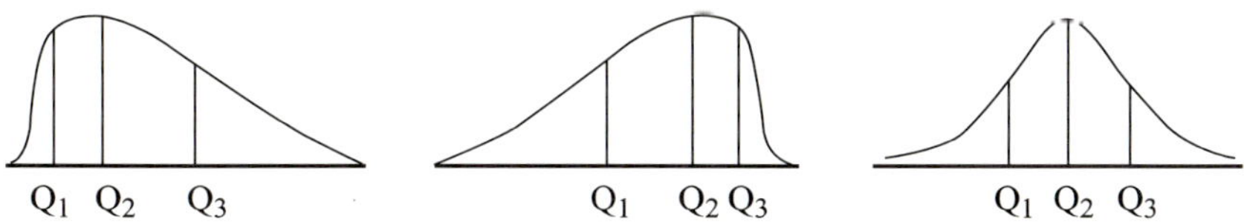

| 그림 9-5 | 평균은 같지만 변산도가 다른 두 분포

(2) 평균편차

평균편차(mean deviation 혹은 average deviation)란 한 분포에서 측정치의 평균으로부터 측정치 간의 차이를 뺀 점수 즉, 편차점수 혹은 편차의 절대치를 모두 합한 후 전체 사례수로 나누어 구한 평균으로서, 위에서 살펴본 사분편차보다는 신뢰롭지만 다음에 설명하게 될 표준편차보다는 이론적 · 수리적 측면에서 해석하는 것이 더 어렵다.

평균편차는 다음의 수식을 이용하여 계산할 수 있다.

$$AD = \frac{\sum |X - \overline{X}|}{N} = \frac{\sum |d|}{N}$$

AD: 평균편차(average deviation)

X: 측정치

$\overline{X}$: 측정치의 평균
N: 전체 사례수
d: 편차점수(혹은 편차)

예를 들어, 어떤 조사결과 측정된 수치가 앞의 사분편차에서 사용한 수치와 같았다고 하자(김상익 외 4인, 2004).

3, 36, 37, 45, 52, 56, 58, 66, 68, 75, 90, 100

우선, 연구자는 다음과 같이 이들 12개의 측정치의 평균을 구하여야 한다.

$$\overline{X}=\frac{3+36+37+45+52+56+58+66+68+75+90+100}{12}$$
$$=\frac{686}{12}=57.17$$

그런 다음, 연구자는 위의 수식을 이용하여 아래와 같이 평균편차를 구할 수 있다.

$$AD=\frac{\sum|X-\overline{X}|}{N}$$
$$=\frac{|3-57.17|+|36-57.17|+\cdots+|90-57.17|+|100-57.17|}{12}$$
$$=\frac{228}{12}=19$$

(3) 표준편차

표준편차(standard deviation)란 측정치의 평균으로부터 각 사례의 측정치를 뺀 값을 제곱하여 합한 후 이를 다시 전체 사례수로 나눈 값의 양의 제곱근 값으로서, 위에서 살펴본 평균편차처럼 각 점수가 평균으로부터 얼마나 분산되어 있는가 하는 편차에 초점을 두는 점은 같으나 해당 편차를 합하는 방식에서 차이가 있다. 즉, 표준편차는 이미 설명한 바와 같이 각 측정치가 평균으로부터 떨어져 있는 정도인 편차점수 혹은 편차를 각기 자승한 후 이를 합하고 이를 다시 사례수로 나눈 값의 제곱근 값 중 양의 제곱근 값을 취한다는 점에서 측정치에서 측정치의 평균을 뺀 값의 절대값의 전체 합을 전체 사례수로 나누는 평균편차와는 차이가 있다. 또한 표준편차는 평균처럼 분포 상에 있는 모든 점수의 영향을 받으며, 표집오차가 가장 적을 뿐만 아니라 정규분포곡선과 관련하여 여러 가지 통계적인 해석을 할 수 있는 특징을 지니고 있다.

표준편차는 또한 한 분포의 모든 점수에 일정한 점수를 더하거나 빼도 변화하지 않는다. 왜냐하면 일정한 수를 더하거나 빼더라도 평균에는 변화가 없기 때문이다. 그러나 표준편차에 일정한 상수 C를 곱하면 표준편차도 C배만큼 증가하는데, 그 이유는 평균이 C배만큼 증가하였으며, 증가된 C배만큼의 평균은 제곱이 된 후 다시 제곱근 값으로 나타내기 때문에 원래의 C배로 되돌아오게 된다.

이러한 특성을 지닌 표준편차를 나타내기 위해 소문자 s, σ, SD 등의 기호를 사용한다. 여기에서 σ는 모집단의 표준편차를 나타내며, s는 표본의 표준편차를, SD는 덜 기술적인 경우의 표준편차를 나타낼 때 사용한다(김병성, 1996). 표준편차를 계산하는 공식은 모집단이냐 표본집단이냐에 따라 다음과 같이 수식 표현 및 계산값에 약간의 차이가 있다.

<모집단> $$\sigma = \sqrt{\frac{\sum (X_i - \mu)^2}{N}} = \sqrt{\frac{\sum x^2}{N}}$$

<표본집단> $$s = \sqrt{\frac{\sum (X_i - \overline{X})^2}{n-1}} = \sqrt{\frac{\sum x^2}{n-1}}$$

σ: 모집단의 표준편차

X_i: i번째의 측정치

μ: 모집단의 평균

x: 측정치에서 모집단평균(혹은 표집집단 평균)을 뺀 값 즉, 편차(점수)

N: 전체 사례수
s: 표본집단 표준편차
$\overline{X}$: 측정치의 평균
n: 표본집단의 전체 사례수

예를 들어, 다음의 측정치에 대한 표준편차를 구해보자(김병성, 1996). 표준편차를 구하기 위해서는 다음과 같이 표를 사용하여 계산하는 것이 더 편리하다.

X_i	$x=(X_i-\overline{X})$	x^2
11	6	36
10	5	25
9	4	16
8	3	9
6	1	1
-4	-9	81
-5	-10	100
$\sum X_i=35$	0	$\sum x^2=268$

표준편차 계산방법

$\overline{X}=5$

$$\sigma^2=\frac{\sum x^2}{N}=\frac{268}{7}=38.29,$$

$$\sigma=\sqrt{38.29}=6.19$$

$$s^2=\frac{\sum x^2}{n-1}=\frac{268}{7-1}=44.67,$$

$$s=\sqrt{44.67}=6.68$$

이미 설명한 바와 같이, 표준편차는 정규분포곡선과 관련되어 있어 여러 가지 통계적 해석을 할 수 있다. 한 분포가 정규분포에 가까울 때, 연구자는 표준편차를 다음과 같이 해석할 수 있다. 즉, 해당 분포의 평균에서 $\pm\sigma$ 즉, $M\pm1\sigma$ 사이에는 [그림 9-6]에서 보는 바와 같이 전체 사례수의 68.26%가, $M\pm2\sigma$ 사이에는 95.44%가, $M\pm3\sigma$ 사이에는 99.74%가 놓여 있다고 가정할 수 있다.

3) 분산

분산 혹은 변량(variance)이란 평균과 측정치 간의 차이를 제곱하고 그 합을 구한 뒤 전체 사례수로 나누어 계산되어 나온 분산도로서, 측정치가 평균으로부터 얼마나 떨어져 있는지를 나타내 준

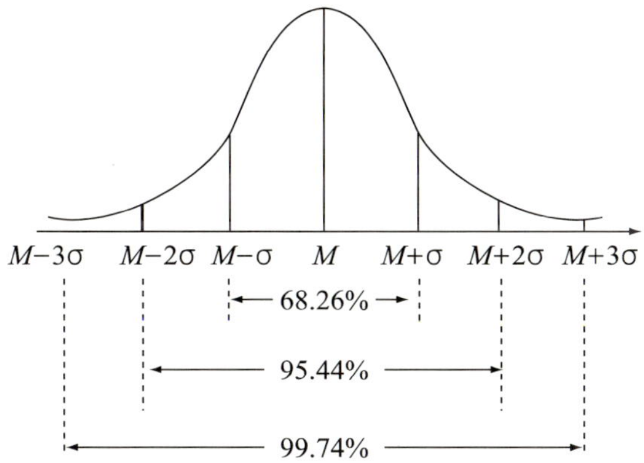

| 그림 9-6 | $M\pm1\sigma, M\pm2\sigma, M\pm3\sigma$ 간의 사례수 분포 비율

다. 이미 살펴본 바와 같이, 편차는 평균에서 측정치를 뺀 값으로서, 측정치가 평균보다 높은 경우에는 양수가 되지만 그 반대인 경우에는 음수가 된다. 표준편차는 편차들을 모두 합한 후 전체 사례수로 나눈 것이며, 따라서 모든 편차의 합은 항상 0이 된다. 그러나 표준편차가 0이 되는 것은 앞의 편차 공식을 살펴보면 쉽게 알 수 있다. 즉, 어떤 측정값에서 평균을 뺀 편차들의 합이 0이 되는 것은 평균이 모든 측정치의 무게중심 값이기 때문이다. 그러나 이러한 표준편차를 사용하면 해당 측정치가 평균으로부터 어느 정도 떨어져 있는지를 알 수 없다. 왜냐하면 편차가 양수와 음수를 갖고 있어 합할 경우 서로 상쇄해 버리기 때문이다. 바로 이러한 문제점을 해결하기 위하여 나온 것이 분산이다.

이미 설명한 바와 같이, 분산은 측정치에서 평균을 뺀 값 즉, 편차점수 혹은 편차를 제곱함으로써 편차가 양수이든 음수이든 양수값을 갖게 되고, 따라서 이 값들을 합하는 경우에도 서로 상쇄되지 않아 편차의 합은 0이 되지 않는다. 즉, 연구자는 모든 측정치가 같으면 분산은 0이 되며, 측정치가 평균으로부터 멀어질수록 편차의 값은 커지고 따라서 편차의 값을 제곱한 분산은 더 커지게 되기 때문에 역으로 분산을 보고 그 값이 크면 클수록 측정치가 평균으로부터 멀리 떨어져 있음을 추정할 수 있다. 물론 측정치가 평균에 모이면 모일수록 분산이 작아짐은 두말할 나위도 없다. 따라서 연구자는 바로 이 분산을 이용하여 해당 자료가 어느 정도나 흩어져 있는지를 분명하게 알 수 있다.

일반적으로 분산 혹은 변량은 소문자 s^2이나 σ^2으로 표기한다. 여기에서 s^2는 표본으로부터 도출된 분산을 나타내며, σ^2는 모집단으로부터 계산되어 나온 분산을 나타낸다. 분산은 다음과 같은 공식을 이용하여 계산할 수 있다.

<모집단> $$\sigma^2 = \frac{\sum(X_i - \mu)^2}{N} = \frac{\sum x^2}{N}$$

<표본집단> $$s^2 = \frac{\sum(X_i - \overline{X})^2}{n-1} = \frac{\sum x^2}{n-1}$$

σ^2: 모집단의 분산
X_i: i번째의 측정치
μ: 모집단의 평균
x: 측정치에서 모집단평균(혹은 표집집단 평균)을 뺀 값 즉, 편차(점수)
N: 전체 사례수
s^2: 표본집단 분산
$\overline{X}$: 측정치의 평균
n: 표본집단의 전체 사례수

예를 들어, 앞의 표준편차를 산출하기 위해 사용한 예를 사용하여 분산을 구해보자(김병성, 1996). 표준편차와 마찬가지로, 분산을 구하기 위해서는 다음과 같이 표를 사용하여 계산하는 것이 더 편리하다.

X_i	$x=(X_i-\overline{X})$	x^2
11	6	36
10	5	25
9	4	16
8	3	9
6	1	1
-4	-9	81
-5	-10	100
$\sum X_i = 35$	0	$\sum x^2 = 268$

분산 계산방법

$$\overline{X}=5$$

$$\sigma^2 = \frac{\sum x^2}{N} = \frac{268}{7} = 38.29$$

$$s^2 = \frac{\sum x^2}{n-1} = \frac{268}{7-1} = 44.67$$

한편, 위의 분산 계산방법을 보면 앞에서 살펴본 표준편차를 구하기 위한 바로 전 단계와 동일함을 알 수 있다. 사실, 표준편차는 분산에 제곱근을 하여 얻은 수치 중 양의 제곱근값이다. 따라서 역으로 표준편차를 알면 분산도 그것을 제곱함으로써 쉽게 얻을 수 있다. 이러한 이유 때문에 분산과 표준편차는 매우 밀접한 관련을 갖고 있으며, 표준편차와 정규분포 곡선을 통해 여러 가지 통계적인 해석을 할 수 있었던 것과 마찬가지로 분산도 정규분포곡선과 관련지어 여러 가지 통계적인 해석을 할 수 있다. 또한, 일반적으로는 표준편차를 구하기 위해서는 분산을 먼저 얻어야 하기 때문에 분산을 먼저 설명하고 표준편차를 설명하지만, 이 책에서는 이해의 편의상 표준편차를 먼저 설명하고 분산을 나중에 설명하였다.

4. 정규분포

1) 정의

정규분포(normal distribution)는 19세기 초 수학자 가우스(Karl F. Gauss)가 물리적인 계측의 오차를 계산하는 과정에서 발견한 것으로, 일명 가우스분포라고 불리는 연속형 확률분포를 말한다. 그러나 가우스 이전에 18세기 우주관측자들이 우주를 관찰한 후 측정오차를 도식화했을 때 평균 0을 중심으로 좌우로 분포하고, 19세기 초 생리학자들도 성인의 키를 측정하여 분포도를 그리는 과정에서 사례수가 많아질수록 분포도가 어떤 점을 중심으로 좌우대칭의 형태로 나타남을 알게 되었다. 즉, 그들은 자연현상뿐만 아니라 사회현상에서도 분포에 어떤 일관성이 있음을 발견하게 되었다. 이러한 사실을 체계화한 사람이 가우스이다. 초창기에 정규분포는 오차빈도의 법칙(the law of frequency of errors), 오류의 법칙(the law of error), 라플라스의 법칙(Laplace law), 가우스법칙(Gaussian law)으로 불리다 1897년 피어슨(Karl Pearson)이 “Contributions to the Mathematical Theory of Evolution. II. Skew Variation in Homogeneous Material,” *Philosophical Transactions of the Royal Society of London*. A, 186(1895), pp. 343-414: “A random selection from a normal distribution”(OED2).이라는 자신의 논문에서 이 용어를 처음 사용한 이후 그렇게 불리게 되었다.

연속형 확률분포 중 가장 대표적 · 기본적인 분포인 정규분포와 관련하여 알아둘 필요가 있는 것은 정규분포는 자연현상이나 사회현상의 일반적인 특성을 통해 얻어진 추론의 결과 즉, 이론적인 분포이지 자연현상이나 사회현상 자체는 실제로 완전한 의미에서의 정규성(normality)을 띄지는 않는다는 점이다.

김태웅 · 이원준(2006)에 의하면, 정규분포는 다음과 같은 이유로 인해 그 중요성이 더욱 부각된다고 한다.

- 많은 독립적 요인들이 하나의 변수에 영향을 미칠 때 정규분포는 연속확률변수들의 행태를 비교적 잘 설명해 줄 수 있다.
- 다양한 연속확률변수의 확률값도 정규분포를 이용하여 근사값을 구할 수 있다.
- 수학적으로 복잡한 다양한 이산확률분포들도 정규분포를 이용하여 근사값을 얻을 수 있다.
- 정규분포는 ‘중심극한정리’[1]라는 명제를 통해 추리통계의 기반을 제공한다.

2) 정규분포의 특성

정규분포는 다음과 같은 몇 가지 중요한 특성을 지니고 있다(강영식 외 3인, 2003; 김태웅 · 이원준, 2006; 성태제, 2003).

첫째, 정규분포는 연속변수이며, 평균(μ)을 중심으로 종모양(bell shape)의 좌우대칭을 이루고 있다. 즉, 정규분포는 평균과 중앙치, 최빈치가 같으며, [그림 9-7]과 같이 종모양의 단일최빈분포(sigle-modal distribution)를 보이는 연속확률분포이다.

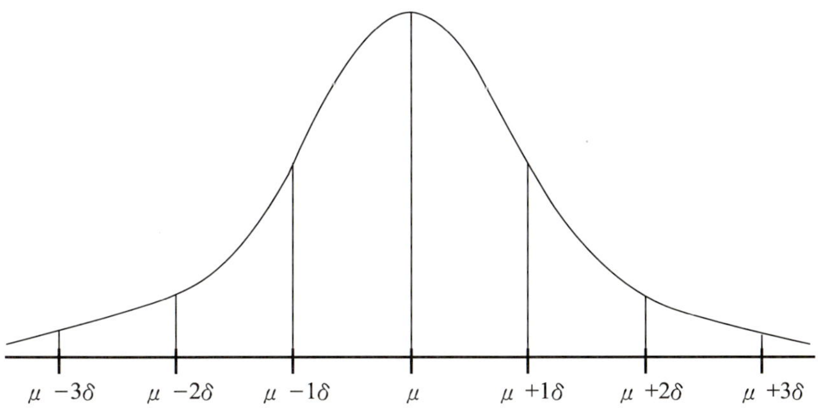

| 그림 9-7 | 정규분포곡선

둘째, 정규분포의 형태와 퍼진 정도는 분포의 평균(μ)과 표준편차(σ) 또는 분산에 의해 결정된다. [그림 9-8]에서 보는 바와 같이, 분산이 커질수록 혹은 표준편차가 커질수록 평평한 모양을 취하며, 분산 혹은 표준편차가 같더라도 평균의 차이에 따라 달리진다.

셋째, 정규분포가 취할 수 있는 구간의 범위는 $-\infty < X < +\infty$이다. 즉, [그림 9-7]이나 [그림 9-8]의 여러 가지 모양의 정규분포곡선에서 볼 수 있는 바와 같이, 곡선은 횡축에 닿는 것처럼 보이나

1) 일명 라플라스의 법칙(Laplace law)라고 불리는 중심극한성리(Central Limit Theorem)란 모든 표본분포는 표본의 크기가 커짐에 따라 정규분포에 유사한 형태로 변해간다는 이론

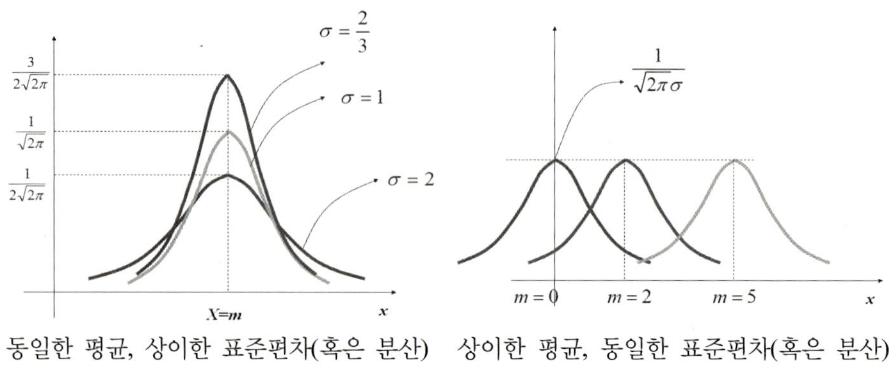

| 그림 9-8 | 평균, 표준편차의 변화에 따른 정규분포 모양 변화

결코 닿지 않는다. 이는 평균(μ)보다 매우 크거나 작은 값이 나타날 확률은 매우 작을 수는 있지만 결코 0은 아님을 의미한다.

넷째, 정규분포의 확률값은 그 구간의 면적에서 구해지며, 곡선 아래의 전체면적은 100%이다. 어떤 분포가 평균 μ와 표준편차 σ를 가진 정규분포일 때, 이를 평균이 0이고 표준편차가 1인 표준정규분포(standard normal distribution)로 변환하여도 이 분포는 정규분포이며, 이 때의 점수를 표준점수(standard score) 혹은 Z점수라 한다. 정규분포의 확률값은 측정치(X)와 평균(μ), 표준편차(σ)를 알면 $Z = \frac{X-\mu}{\sigma}$라는 공식을 이용하여 Z점수를 산출할 수 있고, 이 Z점수를 이용하여 해당 구간의 확률값을 알 수 있다. 또한 [그림 9-9]를 보면, 정규분포곡선을 이용하여 추정·산출할 수 있으며, 정규분포곡선(normal distribution curve) 아래의 각 구간의 면적의 합은 100%이 됨을 알 수 있다. 아울러 위에서 언급한 표준정규분포 즉, 평균이 0이고 표준편차가 1인 정규분포의 경우 정규분포곡선 아래의 전체면적은 1이 된다.

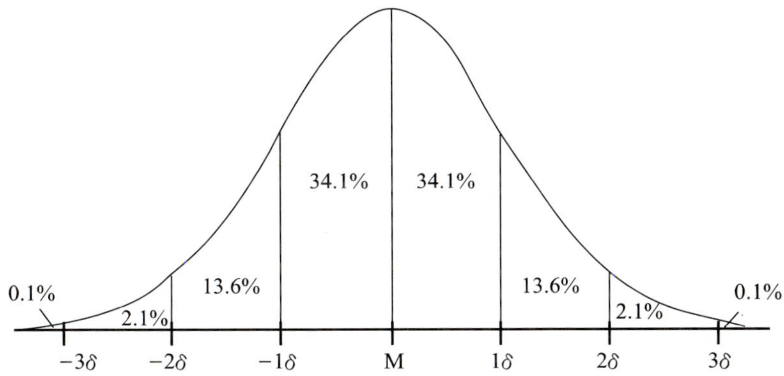

| 그림 9-9 | 정규분포의 면적 비율

3) Z점수와 표준정규확률분포표의 활용

앞에서 설명한 바와 같이, 어떤 분포가 평균 μ와 표준편차 σ를 가진 정규분포일 때, 이를 평균이 0이고 표준편차가 1인 표준정규분포로 변환할 수 있고, 이 때 얻어진 점수를 Z점수라 하며, $Z=\dfrac{X-\mu}{\sigma}$으로 계산할 수 있다. 또한 우리는 이 Z점수와 정규분포의 특성을 이용하여 특정 구간의 확률값도 구할 수 있음을 알 수 있었다. 이러한 개념을 활용하여 다음과 같은 교육상황에서 접할 수 있는 문제를 해결하여 보자.

수행평가시험을 실시하여 어느 수준 이상의 학생 중에서 선발하여 장학금을 지급하고자 한다. 기존의 수행평가시험에서 평균점수가 330점이고, 표준편차가 40인 정규분포를 이룬다고 한다. 이 때 380점 이상으로 할 때 이 확률을 구하라.

출처: 최종덕 · 조호성 · 구자항(2005). **통계학이론**. 서울: MJ미디어, p. 195.

이 문제는 Z점수를 구하는 공식 즉, $Z=\dfrac{X-\mu}{\sigma}$를 적용하면 쉽게 해결할 수 있다. 문제에서 $X=380$, $\mu=330$, $\sigma=40$임을 알 수 있다. 따라서 $Z=\dfrac{X-\mu}{\sigma}=\dfrac{380-330}{40}=\dfrac{50}{40}=1.25$이다. 특히 이 문

제의 경우 평균이 330인데 반해, 380점 이상인 경우의 확률을 구하는 것이므로 전체 면적(표준정규분포임을 가정함) 1에서 380점까지의 면적을 빼면 380점 이상의 경우의 확률을 추정할 수 있다(표준정규확률분포표에서 $Z = 1.25$는 0.8944임).

$$p(X \geq 380) = P(Z \geq \frac{X-\mu}{\sigma}) = P(Z \geq \frac{380-330}{40}) = P(Z \geq 1.25)$$
$$= 1 - P(Z < 1.25) = 1 - 0.8944 = 0.1056$$

따라서 380점 이상을 받은 학생이 학생들이 장학금을 받을 수 있는 확률은 10.56%가 된다.

예시처럼, 어떤 집단에서 특정 점수의 확률 등을 구할 때 앞에서 설명한 정규분포의 특성, 특히 분포의 정규성을 가정함으로써 해당 분포를 Z점수로의 변환하고 표준정규확률분포표를 활용하여 변환된 Z점수를 알 수 있다. 이러한 과정을 통해 해당 점수가 당해 집단에서 어느 정도의 위치에 있는지 혹은 확률을 추정해 낼 수 있다. 바로 이것이 분포의 정규성을 가정함으로써 얻을 수 있는 이점이다. 즉, 정규분포가 중요한 의미를 갖는 것은 모든 분포의 기본이 될 뿐만 아니라 통계적 추정이나 가설검증과 같은 추리통계분야의 기초가 되기 때문이다. 이러한 이유로, 정규분포는 자료가 방대하여 처리 불가능한 경우 표본을 추출하여 자료의 신뢰성을 검증하는 경우나 가설검증을 하고자 하는 경우에 널리 사용된다.

박스기사 9

생태학적 오류의 사례

"기독교 국가의 자살률이 불교국가의 자살률보다 낮다"라는 가설에서 분석단위는 국가이다. 가설을 검증하기 위해서는 기독교 국가의 한 지역과 불교 국가의 한 지역을 표본추출해서 조사할 수 있다. 그 결과 기독교 지역의 자살률은 20%였고, 불교지역의 자살률이 30%로 나타났으면 기독교 국가의 자살률이 불교국가의 자살률보다 낮다고 결론지을 수 있다.

그런데 만약 위의 명제를 인용해서 "기독교 신자들이 자살률이 불교 신자의 자살률에 비해 낮다"라는 가설을 세운다면 이는 국가라는 집단차원의 분석단위에 근거한 결과를 개인차원의 분석단위에 적용하는 것이다. 이 경우 생태주의적 오류가 발생할 수 있다. 왜냐하면 기독교 국가라 할지라도 100% 국민이 기독교 신자가 아닐 수 있으며, 불교 국가라도 역시 100% 국민이 불교 신자가 아닐 수 있다. 따라서 기독교 국가의 자살자 중에서 70%가 기독교이며, 이들만의 자살률은 25%이고, 30%는 비기독교으로 이들만의 자살률은 7%일 수 있다. 또한 불교 국가 자살자 중에서 70%만 불교도이며, 이들만의 자살률은 20%이고, 30%는 비불교도들로 이들만의 자살률은 53%일 수 있다. 이 경우 분석단위를 개인으로 했다면, 기독교인들의 자살률(25%)이 불교도들의 자살률(20%)보다 더 높다는 결론이 나올 수 있다.

출처: 김병진 · 소재진(2006). **사회복지조사방법론**. 서울: 법문사.

SPSS와 통계처리

10

Chapter

"아무리 좋은 도구를 개발하여도 적절한 통계적 방법을 적용하지 못하면 소기의 목적을 달성하기가 어렵다."

1. SPSS의 정의

컴퓨터가 발달되지 않았을 때 사람들은 직접 손으로 자료를 정리하였다. 최근에는 컴퓨터의 발달로 과거에 며칠씩 걸리던 자료처리 및 통계작업들이 컴퓨터 활용에 대한 기본적인 기법만 습득하면 누구라도 쉽게 해결하게 되었다.

교육학을 포함한 심리학이나 사회학, 혹은 경영학 등에서 행동과학적 연구방법론을 적용하는 경우 SPSS(Statistical Package for the Social Sciences)와 SAS(Statistical Analysis System) 프로그램은 가장 일반적으로 활용되고 있는 통계분석 프로그램이다. SPSS 프로그램은 컴퓨터를 이용하여 복잡한 자료를 편리하고 쉽게 처리 · 분석할 수 있도록 만들어진 통계분석 전용 소프트웨어이다.

SPSS는 여러 컴퓨터 언어 중 하나로서 특히 사회과학의 연구 및 분석에 많이 활용되고 있다. SPSS란의 앞자를 딴 약어로서 '사회과학을 위한 통계집'이라고 한다. 사회과학의 학문적인 대상을 분석하는 데 필요한 통계적 기법들을 컴퓨터를 통해 이용할 수 있도록 조작 설계된 컴퓨터 언어(computer language)를 말한다.

이와 같이 미리 조작 설계된 여러 통계적 분석기법들 중 각 연구자들이 자료분석에 가장 적절하다고 생각되는 분석기법을 선택하여 컴퓨터에 지시하면 해당 분석기법들이 자료를 처리, 지시된 통계적 분석작업을 수행할 수 있다. 이 책에서 소개하는 SPSSWIN은 주로 PC를 통하여 이용할 수 있는 SPSS 12.0을 기준으로 설명한다.

2. SPSS WIN을 운용하기 위한 컴퓨터의 환경

일반적으로 WINDOWS용 SPSS PROGRAM을 이용하기 위해서는 다음과 같은 최소한의 하드웨어 및 소프트웨어의 환경을 갖추어야 한다(강병서 외, 2001).

- 중앙처리장치(CPU): 팬티엄 마이크로프로세서를 가진 PC
- 운영체제: Windows(또는 한글 Windows) 95 이상
- 메모리(RAM): 16MB 이상 RAM, 64MB 또는 그 이상
- 하드 디스크 드라이브: 80MB 이상
- 디스크 드라이브: CD-ROM Drives
- 운영체제: Microsoft Windows 95
- 모니터: 800×600 해상도 SVGA

3. SPSS WIN 운용

(1) SPSS WIN의 기동

Windows XP 작업표시줄의 [시작] → [프로그램] → [SPSS for

Windows] → [SPSS 12.0 for Windows]를 누르거나 바탕화면에서 SPSS Win의 단축 아이콘을 더블클릭하면 다음과 같은 화면이 나타난다.

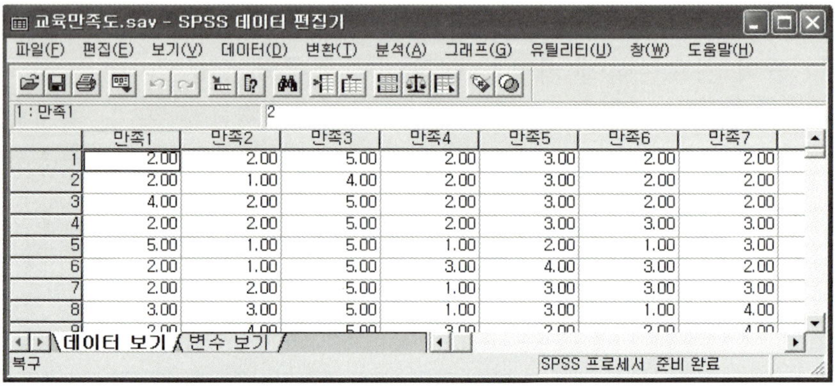

<SPSS WIN의 주요 메뉴>

SPSS WIN은 메뉴방식이므로 사용하고자 하는 분석기법에서 메뉴에서 선택한다. 메뉴바(menu bar)는 다음과 같이 10가지의 형태로 되어 있다.

① 파일(file): 새로운 SPSS파일을 만들거나, 기존의 파일을 열거나 또는 다른 소프트웨어 만든 데이터를 불러들이거나 저장한다.

② 편집(edit): 분석 결과물 또는 명령문 입력창의 내용을 수정하거나 복사한다.

③ 보기(view): 여러 가지 도구바(Tool bar, Status bar...)를 나타나게 하거나 사라지게 한다.

④ 데이터(data): 여러 파일들을 하나로 결합하거나 변수 및 사례들을 옮기거나 또는 복사한다. SPSS데이터 파일에 대한 전체적인 수정을 한다.

⑤ 변환(transform): 데이터 파일에서 선택된 변수의 내용을 변형하거나 기존의 변수값에서 새로운 변수를 계산한다. 변환된 결과는 사용자가 저장하지 않은 한 기존파일에는 아무런 영향을 미치지 않는다.

⑥ 분석(analysis): 연구자가 처리하고자 하는 기술통계, 상관분석,

척도화분석 등과 같은 통계 분석절차가 나타난다.

⑦ 그래프(graphs): 바(bar), 차트, 히스토그램(histogram), 스캐터 플롯(scatter plots) 등과 같은 그래프를 선택할 수 있다. 사용자가 만든 그래프들은 차트 편집기에서 원하는 대로 다시 편집할 수 있다.

⑧ 유틸리티(utilities): 폰트를 바꾸거나, SPSS 데이터 파일의 내용에 관한 정보를 알고 싶을 때, 또는 SPSS 명령어의 인덱스를 여는데 이용한다.

⑨ 창(window): SPSS 창들의 여러 속성을 배열, 선택 또는 통제한다.

⑩ 도움말(help): SPSS 분석 기법 이용에 관한 정보나 대화상자를 통한 도움말을 이용할 수 있다.

* SPSSWIN에서의 내용분류에 따른 저장파일 형식

- SPSS데이터 파일(***.sav)
- SPSS 분석 결과 파일(***.spo)
- SPSS 명령문 파일(***.sps)
- SPSS 차트 템플리트(***.sct)

4. SPSS WIN 다루기

1) 자료 입력 및 불러오기

조사 분석된 자료를 입력하는 방법에는 크게 3가지가 있다. 첫째, SPSS에서 자료를 직접 입력하는 방법과 둘째, 엑셀 파일에서 입력하여 SPSS에 붙이는 방법과 셋째, 한글에서 입력한 자료를 SPSS에서 불러오는 방법이 있다.

(1) SPSS Win에서 직접 입력

▸ 1단계: SPSS 창의 아래 화면에서 [데이터입력]에 표시한 후에 [확인]을 눌러 입력한다.

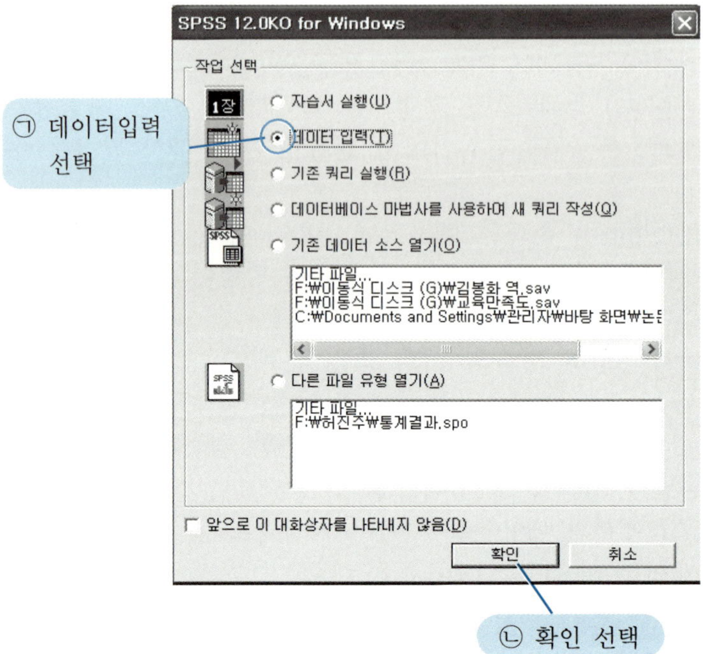

| 그림 10-1 | SPSSWIN의 창 여는 방법 화면

▶ 2단계: 데이터 입력하기: [그림 10-1]의 화면에서 [취소]를 눌러 입력한다. 데이터 보기는 수집된 데이터를 입력할 때 클릭한다.

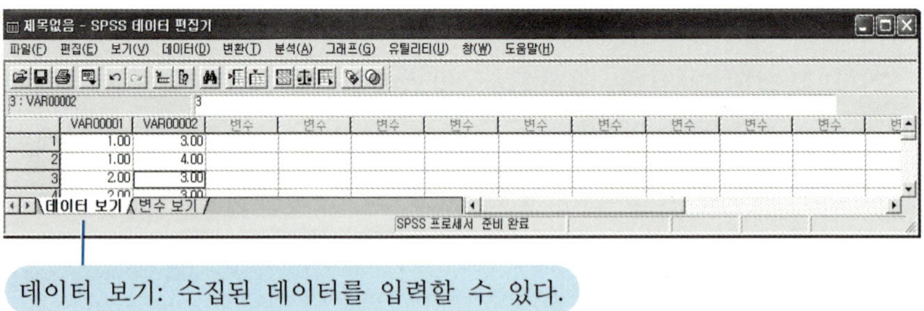

| 그림 10-2 | SPSSWIN의 데이터 입력화면

▶ 3단계: 데이터의 변수명 입력하기

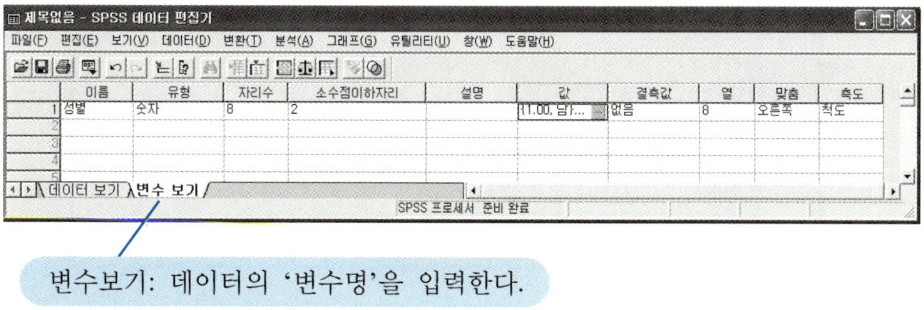

| 그림 10-3 | SPSSWIN의 변수명 입력화면

• 변수이름(Variable Name)

새로운 변수이름을 입력하기 위해서는 [그림 10-4]에서와 같이 ①번(변수보기)을 클릭하고, ②번을 클릭한 후 성별이라고 입력한다. 행과 이름이 만나는 곳에 예를 들어 '성별'이라고 입력을 하면 된다. 한글 4자이내, 영문 8자(8byte)까지 입력이 가능하다. 동일한 변수이름은 있을 수 없다.

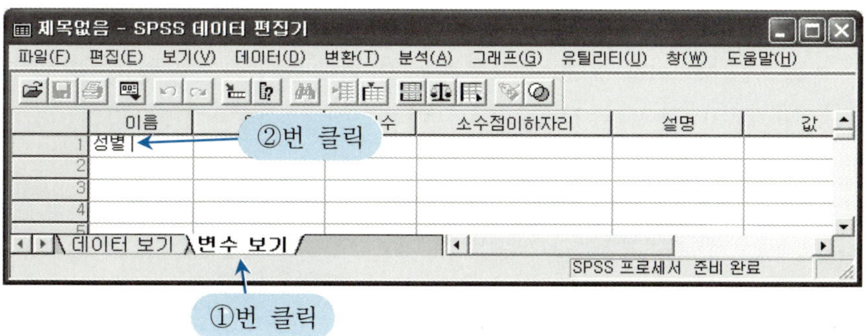

| 그림 10-4 | 입력된 변수이름 확인 화면

• 유형(Type)

초기 지정값인 숫자가 자동으로 선택된다. 양적변수인 경우에는 숫자, 질적변수인 경우에는 문자열로 선택하면 된다. 변수유형이 끝나면 [확인]단추를 누른다([그림 10-5]).

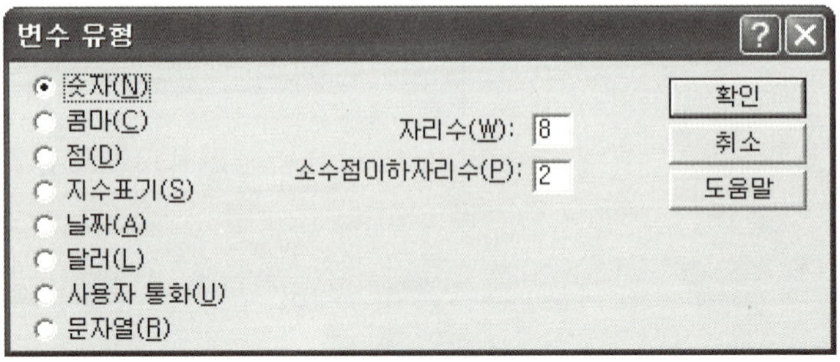

| 그림 10-5 | 변수유형

- 자리수(Width): 입력자료의 자릿수를 결정하는 것으로 8자리로 되어있다.
- 소수점 이하자리수(Decimal Places): 소수점 이하의 자릿수를 결정하는 것으로 여기서는 소수점 둘째 자리수로 되어 있다. 소수점 자리수를 임의 조정하고 싶은 자리수에 마우스를 올려놓고 상하 화살표가 나타나면 원하는 자릿수를 결정할 수 있다.
- 설명(Labels): 변수의 설명을 나타낼 수 있다. 최대 120자(한글 60자)까지 지정할 수 있다.
- 값(Value): 변수값을 설명할 수 있다.
- 결측값(Missing Values): 무응답치(결측값)을 처리하는 방법이다. 여기서는 초기지정값이 '없음'으로 나타난다([그림 10-6]).

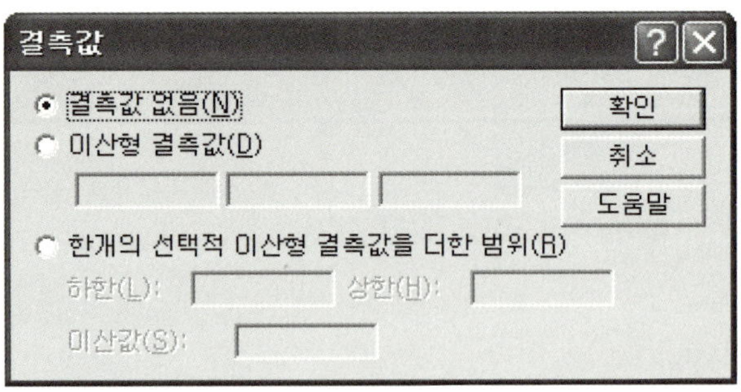

| 그림 10-6 | 결측값 화면

- 결측값 없음: 사용자 결측값(무응답치)이 없는 경우, 모든 변수값들은 유효화(Valid)값으로 나타난다.

- 이산형 결측값: 최대 3개까지의 수치를 결측값으로 지정한다.
- 한 개의 선택적 이산형 결측값을 더한 범위: 하한값에서 상한값 사이의 모든 수치를 결측값으로 지정한다.

- 열(Column Width): 변수를 입력하는 자릿수로 '8'로 나타난다.
- 맞춤: 자료입력을 하는 데 있어 가운데 왼쪽(Left), 정렬(Center), 오른쪽(Right) 정렬 방식이 있다.
- 측도(Scale): 척도를 결정하는 것으로 순서척도, 명목척도 등이 있다.

▶ 4단계: 자료입력이 끝나면 [그림 10-7]에서와 같이 (파일 저장)을 눌러서 SPSS자료를 저장한다. 파일이름은 원하는 이름을 쓰고, 파일형식은 SPSS(*.sav)을 선택하여 저장을 누른다.

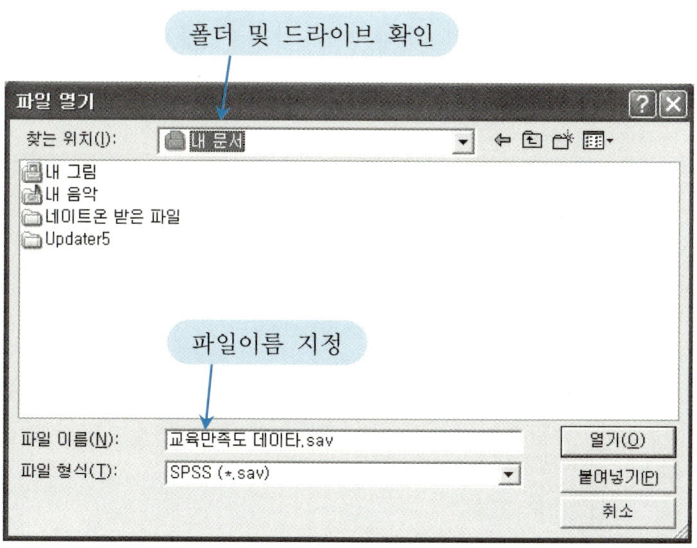

| 그림 10-7 | 파일 저장 화면

▶ 5단계: (파일 저장)을 눌러 위의 바에 [교육만족도.sav 데이터 편집기]라고 나오면 저장이 바로 된 것이다. 저장이 올바르게 된 파일을 불러오면 [그림 10-8]에서와 같이 나타난다.

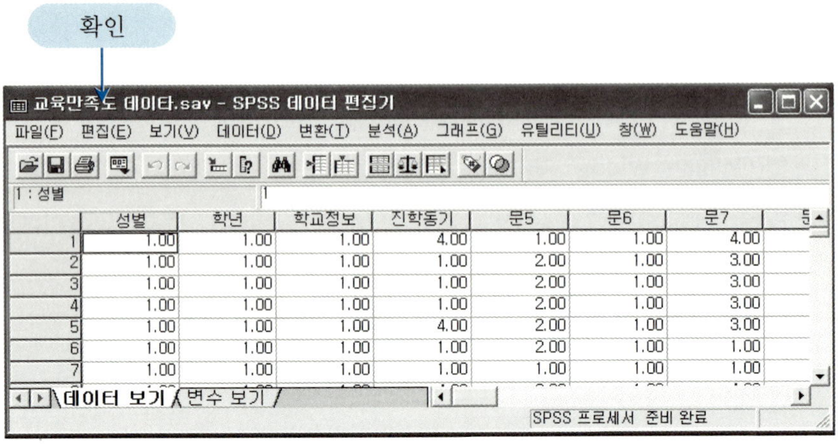

| 그림 10-8 | 저장화면 불러오기

(2) **한글 2007 이용 자료 입력하기**

▸ 1단계: 자료입력 설문자료를 한글을 이용한 경우에는 [그림 10-9]와 같이 표집수에 따른 번호를 입력한 다음 번호를 입력하면 된다.

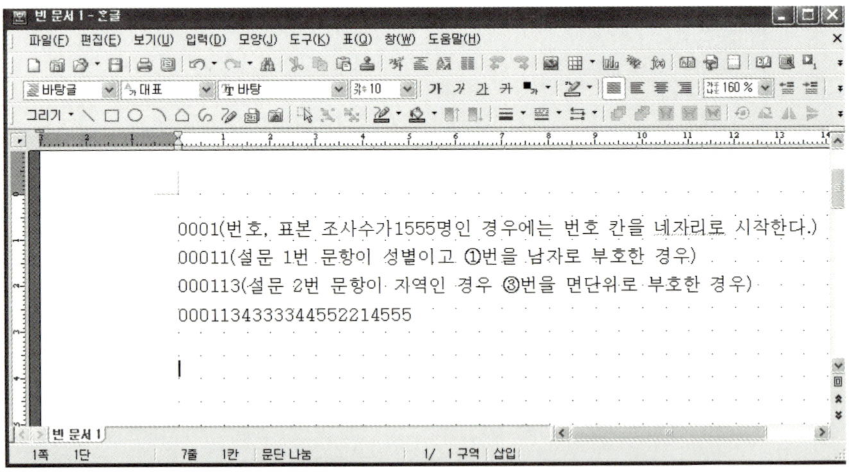

| 그림 10-9 | 한글 2007을 이용하여 자료 저장 방법시 부호화 방법

▸ 2단계(자료 저장하기): 입력된 자료는 [그림 10-10]과 같이 폴더 경로를 지정하고 텍스트(*.txt) 파일로 저장한다.

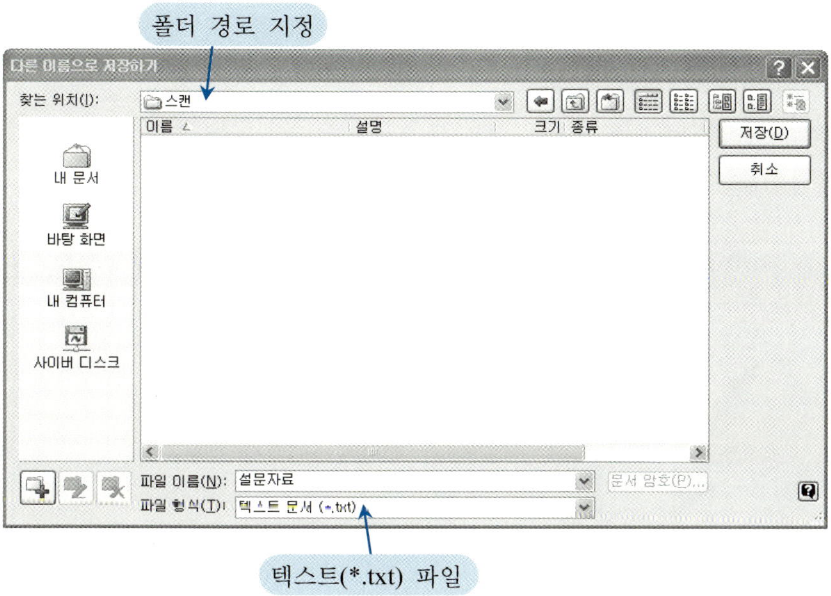

| 그림 10-10 | 2007 한글파일 저장하기

▸ 3단계: SPSSWIN 화면 → [파일] → [텍스트 데이터 읽기]를 하면 다음 [그림 10-11]에서 저장한 화면이 나타난다.

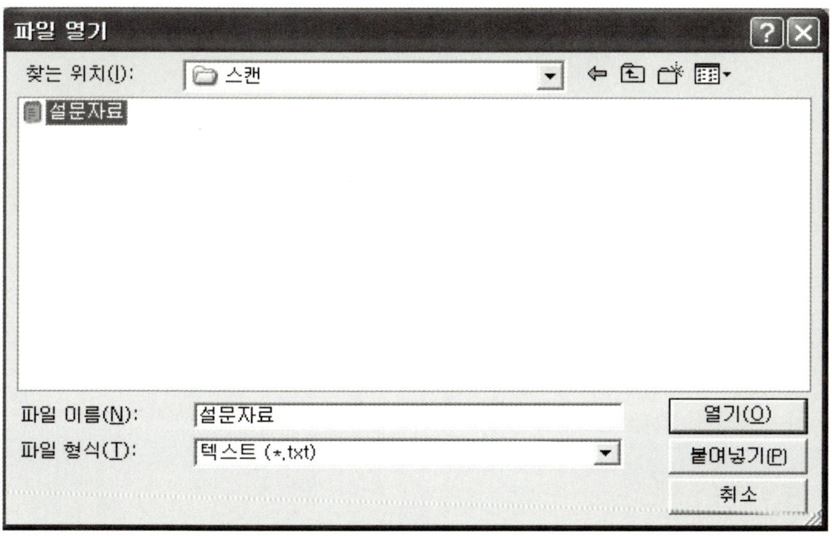

| 그림 10-11 | 텍스트 파일로 저장된 화면

▸ 4단계([텍스트 가져오기 마법사－6단계 중 1단계]): 이 단계에서는 텍스트 파일에 있는 데이터를 읽고 변수에 관한 정보를 지정할 수 있다. 현 화면 상태에서 [다음]을 클릭하면 된다([그림 10-12]).

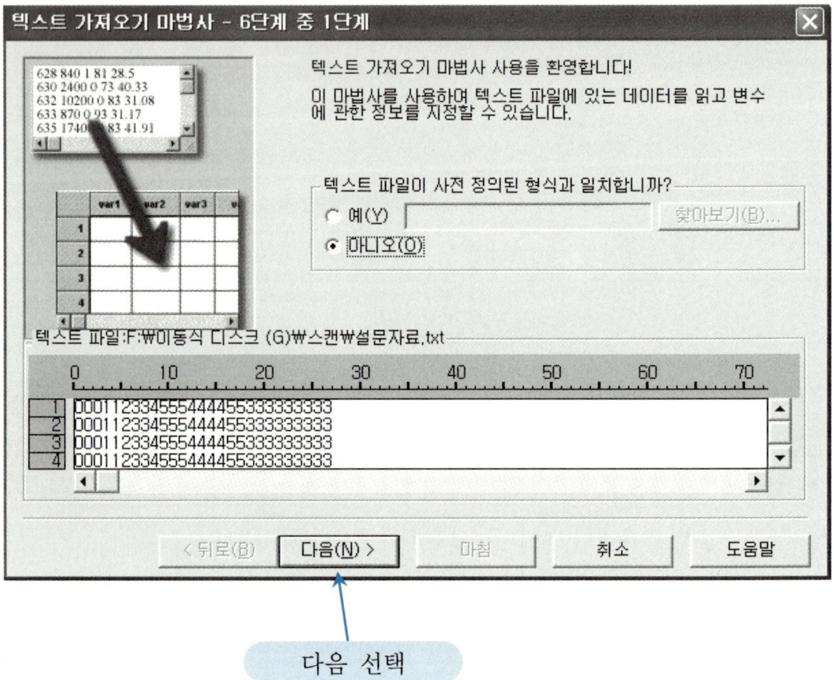

| 그림 10-12 | 텍스트 가져오기 마법사－6단계 중 1단계

▸ 5단계([텍스트 가져오기 마법사－6단계 중 2단계]): 설문조사 파일이 고정된 열에 입력되어 있음으로 '고정 너비로 배열'옵션을 선택하고 [다음]을 클릭하면 된다([그림 10-13]).

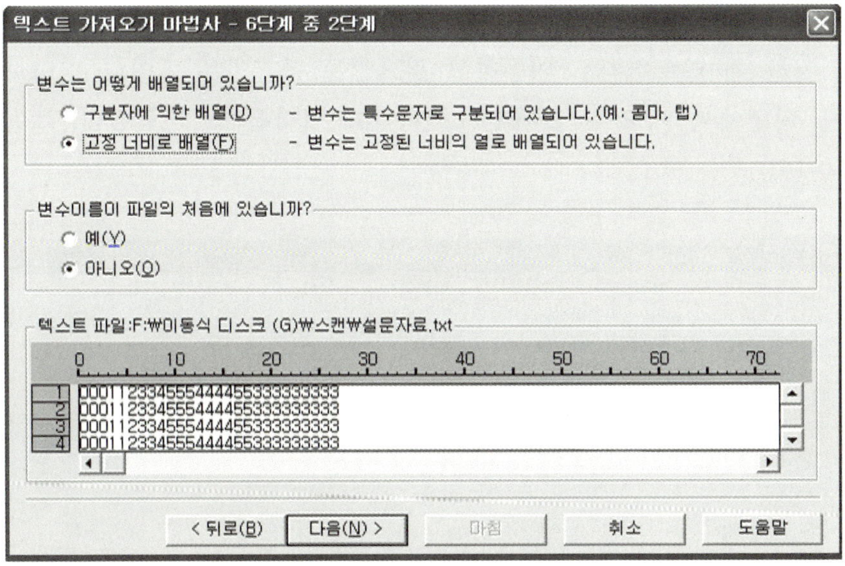

| 그림 10-13 | 텍스트 가져오기 마법사－6단계 중 2단계

▸ 6단계([텍스트 가져오기 마법사－6단계 중 3단계]): 모든 케이스를 선택하고 [다음]을 클릭한다([그림 10-14]).

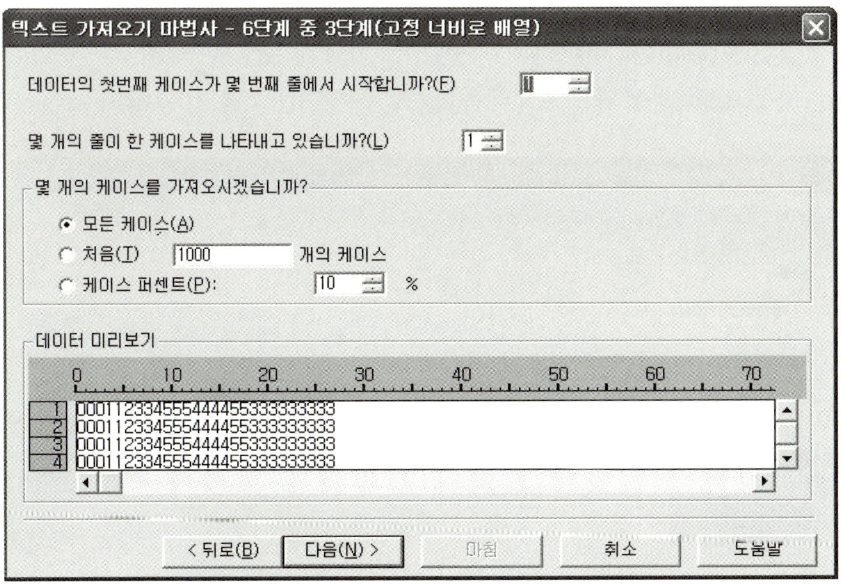

| 그림 10-14 | 텍스트 가져오기 마법사－6단계 중 3단계

▶ 7단계([텍스트 가져오기 마법사－6단계 중 4단계]): 구분선의 위치를 원하는 위치로 이동하고 필요없는 구분선은 데이터 미리보기 화면에서 밖으로 끌어내기 한 후에, [다음]을 클릭한다([그림 10-15]).

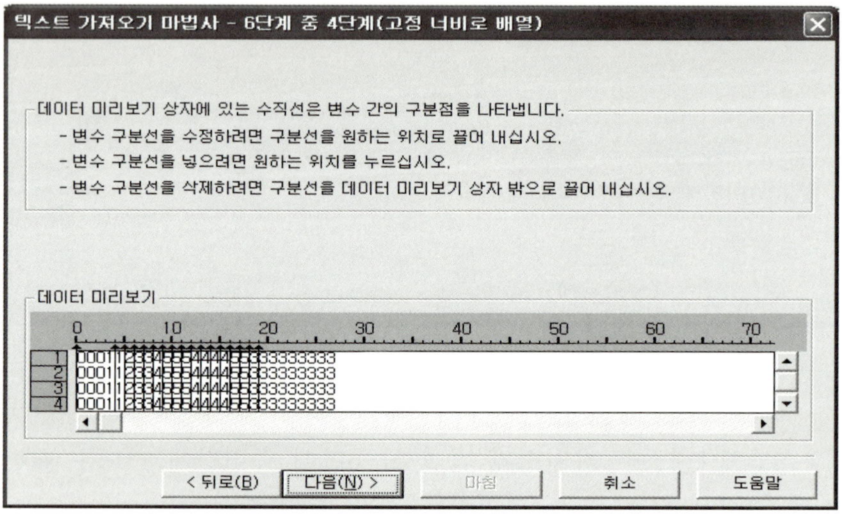

| 그림 10-15 | 텍스트 가져오기 마법사－6단계 중 4단계

▶ 8단계([텍스트 가져오기 마법사－6단계 중 5단계]): 변수 이름이 자동으로 생성되므로 [다음]을 클릭한다([그림 10-16]).

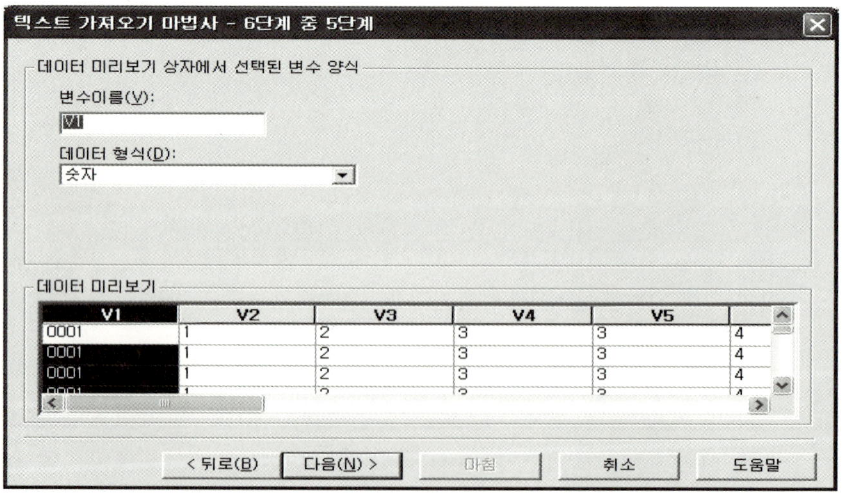

| 그림 10-16 | 텍스트 가져오기 마법사－6단계 중 5단계

▶ 9단계([텍스트 가져오기 마법사-6단계 중 6단계]): 이 단계에서는 데이터 미리보기에서 V1을 선택하여 변수명을 수정할 수 있다. 같은 방법으로 다른 변수들도 수정할 수 있다. [마침]을 클릭한다([그림 10-17]).

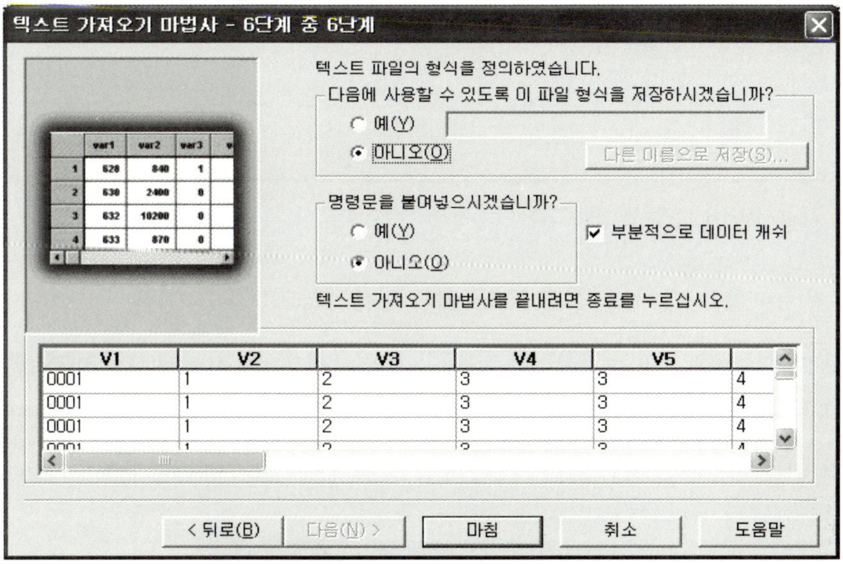

| 그림 10-17 | 텍스트 가져오기 마법사-6단계 중 6단계

(3) 엑셀프로그램 읽기

▶ 1단계: [데이터가 다음과 같은 엑셀파일로 저장되어 있는 경우 [엑셀 2007] 프로그램 실행한다. 이 때는 SPSS시스템이 변수이름으로 읽어야 함으로 변수이름을 지정하는 규칙인 문자로 시작하되 8byte(8개의 영문자나 4자의 한글)로 지정되어 있어야 한다([그림 10-18]).

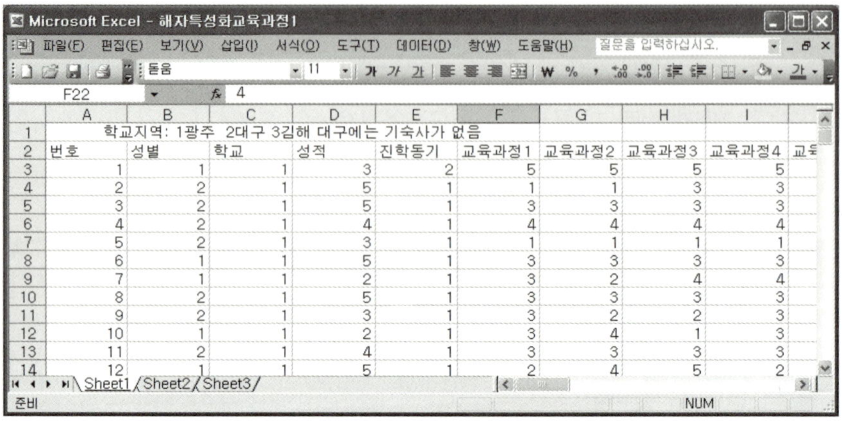

| 그림 10-18 | 엑셀 프로그램 읽기

▸ 2단계: 데이터 편집기의 메뉴에서 [파일 ▷열기]을 선택하거나 "Ctrl +O" 또는 단추를 누르면 '파일 열기' 대화상자가 연다. → [파일형식을 Excel(*.xls)로 변환한다.] → 다음 화면이 나타난다([그림 10-19]).

| 그림 10-19 | 엑셀파일 열기

▸ 3단계: 파일형식을 Excel(*.xls)로 변환하면 다음과 같은 [Excel 데이터 소스 열기] 대화상자가 열린다. 엑셀파일의 첫 번째 행에 변수이름이 입력되어 있으므로 '데이터 첫 행에서 변수이름

읽어오기'가 체크되어 있는지를 확인한 후 [확인]단추를 누른다 ([그림 10-20]).

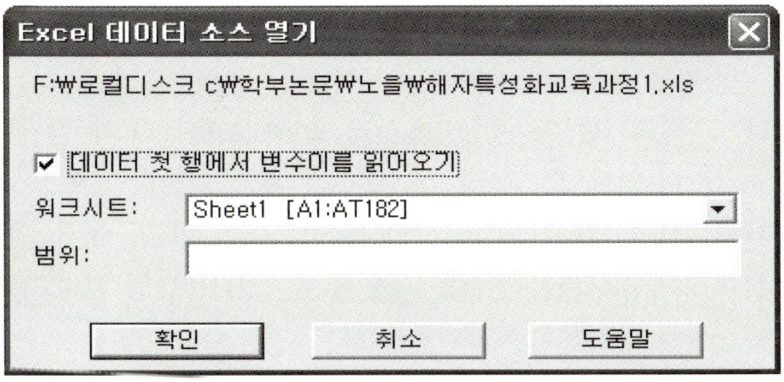

| 그림 10-20 | 엑셀 데이터 소스 열기

▶ 4단계: 엑셀파일의 내용이 SPSS의 데이터 나타난다([그림 10-21]).

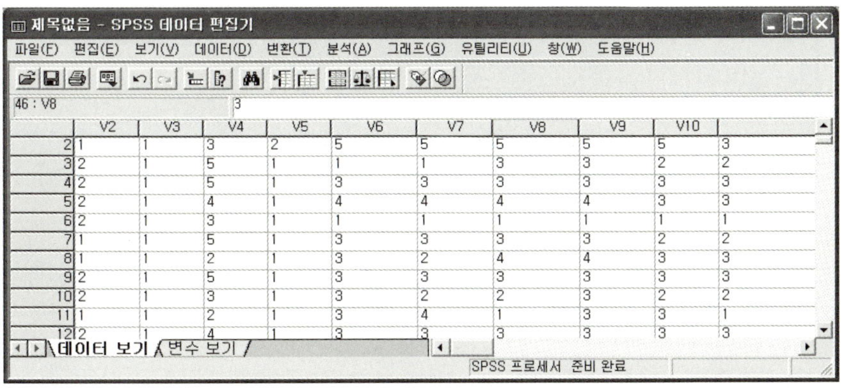

| 그림 10-21 | 엑셀파일로 불러온 화면

2) 변수 계산

변수 계산은 변수들의 숫자를 변환하여 새로운 변수값을 계산할 수 있다.

[SPSS 데이터 편집기 창의 메뉴에서 변환(T)] → [변수계산(C)]

→[대상함수 대화상자에 새로운 변수 이름 지정]→[숫자변수 설명 및 유형 입력]→[오른쪽에 있는 사칙연산, 함수 등을 이용하여 조건 지정]→[확인]을 클릭한다. (예) 자기효능감 요인이 자신감, 자기조절감, 과제난이도로 구성되어 있으면, 이 세 요인을 합하고자 할 때는 ①에 변수명을 쓰고, ③의 ▶에는 ①에 있는 변수명을 ▶를 이용하여 이동한다. 그리고 오른쪽 함수(F)창에서 합(SUM)을 하고자 할 때는 함수에 있는 SUM(숫자표현식, 숫자표현식…) ▲를 이용하여 이동시킨다.) 숫자표현식에는 산술 함수, 통계 함수, 분포 함수, 문자 함수 등 70가지 이상의 내장된 함수를 사용할 수 있다([그림 10-22]).

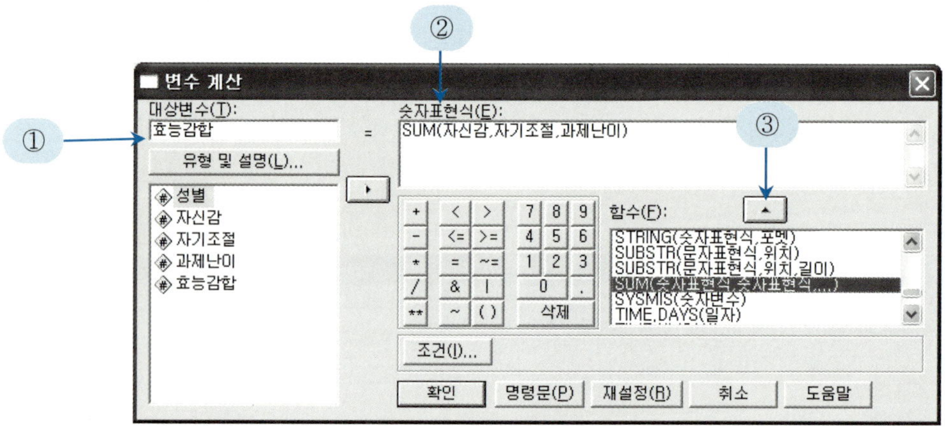

| 그림 10-22 | 변수 계산

3) 코딩 변경(Recode)

(1) 코딩을 변경하는 이유

코딩 변경은 연속변수를 질적변수로 변환시키거나 잘못된 변수값들을 바로 잡을 때 이용된다(예) 연령을 비율척도 30 등으로 입력하였을 때, 이를 1세부터 15세까지를 '1'이라는 질적변수로 변환할 때 사용한다.).

설문지 문항 중에서 부정적인 문항으로 진술한 경우, 이를 변경하고자 할 때 사용한다(예) 부정 문항이 '5'점이라고 표현할 때, '1'

로 변경하고자 할 때 사용된다.).

문항이 5점 평정척도인 경우에 ① 전혀 그렇지 않다, ② 그렇지 않다, ③ 보통이다, ④ 그렇다, ⑤ 매우 그렇다로 구성되어 있는 경우 ①과 ②를 합하여 ① 그렇다, ③을 ② 보통이다, ④와 ⑤를 합하여 ③ 그렇다로 수정하는 경우에 사용된다.

같은 변수로 하는 경우 [메뉴] → [변환(T)] → [코딩변경(R)] → [같은 변수]를 클릭하면 다음 [그림 10-23]과 같은 화면이 나타난다. 좌측에 있는 변수를 ▶클릭하면 숫자변수에 [만족1]이 이동한다. 그리고 '기존값 및 새로운 값'를 클릭하면 [그림 10-24]와 같은 화면이 나타난다. 기존값에 기존 숫자 '1'를 넣고 새로운 값에 바꿀 숫자 '5'를 넣으면 된다. 세속해서 같은 방식으로 추가를 클릭하고, 끝나면 계속을 클릭한다.

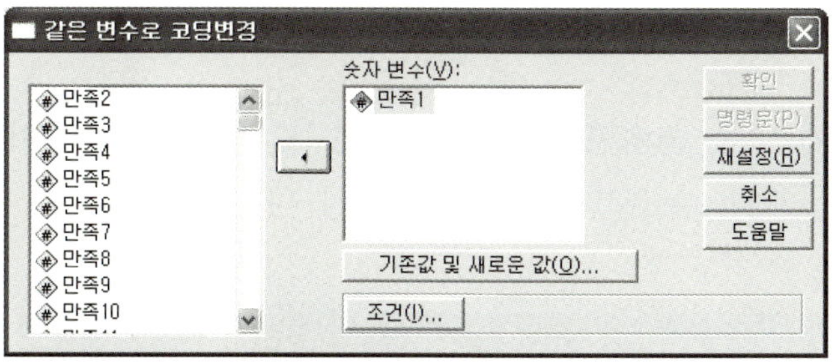

| 그림 10-23 | 같은 변수로 코딩변경

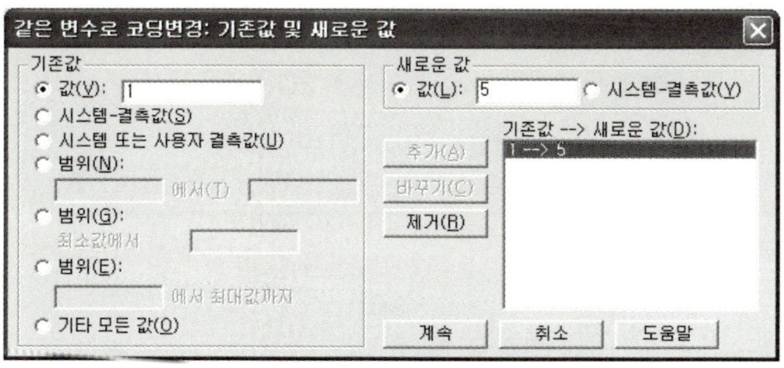

| 그림 10-24 | 같은 변수로 코딩변경: 기존값 및 새로운 값

(2) 새로운 변수로 하는 경우

▸ 1단계: [메뉴] → [변환(T)] → [코딩변경(R)] → [새로운 변수]를 클릭하면 다음 [그림 10-25]과 같은 화면이 나타난다. 좌측에 있는 변수를 ▶클릭하면 숫자변수에 [연령]을 이동하면 [연령 → ?]과 같이 나타난다.

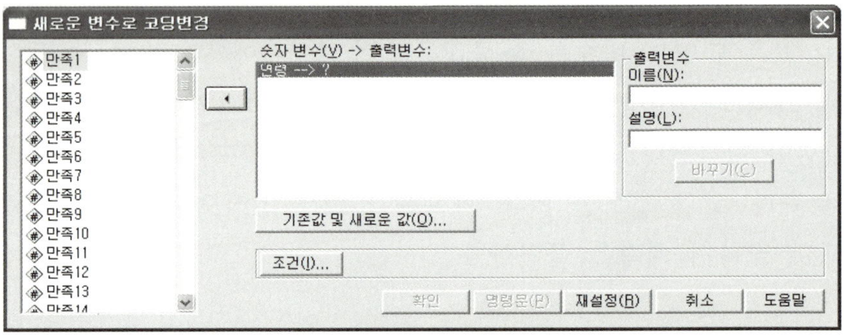

| 그림 10-25 | 새로운 변수로 코딩변경

▸ 2단계: 우측에 있는 출력변수의 이름 칸에 '만족합'을 쓰고 아래에 있는 [바꾸기(C)]을 누르면 [그림 10-26]이 나타난다.

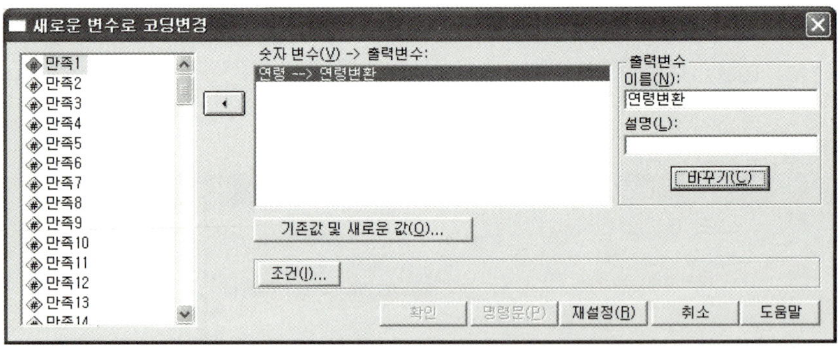

| 그림 10-26 | 새로운 변수로 코딩변경

▸ 3단계: 이름을 바꾸고 [기존값 및 새로운 값(O)...]을 누르면 [그림 10-27]이 나타난다. 연령으로 코딩이 된 경우에는 [범위]를 체크하고 '0'에서 '10'을 쓰고, '새로운 값'에 '1'이라고 쓰고, 추가를 누

르고, '11~20세'까지를 '2'로 쓰면서 계속하여 변경하면 된다.

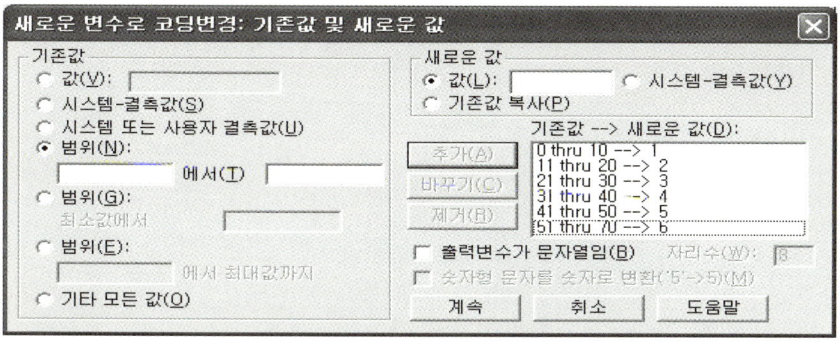

| 그림 10-27 | 새로운 변수로 코딩변경: 기존값 및 새로운 값

산술연산자(정충영·최이규, 1997)

기호	의미	예	수학적인 표현
+	덧셈	A + B	a + b
-	뺄셈	A − B	a − b
*	곱셈	A*B	a × b
/	나눗셈	A/B	a ÷ b
**	지수	A**B	ab
( )	연산순서		

관계연산자

기호	연산자	내용	수학적인 표현
<	LT	보다 작다(Less Than)	a < b
>	GT	보다 크다(Greater Than)	a > b
≦	LE	작거나 같다(Less than or Equal to)	X+6 ≦ 7.2
≧	GE	크거나 같다(Greater than Equal to)	X+6 ≧ 7.2
=	EQ	같다(Equal to)	y=100
≠	NE	같지 않다(Not Equal to)	SPSS ≠ 0

논리연산자

기호	의미	내용	우선순위
&(And)	또한	And(논리곱)	2
(Or)	또는	Inclusive(논리합)	3
~(Not)	아니면	Complement(부정)	1
Neqv	서로 다르면	Not Equivalence(배타적 논리합)	4

통계함수

함수	의미
SUM(n, n....)	( )의 수치 합. 예를 들면 SUM(var1, var2)은 var1 +var2 임
MEAN(n, n..)	( )안의 값들의 평균. MEAN(var1, var2, 5)는 (var1+var2+5)/3임
SD(n, n....)	( )안의 값들의 표준편차
VARIANCE(n, n..)	( )에 있는 값의 분산
CFVAR(n, n..)	( )에 있는 값의 공분산
MIN(value, value..	( )에 있는 최소값
MAX(value, value..	( )에 있는 최대값

▶ 4단계: 계속 을 누르면 다음 [그림 10-28]과 같이 변수가 생성된다.

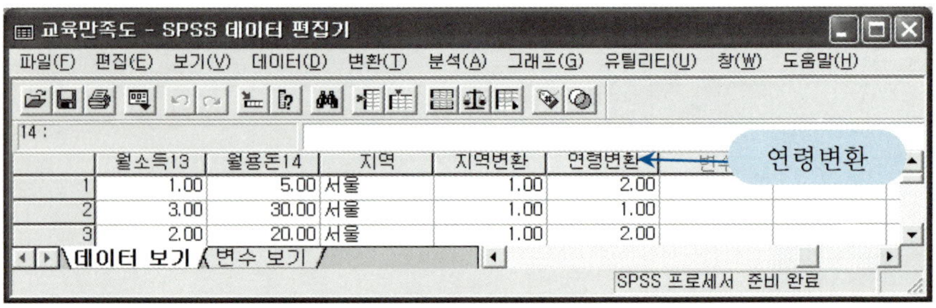

| 그림 10-28 | 새로운 변수로 코딩 변경된 화면

5. 통계분석 절차

양적 조사에 의해 수집된 자료를 SPSS 통계패키지를 이용하여 분석하기 위해서는 다음과 같은 절차에 의해 자료를 분석하는 것이 바람직하다.

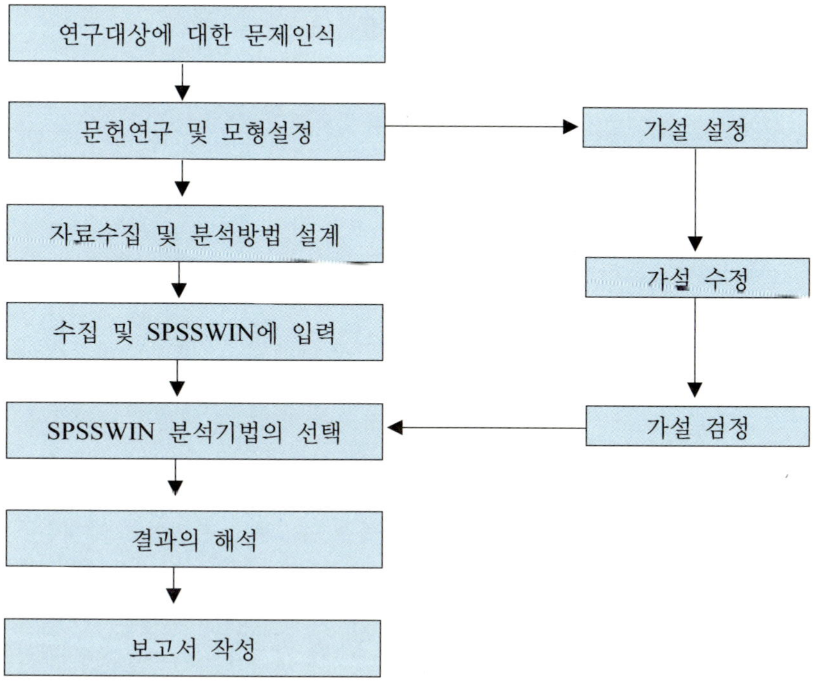

수집된 자료를 통계처리하기(분석검증방법) 위해서는 변수의 성질을 먼저 알고 통계처리 방법을 결정하는 것이 중요하다.

통계의 종류에는 기능에 따라 기술통계(descriptive statistics)와 추리통계(inferential statistics)가 있다(최성재, 2005).

첫째, 기술통계는 표본 또는 모집단에 관련된 수량적 자료들을 의미 있는 형태로 조직하여 제시하는 통계적 원칙과 절차를 말한다. 예를 들어, 빈도분포, 백분율, 표준편차, 평균, 상관관계 등이 있다.

둘째, 추리통계는 표본의 자료를 통하여 모집단의 특성 즉, 모수치(parameter)를 추정하거나 가설을 검증하는 데 사용되는 통계적 원칙과 절차를 말한다. 예를 들어, χ^2, t-검정, 변량분석(ANOVA) 등이 추리통계에 해당된다.

분석방법에 따른 구분과 목적은 다음 <표 10-1>과 같다.

표 10-1 분석방법에 따른 구분과 목적

분석방법	구 분	목 적
빈도분석	질적변수 (명명) 양적변수 (서열, 등간, 비율)	• 변수들의 분포의 특성 (변수들의 분포의 특성은 자료가 어느 곳에 몰려 있으며, 어느 정도 흩어져 있으며, 정규분포를 기준으로 어느 정도 뾰족한지의 정도를 나타냄) • 평균, 분산 같은 수치로 파악
교차분석	질적변수 (성별, 다중응답, 선택형 질문지등)	• 변수 사이의 상관관계를 파악 • 두 변수가 상호 독립적인지 아니면 관련성이 있는지를 분석하는 것이 카이자승 • 행에는 종속변수, 열에는 독립변수 • 람다(L) 독립변수를 통해 종속변수를 예측하는 정도로 1은 완전한 예측을 나타내고, O은 독립변수가 종속변수를 전혀 예측하지 못함
산포도 분석		• 관찰치들을 2차원 좌표평면에 나타낸 그림으로서 두 변수 사이의 대략적인 관계를 보여줌 • X측(절차의 신속성), Y측(직원의 친절성)
평균 비교(두 집단) – 일표본 t-검정	양적변수	• 단일표본에 대한 t-검정 • 유의확률(양쪽) = .052 > 0.05이므로 귀무가설 채택
평균 비교(두 집단) – 독립표본 t-검정	독립변수(질적) 종속변수(양적)	• 성별(독립변수)에 따른 회사이미지(종속변수)의 차이를 분석 • F값이 5.055, 유의확률이 0.033 < .05인 경우 두 모집단이 동일하다는 귀무가설(H_0)이 기각되어, 등분산이 가정되지 않은 하에서 t-검정 실시 • 만일 유의확률(P) > 0.05이면 등분산이 가정된 하에서 실시함.
평균 비교(두 집단) – 대응표본 t-검정	양적변수	• 광고효과를 통한 매출액 차이를 검정하거나 판매실험에 사용한 시약의 효과를 검사한다거나 다이어트 프로그램의 효과, 교육훈련의 효과를 조사하는 경우 즉, 전후관계 비교

분석방법	구 분	목 적
단일변량 분석 (ANOVA) =두집단 이상 =일원분산분석 (one-way ANOVA)	질적변수 (명명) 양적변수 (서열, 등간, 비율)	• 독립변수에 대한 효과 분석 • 독립변수(교육수준), 월급액(종속변수) • 최종학력에 따라 평균 제품 이미지에 차이가 있는지 여부에 대하여 관심을 가지고 있는지 알아본다.
이원변량 분산분석 =(two-way ANOVA)	독립변수 (성별, 교육수준, 질적변수) 종속변수 (양적변수)	• 독립변수(교육수준, 성별), 월급액(종속변수) • 2개 이상의 요인(독립변수)을 이용하여 집단별로 평균 차이를 분석한다. • 요인 혹은 독립변수 2개 이상 • 독립변수 간의 상호작용 여부를 알아내야 한다. • 이 상호작용을 고려하여 동시에 설명할 것인지 아니면 통제할 것인지 여부를 결정한다. • 모수요인(독립변수) • 공변량(독립변수) : 공변량의 분산분석의 효과를 확실히 하기 위한 양적인 독립변수
공변량분석 (ANCOVA: Covariance Analysis)		• 공변량분석은 질적인 독립변수와 양적인 독립변수를 동시에 분석하는 것으로 양적인 독립변수를 통제하고 질적인 독립변수와 종속변수와의 관계를 명확하게 규명하는 방법. 여기서 통제되는 양적인 독립변수를 공변량이라고 한다. • X측(절차의 신속성), Y측(직원의 친절성)
다변량 분산분석 (Mulitvariate Analysis of Variance: MANOVA)	독립변수 (명명척도) 종속변수가 2개 이상 (양적변수)	• 종속변수 사이에서 상관관계가 있는지 여부를 조사한다. 만일에 상관관계가 없다면 변수들을 개별적으로 ANOVA검정을 한다. 반대로 상관관계가 있으면 MANOVA를 준비 • 변수들의 기본 가정인 다변량 정규분포성과 등공분산성 등을 조사한다. • 모든 요인수준의 평균벡터들이 같은지 검정
상관분석	독립변수와 종속변수가 모두 연속변수 (Karl Pearson)	• 두 변수 사이의 관계가 어느 정도 밀접한가를 측정하는 분석기법 • 변수 사이의 관계를 규명하기 위해서는 먼저, 산포도를 그리고 공분산을 구한 다음, 상관계

분석방법	구 분	목 적
	spearman의 등위상관계수 (비연속변수)	수를 통해서 변수 사이의 관련 정도를 규명한다. • 1.0 - .07(-1.0 ~ -.07): 매우 강한 관련성 • .07 - .04(-.07 ~ -.04): 상당한 관련성 • .04 - .02(-.04 ~ -.02): 약간의 관련성 • .02 - .00(-.02 ~ -.02): 관련이 없음
회귀분석	독립변수 - 연속변수 종속변수 - 연속변수	• 단순회귀분석(simple regression analysis) - 독립변수와 종속변수의 수가 각각 하나씩 • 중다회귀분석(multiple regression analysis) - 종속변수가 하나, 독립변수가 여러개 • 1. 기술적인 목적(광고액과 매출액 사이의 관계를 기술) 2. 통제목적: 비용과 생산량 사이의 관계, 혹은 결근율과 생산량 사이의 관계를 조사하여 생산관리의 효율적인 통제에 회귀분석 이용 3. 예측의 목적을 갖는다. 향후의 광고예산이 알려진 경우 매출액을 추정하여 예측할 수 있다.
로지스틱 회귀분석	독립변수 (양적변수) 종속변수가 이변량(0, 1)을 가지는 비선형의 회귀분석 (즉, 종속변수가 질적변수)	• 회귀분석은 최소자승법을 통해 모형의 적합성을 판단하는 반면에, 로지스틱 회귀분석은 우도비 검정통계량을 통해 모형의 적합성을 검정한다. • 판별분석과 로지스틱 회구분석의 차이점 - 판별분석은 독립변수들이 정규분포를 하며 집단 간 분산-공분산이 동일하다고 가정하나 로지스틱 회구분석은 이러한 가정을 엄격하게 적용
신뢰성분석	연속변수	• 동일한 개념에 대해서 반복적으로 측정했을 때 나타나는 측정 값들의 분산, 신뢰성은 측정의 안정성, 일관성, 예측가능성, 정확성 등의 개념이 속한다. 크롬바하 알파를 통해 신뢰도 측정
요인분석	연속변수	• 여러 변수들 사이의 상관관계를 기초로하여 정보의 손실을 최소화하면서 변수의 개수 보다 적은 수의 요인으로 자료변동을 설명한다. 즉, 100개의 질문 문항을 10개 정도의 요인으로 요약할 수 있음. 1. 자료의 양을 줄여 정보를 요약하는 경우 2. 변수들 내에 존재하는 구조를 발견하려는 경우

분석방법	구 분	목 적
		3. 요인으로 묶여지지 않은 중요도가 낮은 변수를 제거하려는 경우 4. 동일한 개념을 측정하는 변수들이 동일한 요인으로 묶여지는지를 확인 5. 요인분석을 통해 얻어진 요인들을 회귀분석이나 판별분석에서 변수로 활용하려는 경우 6. 요인분석을 실시하는 경우 표본의 수는 적어도 변수 개수의 4~5배가 적당하다. 7. 등간척도나 비율척도로 측정된 것
판별분석	양적변수 판별 (0, 1)	• 기존의 자료를 이용하여 관찰개체들을 몇 개의 집단으로 분류하고자 하는 경우 • 등간척도나 비율척도에 의해서 이루어진 것 • 신용카드 사용자의 신용 불량 정도를 판별
군집분석		• 다양한 특성을 지닌 관찰대상을 유사성을 바탕으로 동질적인 집단으로 분류하는 방법

6. 통계처리

1) 빈도분석(frequency analysis)

빈도분석은 기술통계의 일종으로 고급통계 실시 전에 각 변인의 단순 응답 분포(%, 평균)를 살펴보는 것이다. 빈도분석을 하면 데이터의 전체적인 분포 양상, 각 범주에 속한 사례 수 등 많은 양의 정보를 간단히 정리하여 볼 수 있다. 첫째, 데이터의 입력과 오류 수정에 사용한다. 둘째, 척도의 종류에 관계없이 사용할 수 있는 방법이지만 질적 변수에 주로 사용한다.

(1) 원리

① 백분위수 값(frequency distribution table)

특정 점수의 백분율과 누적빈도 그리고 누적백분율을 나타내 주기 때문에 집단을 상하로 나눌 때 사용할 수 있다. 백분위 값의 하위메뉴에는 사분위수, 절단점 및 백분위수가 있지만 기본적인 빈도분석만 하여도 백분율과 누적백분율이 산출되기 때문에 선택하지 않아도 된다.

2 중심경향(central tendency)

측정된 데이터들이 어떻게 집중되어 있는가를 알아보는 것을 중심경향이라고 한다. 중심경향의 하위메뉴에는 평균, 중앙치, 최빈치, 합계가 있다. 일반적으로 평균을 선택한다.

① 최빈치(mode): 가장 도수가 많은 수의 값이다.

② 중앙치(median): 가장 작은 수부터 큰 수까지 크기에 따라 배열하였을 때 중앙에 위치하는 사례의 값이다.

3 분산도(dispersion)

측정된 데이터들이 흩어져 있는 정도이다. 산포도의 하위메뉴에는 표준편차, 분산, 범위, 최소값, 최대값, 평균의 표준오차가 있다. 일반적으로 표준편차를 선택한다.

① 범위(range): 데이터에서 가장 큰 수와 작은 수의 차이이다.

② 평균편차(mean deviation): 측정치와 산술평균과의 차이들의 평균이다.

③ 분산(variance)과 표준편차(standard deviation): 모집단의 분포가 평균으로부터 떨어져 있는 정도이다. 분산과 표준편차는 분포의 흩어진 정도를 가장 정확히 말해 준다.

4 분포

사례들이 일정한 범위에 흩어져 있는 정도이다. 분포를 나타내는 곡선이 좌우상하로 어느 정도 퍼져있는지를 알려준다.

5 그래프

그래프에는 막대 그래프(bar graph), 원 그래프(circle), 히스토그램(histogram) 등이 있다.

① 막대 그래프: 자료가 성별, 인종, 종교 등 질적 변수일 경우에 많이 사용한다. 둘 이상의 질적 변수를 같이 제시할 수 있다.

② 원 그래프: 자료가 성별, 인종, 종교 등 질적 변수일 경우에 많이 사용한다. 하나의 질적 변수만 도표로 나타낼 수 있다.

③ 히스토그램: 개인의 키, 몸무게와 같은 양적 변수이고 연수변수일 경우에 많이 사용한다.

(2) 빈도분석의 단계

① 1단계: [메뉴] → [분석] → [기술통계(E)] → [빈도분석(F)] 순으로 선택한다.

② [변수 입력] 대화상자에 분석할 변수들을 선택하여 이동한다. 사용자의 데이터 파일에 있는 수치 변수들이 왼쪽 상자에 나타난다. 아래의 여러 대화상자에 나타난 통계량, 도표, 형식 등을 선택한 후 [확인] 버튼을 누른다.

③ [통계량] 대화상자를 선택하여 연구자가 원하는 기능을 선택한 후, [계속] 버튼을 누른다.

④ [통계량] 대화상자를 선택하여 연구자가 원하는 기능을 선택한 후, [계속] 버튼을 누른다.

⑤ [형식] 대화상자를 선택하여 연구자가 원하는 기능을 선택한 후, [계속] 버튼을 누른다.

⑥ 결과가 출력된다. 성별에서는 남자 667(49.3%), 여자 686 (50.7%)으로, 각 사례가 빈도와 백분율로 나타난다.

⑦ 보고서 작성

<표 10-2>에서와 같이 성별에 따른 분석 결과는 여자 686명으로 전체 50.7%, 남자 667명으로 전체 49.3%의 순으로 나타났다.

표 10-2 빈도분석 보고서 작성

성 별	빈도수(N)	백분율(%)
남	667	49.3
여	686	50.7
전 체	1,356	100.0

2) 신뢰도 분석(reliability analysis)

(1) 목적

신뢰도는 질문지의 정확성, 정밀성, 의존가능성, 안정성, 일치성, 예측가능성 등을 나타낸다. 신뢰도 분석이란 측정하려는 것을 얼마나 안정적으로 일관성 있게 측정하느냐, 즉 검사도구가 얼마나 정확하게 오차없이 측정하느냐의 문제이다.

Cronbach's Alpha(α)은 일반적으로 사용하는 신뢰도 척도를 계산하고, 구성변수들의 추가적인 수에 의해 형성된 척도에 대한 신뢰도 통계량을 산출하여 준다. 신뢰도 분석은 요인분석을 한 후 유형화된 항목의 타당성을 제시할 때 사용한다.

(2) 원리

신뢰도(정충영, 1997)는 첫째, 측정도구에 의해 얻어진 데이터의 총분산(R_{tt})에 대한 참분산(V_{∞})의 비율이다.

$$R_{tt} = V_{\infty} / V_t \tag{10.1}$$

둘째, 신뢰성은 측정을 통하여 얻은 전체분산(V_t)에 대한 오차분산(V_e)의 비율을 1에서 뺀 것이다.

$$R_{tt} = 1 - V_e / V_t = (V_t - R_t) / V_t \tag{10.2}$$

R_{tt}: 총분산

R_t: 오차분산

V_∞: 참분산

신뢰도를 측정하는 방법은 첫째, 관측된 변수들 상호간의 공분산(covariance)이나 상관관계(correlation)에 근거하여 추정한다. 둘째, 동일한 테스트를 두 가지 형태로 하여 그 결과의 상관관계를 구하거나 아니면 동일한 테스트를 분할하여 그 두 부분 간의 상관관계를 살펴본다.

Cronbach's Alpha은 첫째, 한 테스트와 다른 테스트 간의 상관관계이다. 둘째, 표본에서 얻은 점수와 모집단의 점수 간의 제곱한 상관관계이다. 일반적으로 Cronbach's Alpha는 상관관계로 해석된다. 그 범위는 0에서 1까지의 값을 갖는다. 음(−)의 값을 갖는 알파는 양의 상관이 아니므로 신뢰성 모형을 위반한다고 볼 수 있다. 표준화된 알파값을 계산식은 (10.3)과 같다.

$$\alpha = kr/1 + (k-1)r \qquad (10.3)$$

k: 항목수

r: 항목수 대한 평균상관계수

(3) 신뢰도 통계분석

① [SPSS 10.0 프로그램 메뉴] → [분석] → [척도화분석] → [신뢰도 분석] 순으로 선택한다.

② [신뢰도] 대화상자가 나타난다. 오른쪽에 [문항]으로 나타난 대화상자에 통계처리할 변수를 이동시킨다([그림 10-29]).

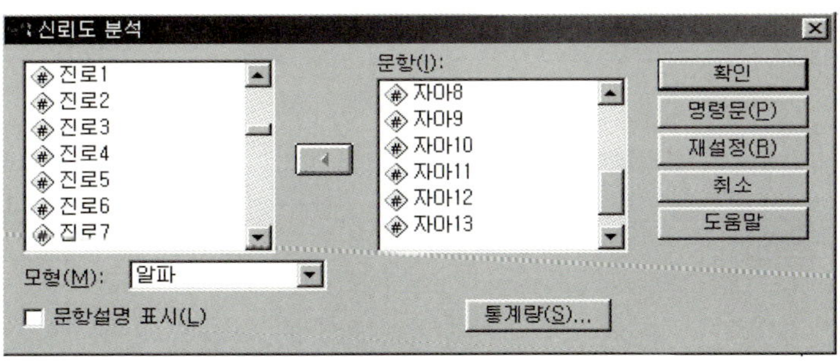

| 그림 10-29 | 신뢰도 분석에서 변수 이동

③ [신뢰도] 하위영역인 [통계량] 대화상자를 선택한다. 기술통계량, 요약값, 문항내 등을 선택한다([그림 10-30]). → 결과출력

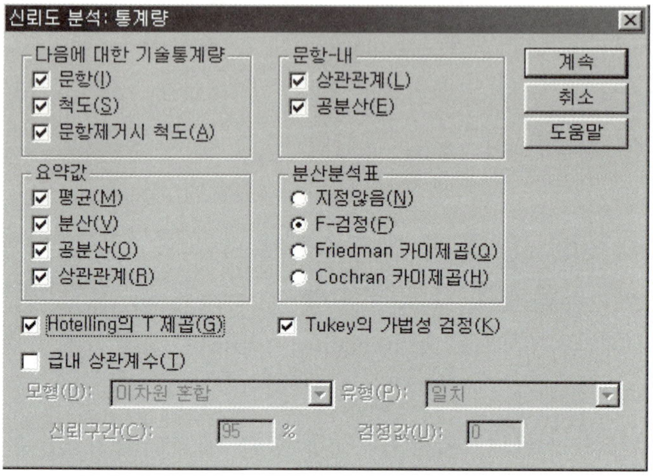

| 그림 10-30 | 신뢰도 분석 항목 선택

④ 분석 결과: Cronbach's Alpha 값은 .8854를 나타내고 있다.

```
Reliability Coefficients     5 items
Alpha =    .8854          Standardized item alpha =    .8849
```

⑤ 보고서 작성

신뢰도 분석 결과를 정리하면 <표 10-3>과 같다.

표 10-3 자아정체감 질문지 구성과 신뢰도계수

요 인	문항수	문항번호	신뢰도계수
자아정체성	6	8, 9, 10, 11, 12, 13	.88

3) 요인분석(factor analysis)

(1) 의미

요인분석이란 여러 개의 변인들이 어떻게 연결되어 있는가를 분

석하여 이들 변인 간의 공동요인(내재적 요인)을 이용하여 설명하는 다변량 분석기법이다(Hair, 1995). 이러한 요인분석법은 독립변인과 종속변인으로 구분하지 않고 변인 전체를 대상으로 어떤 변인들끼리 서로 같은 변인들끼리 서로 같은 분산의 구조를 가지고 있느냐를 살펴보아 이를 요인으로 분류하는 상호의존적 분석기법이다.

요인분석방법에는 크게 탐색적 요인분석(exploratory factor analysis)과 확인적 요인분석(confirmatory factor analysis)이 있다. 탐색적 요인분석은 이론상으로 체계화되거나 정립되지 않는 연구에서 연구의 방향을 파악하기 위한 탐색적인 목적을 가진 분석방법으로, 잠재요인에 대한 기존의 가설이나 이론이 없는 경우 자료의 배후에 어떠한 잠재요인이 적절한가를 찾기 위한 방법이다. 반면, 확인적 요인분석은 기존 연구의 이론이나 경험적인 연구결과로부터 분석대상이 되는 변수에 관한 사전 지식이나 이론적 결과를 가지고 있어 그 내용을 가설형식으로 모형화하기 위해 분석하는 방법이다(김계수, 2004).

(2) 목적

1 상호관련성 및 유형의 추출

요인분석을 통하여 질문지의 복잡한 선형관계를 몇 개의 유형으로 분류할 수 있다. 즉, 변인들의 관계를 밀접한 상관관계를 보이는 변인들끼리 묶어준다.

2 변인의 감축

변인의 수가 너무 많아서 변인 간의 상호관계를 분석하는 것이 불가능하거나 가능하다해도 해석상에 문제가 있을 때 요인분석을 이용하면 원래의 많은 변인 간의 관계 대신에 그보다 적은 몇 개의 요인으로 줄여준다.

3 변인 간의 구조파악

연구대상 영역의 근본적 구조를 알 수 있다.

4 분류와 기술

수집된 자료의 유형을 분류하거나 상호관련성있는 변인들끼리 유형별로 분류하여 이를 이해할 수 있도록 한다.

5 새로운 척도의 개발

표본이나 변인들의 척도를 만들 수 있다.

6 가설검정

어떤 변인들이 어떤 식으로 요인을 이룰 것이라는 것을 미리 가설로 설정한 뒤 실증적 자료를 사용하여 요인분석을 할 수 있다.

7 자료의 변환

자료를 변환시켜 다른 다변량기법의 적용을 좀더 용이하게 할 수 있다.

8 이론화

기존의 이론을 확인하기 위해 사용할 수 있으며, 또한 이제까지의 이론을 반박할 수 있는 실증적 연구이다.

(3) 요인분석의 단계

① [메뉴] → [분석] → [데이터 축소] → [요인분석] 순으로 선택한다.

② [요인분석] 대화상자가 나타난다. [변수 입력] 대화상자에 분석할 변인들을 선택하여 이동시킨다([그림 10-31]).

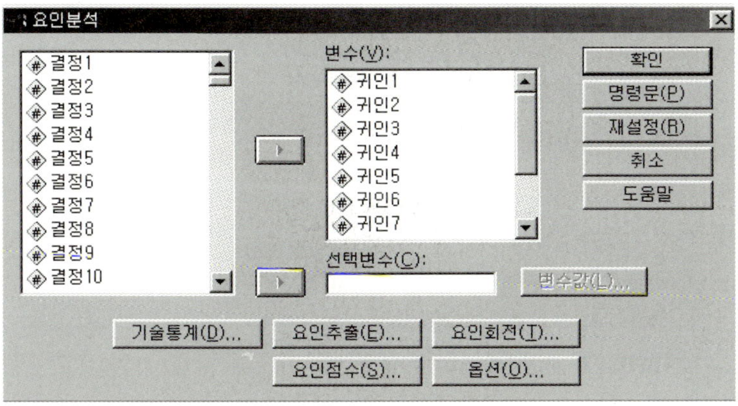

| 그림 10-31 | 요인분석 변수 선택

③ [요인분석] 하위영역인 [기술통계] 대화상자를 선택하여 연구자가 원하는 기능을 선택한다([그림 10-32]).

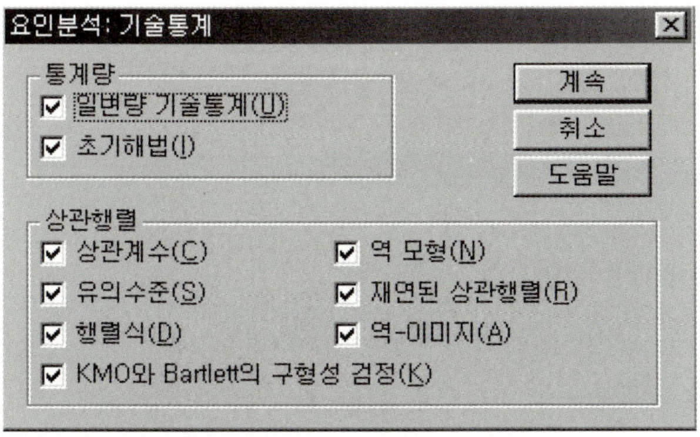

| 그림 10-32 | 요인분석 선택항목

④ [요인추출] 대화상자를 선택하여 [주성분 요인 추출법]을 선택한다([그림 10-33]). 주성분 분석(principal component analysis)은 해석하고자 하는 다차원의 데이터를 거기에 포함된 정보의 손실을 가능한 적게 해서 2 혹은 3차원의 데이터를 축약하는 방법이다. 주성분 분석을 활용하면 관측대상이 어떠한 위치에 있는지 계산하기도 가장 간편하고 시간도 가장 적게 소요된다.

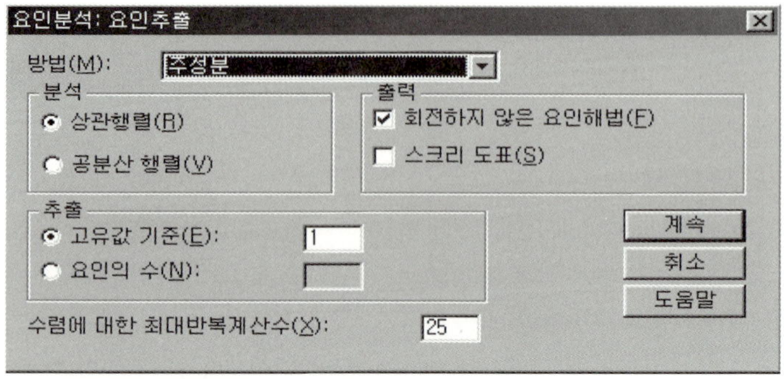

| 그림 10-33 | 요인분석 방법 선택

⑤ [요인회전] 대화상자를 선택하여 [베리멕스]에 v표 한다([그림 10-34]). 요인 수의 결정은 일반적으로 각 요인마다 적어도 세 개의 변수씩을 포함할 수 있도록 해야 한다(Guildford, 1956). 요인의 회전(최초요인을 추출하고 요인의 수를 결정하여 확정된 수 만큼의 요인을 추출한 다음 이를 보다 쉽게 해석하기 위하여 요인형태 행렬을 회전시킨다).

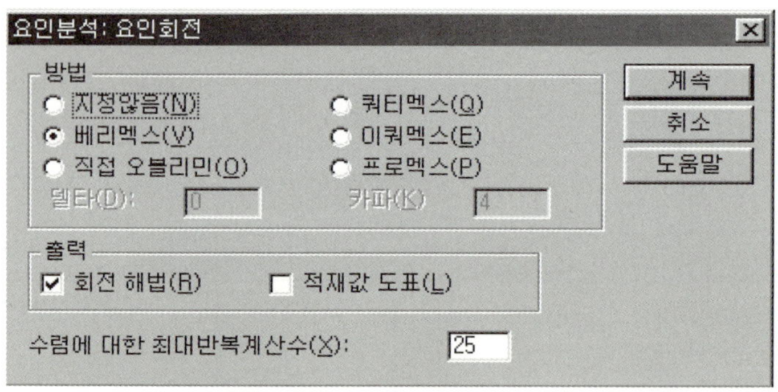

| 그림 10-34 | 요인분석 방법 선택 항목

※ 베리맥스 회전(Varimax rotation): 각각의 요인이 서로 독립성을 유지하도록 회전시키는 직각회전의 하나로, 요인행렬에서 각 열의 요인부하량을 제곱한 값의 분산을 최대화시켜 각 요인을 쉽게 설명하는 방법이기에 각 요인의 요인부하량이 1.0과 0.00의 양극에 가깝도록 만들어진다. 따라서 각 열마다 요인부하량이 높은 변수의 수를 최소화

시키는 효과가 있으므로 요인분석의 목적이 각 변수들의 분산의 구조를 이해하려는 목적보다는 각 요인들의 특성을 알고자 할 때나 그 목적이 단순구조를 만들고자 할 때 더욱 유용하게 사용될 수 있다.

⑥ [요인점수] 대화상자를 선택하여 [변수로 저장], [회귀분석]을 선택한다(그림 10-35).

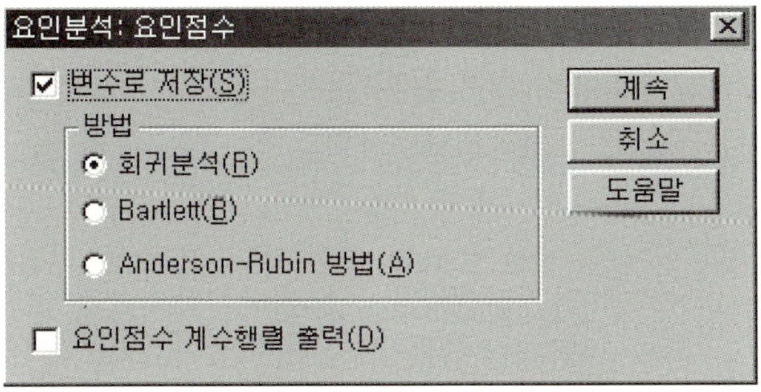

| 그림 10-35 | 요인분석: 요인점수 선택 항목

⑦ [옵션] 대화상자를 선택하여 (목록별 결측값 제외), (크기순 정렬)을 선택한다([그림 10-36]). → 결과 출력

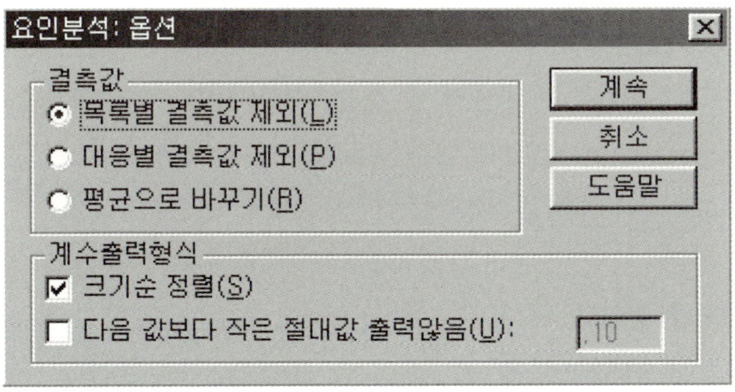

| 그림 10-36 | 요인분석 출력 방법 선택

⑧ 보고서 작성 예(문승태 · 김민배, 2007)

농업교사의 전문성 척도를 개발한 과정이다. 본 연구는 탐색적 요인분석과 확인적 요인분석에 의해서 나타난 결과이다.

▸ 1단계: 전문성과 관련된 선행연구를 검토한다. 농업교사의 전문성 요인의 중요도 인식 질문지를 작성하기 위해 기존의 선행연구결과들(나승일, 2006; 손승남, 2005; 안미화, 2005; 진수환 · 김민배 · 문승태, 2003)을 참고하여 150개의 문항을 작성하였다. 작성된 문항에 대해 전문가 5명의 내용분석을 통하여 총 95문항을 선별하고 3차에 걸친 설문조사로 53개의 문항을 최종적으로 추출하였다. 평가항목은 중요도에 대한 인식 정도(5점=매우 적당, 4점=비교적 적당, 3점=보통, 2점=비교적 부적당, 1점=매우 부적당)를 각각 5점 Likert식 척도로 응답하도록 하였다. 조사도구의 내용은 농업교사의 업무 및 실습포장관리, 사회정책적 요인 및 근무여건, 교직경력, 학생과의 관계 등을 설정하였다. 농업교사의 전문성 향상을 위한 교사로서의 자질과 높은 도덕성과 직무에 관한 사명감을 갖추었는지 여부, 교과지도에서 실기수업에 필요한 실습 재료준비와 실기수업 시 안전사항 교육과 학생의 수업에 대한 흥미 유발 매체 등의 활용여부, 교사의 능력을 개발할 수 있는 최신이론의 습득과 최신이론에 관한 계속적은 수집 · 분석활동에 관한 여부, 학생의 특성을 정확히 파악하고 거기에 맞춰 학생을 지도할 수 있는 생활지도 여부, 학급의 학생들에게 다양한 경험과 행동양식을 조장할 수 있는 토대와 함께 교직원의 관계에서도 원활한 인간관계와 신뢰를 쌓을 수 있는 노력 여부 등을 반영하였다.

▸ 2단계: 제시된 평가 항목들을 보다 타당한 요인으로 묶기 위하여 다양한 요인추출방법을 통하여 산출된 결과를 여러 차례 검토하였다. 요인분석의 적용 가능성을 판단하기 위하여 Bartlett의 단위행렬 검증과 KMO(Kaiser-Meyer-Olkin) 표본적합도 검증을 하였다. Bartlett의 단위행렬 검증은 요인분석이 이용될 변수들의 상관행렬이 단위행렬이 아님을 보이는 검증이다. 만일 모든 변수들의 관계가 단위행렬일 경우 각 변수들 간의 상호관계를 찾아내기 위한 요인분석은 할 필요가 없으므로 각 변수들 간의 상관행렬이 요인분석을 해 볼 만한 충분한 공통요인을 포함하고 있는지를 알아보기 위함이다. Bartlett의 단위행렬검증통계량이 8494.41($p < .001$)로서 단위행렬이 아니라는 충분한 증거를 보였다. 또한 KMO의 표본적합도 검증 결과는 .94로 나타나 요인분석이 충분히 적합함을 보였다(<표 10-4>).

표 10-4 농업교사의 전문성 요인에 대한 KMO와 Bartlett의 검정

표준형성 적절성의 Kaiser-Meyer-Olkin 측도		.94
Bartlett의 구형성 검정	근사 카이제곱	847.27
	자유도	15
	유의확률	.000

영역별 판정기준의 요인구조를 규명하기 위하여 주성분 분석을 실시하였다. 요인의 구조가 이론적 고찰 및 전문가가 판단한 평가 요소들에 가장 부합되는 것을 찾기 위하여 여러 요인분석 방법을 적용하였다. 본 연구에서는 요인들 간의 관계가 서로 독립적이라는 가정에서, 사각회전(Oblique rotation) 방식 중에서 베리멕스(Varimax) 방식으로 요인을 회진시켰다. 요인 수의 결정은 고유치를 기준으로 결정하는 방법과 총분산 중에서 요인이 설명해 주는 정도를 기준으로 결정하는 방법 중, 본 연구에서는 평가영역에 따라 1차적으로 스크리 도표(scree test)와 고유값(eigen value) 1.0을 기준으로 그 이상의 값을 갖는 요인만을 추출하였다. 요인부하량(factor loading)은 절대 값이 ±.5 이상인 것을 기준으로 변인을 선택하였다.

농업교사의 전문성 요인에 대한 요인분석 결과, 제 1요인에는 A1, A2, A3, A4, A5, A7, A8, A9, A10, A11, A12, A13번이 적재되었고, 제 2요인은 B1, B2, B3, B4, B5, B6, B7, B8, B9, B10, B11, B12, B13, B14, B15, B16, B17, B18번이 적재되었으며, 제 3요인은 C1, C2, C3, C4, C5, C6, C7번이 적재되었고, 제 4요인은 D1, D2, D3, D4, D5번이 적재되었으며, 제 5요인은 E1, E2, E3, E4, E5, E6, E7, E8, E9, E10번이 적재되었다. '요인 1'은 이러한 관련성을 대표할 수 있는 '자질 및 태도'로 명명하였으며, 설명변량은 14.68%로 나타났다. '요인 2'는 '교과지도'로 명명하였으며, 설명변량은 15.15%로 나타났고, '요인 3'은 '자기개발 노력'으로 명명하였으며, 설명변량은 10.60%, '요인 4'는 '생활지도'로 명명하였고, 설명변량은 7.73%로 나타났으며, '요인 5'는 '학급경영'으로 명명하였고, 설명변량은 12.31%로 나타났다. 이들 전체설면 변량은 60.50%의 설명변량을 나타내어 높은 설명력을 가지고 있었다. 이들 요인분석 결과

의 요인행렬표는 <표 10-5>와 같다.

표 10-5 농업교사의 전문성 요인에 대한 요인행렬표

문항 \ 요인		요인 1	요인 2	요인 3	요인 4	요인 5	h^2	부하량
자질 및 태도	A1	**.67**	.07	.36	.07	.16	.75	.61
	A2	**.74**	.16	.25	.06	.09	.65	.65
	A3	**.73**	.17	.19	.02	.06	.60	.60
	A4	**.67**	.16	.18	.06	.26	.58	.58
	A5	**.67**	.06	.05	.37	.23	.64	.60
	A6	**.66**	.16	.03	.21	.32	.58	.63
	A7	**.72**	.31	.07	.22	.29	.82	.68
	A8	**.69**	.17	.09	.22	.29	.65	.65
	A9	**.66**	.34	.02	.12	.32	.67	.68
	A10	**.60**	.37	.02	.10	.19	.54	.56
	A11	**.68**	.29	.07	.23	.17	.64	.63
	A12	**.55**	.13	.23	.43	.07	.56	.57
	A13	**.62**	.21	.22	.30	.09	.66	.58
교과 지도	B1	.09	**.65**	.39	.34	.13	.32	.56
	B2	.19	**.61**	.09	.20	.30	.55	.57
	B3	.11	**.56**	.37	.26	.32	.56	.57
	B4	.17	**.51**	.40	.06	.20	.49	.57
	B5	.18	**.55**	.42	.06	.01	.52	.50
	B6	.29	**.61**	.26	.23	.08	.66	.53
	B7	.23	**.65**	.22	.10	.11	.55	.56
	B8	.14	**.61**	.21	.23	.30	.49	.59
	B9	.30	**.48**	.20	.37	.13	.52	.55
	B10	.31	**.45**	.20	.33	.29	.66	.64
	B11	.32	**.46**	.23	.38	.34	.55	.50
	B12	.25	**.56**	.23	.18	.34	.57	.50
	B13	.30	**.60**	.15	.20	.34	.51	.63
	B14	.26	**.53**	.15	.20	.34	.53	.52
	B15	.19	**.67**	.08	.20	.30	.62	.67
	B16	.30	**.53**	.03	.15	.34	.51	.55
	B17	.16	**.67**	.21	.04	.37	.66	.56
	B18	.24	**.60**	.25	.12	.20	.53	.55
자기 개발 노력	C1	.15	.23	**.58**	.05	.37	.55	.56
	C2	.09	.34	**.53**	.25	.24	.52	.54
	C3	.21	.24	**.55**	.26	.30	.56	.57
	C4	.10	.17	**.69**	.12	.16	.56	.56

문항 \ 요인		요인 1	요인 2	요인 3	요인 4	요인 5	h^2	부하량
	C5	.12	.28	**.70**	.20	.27	.70	.71
	C6	.13	.26	**.74**	.22	.14	.70	.71
	C7	.19	.21	**.74**	.19	.24	.72	.71
생활지도	D1	.13	.25	.29	**.60**	.30	.61	.62
	D2	.10	.32	.16	**.59**	.37	.62	.63
	D3	.20	.20	.19	**.63**	.33	.62	.63
	D4	.11	.36	.42	**.56**	.19	.67	.68
	D5	.17	.16	.18	**.61**	.19	.50	.50
학급경영	E1	.12	.31	.35	.25	**.53**	.58	.59
	E2	.17	.25	.12	.35	**.59**	.58	.59
	E3	.24	.30	.22	.22	**.54**	.54	.54
	E4	.30	.28	.27	.10	**.62**	.64	.63
	E5	.26	.22	.26	.14	**.71**	.71	.61
	E6	.24	.14	.27	.11	**.71**	.67	.68
	E7	.23	.25	.13	.20	**.70**	.66	.67
	E8	.26	.35	.21	.15	**.64**	.67	.67
	E9	.28	.21	.21	.24	**.56**	.54	.55
	E10	.31	.24	.30	.26	**.55**	.61	.63
고 유 치		7.78	8.03	5.62	4.01	6.52		
설명변량(%)		14.68	15.15	10.60	7.73	12.31		
누적변량(%)		14.68	29.83	40.43	48.16	60.47		
요인추출방법: 주성분 분석 회전 방법: Kaiser 정규화가 있는 베리멕스								
9반복계산에서 요인회전이 수렴								

농업교사의 전문성 요인의 타당화 과정에서 탐색적 요인분석 결과로 얻은 모형이 표본에 종속된 모형인지 아니면 다른 표본에도 일반화될 수 있는 모형인지 검증하기 위해 교차타당화를 실시하였다. 분석방법은 AMOS(Analysis of Moment Structure)가 제공하는 교차타당화를 위한 확인적 요인분석을 사용하였다. 이 분석은 탐색적 요인분석의 결과 얻은 모형을 다른 표본에 그대로 적용하였을 때 이 모형이 얼마나 잘 적합 되는가에 대한 전반적인 부합지수와 세부적 부합지수를 제시해 주며, 여러 부합지수들은 이 모형이 일반화될 수 있는가에 대한 지표가 된다.

53개의 측정변수가 5개의 잠재변수를 잘 나타내는지를 알기 위해 각 측정변수를 해당되는 요인(잠재변수)에만 부합되도록 하였으며, 잔차들 간에는 모두 상관이 없고 5개의 요인들 간에는 상관이 존재하는 모델을 설정하여 분석하였다. 계산방법은 최대우도법(maximum likelihood estimate)을 이용하였다.

농업교사의 전문성에 대한 5개 요인구조 모형을 검증하는데 지표가 되는 전반적인 적합지수들은 <표 10-6>과 같이 x^2의 값이 57.89로 통계치가 크다고 볼 수 있다. 그러나 기초적합치(GFI)가 .96 이상이고 원소간 평균차이(RMR)가 .05 이하로 증분적합지수나 조정된 적합지수가 수용 가능할만하다고 판단되었다(김계수, 2004).

표 10-6 농업교사의 전문성 요인을 위한 검증 모형에 대한 적합도 지수

검증모형	x^2	DF	CMIN/DF	P	RMR	RMSEA	GFI	AGFI	TLI
전문성 요인	57.89	6	9.64	.000	.048	.051	.969	.901	.901

농업교사의 전문성 향상 영역이 5요인 모형으로 확인된 경로도형으로서 각 측정변수에 대한 표준화된 요인부하량을 제시한 것은 다음 [그림 10-37]과 같다. 농업교사의 전문성 향상의 대한 자질 및 태도, 교과지도, 자기 개발 노력, 생활지도, 학급경영 영역의 평가척도는 표준화된 요인부하량이 유의미하게 높은 값을 보였다.

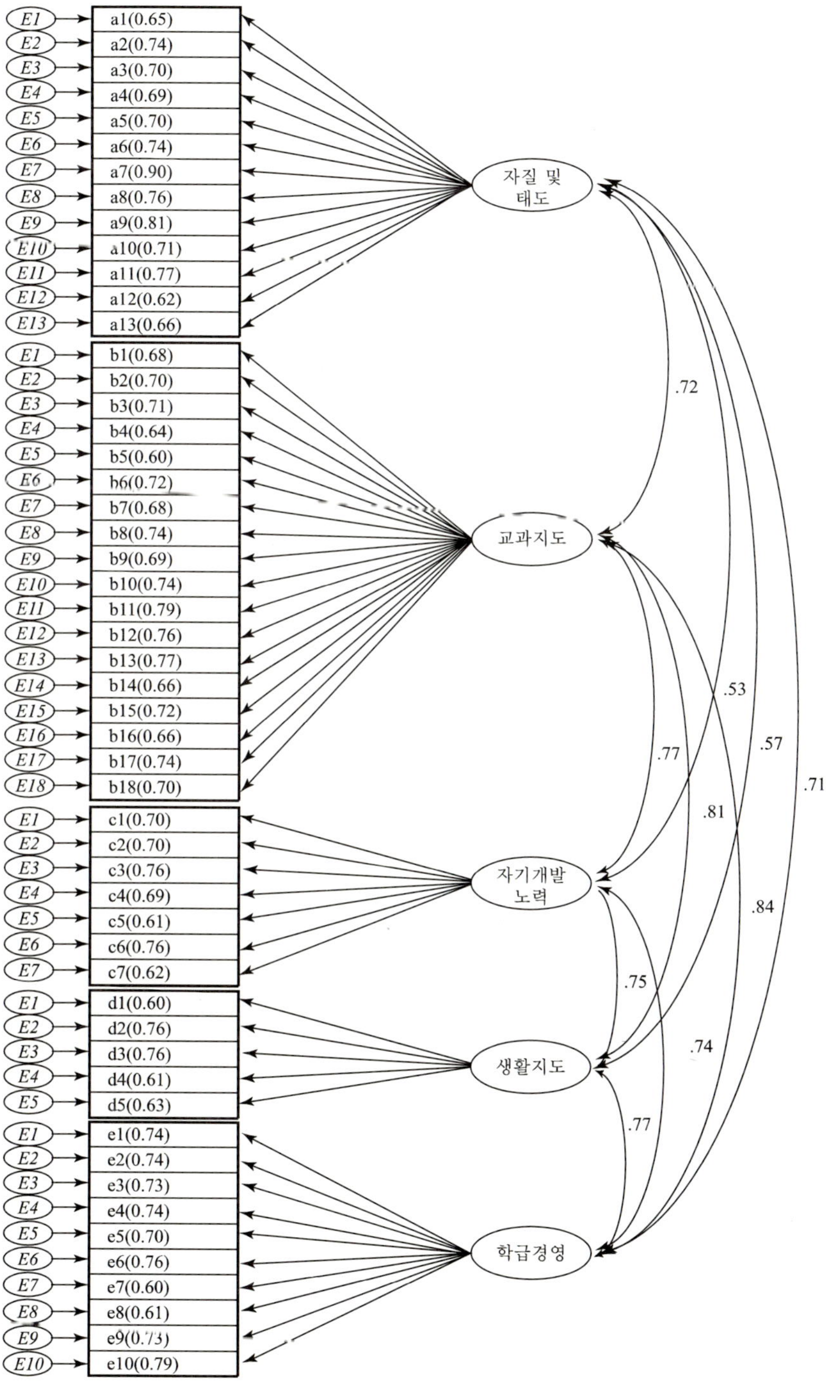

| 그림 10-37 | 농업교사의 전문성 요인의 확인적 경로도형 결과

4) 독립표본 *t*–검정(*t*–test)

(1) 목적 및 원리

독립된 두 집단 간의 평균 차이를 분석하는 방법이며, 세 집단 이상일 때는 사용 불가능하다. 예시된 표처럼 남녀 집단 간에 차이가 있는가를 검증하는 방법이 *t*-검증이다. *t*-검증을 통해서 남녀 간에는 어느 정도 차를 나타내고 있는가의 정도를 나타내는 값이 *t*값인데 이 *t*값이 차이가 있는가 없는가를 결정할 수 있도록 하는 것이 *P*(유의수준)이다. 유의수준이 $p<.05$보다 큰 경우 두 평균의 차는 우연에 의해 발생할 수 있는 것이므로 영가설을 수용하게 되고, $p<.05$인 경우에는 영가설이 참일 때 이를 기각할 확률이 5% 이하로 낮아 영가설을 기각하고 두 집단의 평균 차이가 유의미한 것이라고 말할 수 있다.

t-검증은 모집단의 분산이나 표준편차를 가지고 모집단의 평균 간 차이가 있는지를 검증하는 방법이다. 두 표본의 분산과 두 표본을 합한 전체 집단의 분산을 이용하여 평균의 차이가 어느 정도 유의한가를 검증한다(황해익, 2003).

$$t=\frac{\text{집단 1의 평균}-\text{집단 2의 평균}}{\text{두 집단 간 평균의 차의 표준오차}}$$

t-검정은 모집단의 독립여부에 따라 "독립표본 *t*-검정과 대응표본 *t*-검정"으로 나눌 수 있다.

(2) 독립표본 *t*-검정 통계 분석

▸ 1단계: [메뉴] → [분석] → [평균비교] → [독립표본(T)] 순으로 선택한다. [그림 10-38]과 같은 대화상자가 열리면 왼쪽에는 검정변수 목록이 나타난다. ①에는 종속변수(추리능력), ②에는 독립변수를 넣어본다.

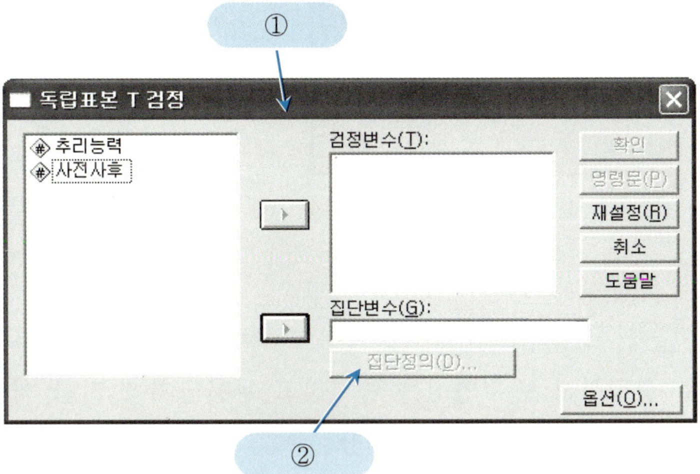

| 그림 10-38 | 독립변수 *t*-검정 변수선택

▸ 2단계: 검정변수에 종속변수를 넣고, 집단변수에 독립변수를 넣으면 [그림 10-39]과 같은 화면이 나타난다. [집단정의(D)...]을 누르면 [그림 10-40]과 같이 나타난다. 지정 값에서 '집단 1'에 '1'을 넣고, '집단 2'에 '2'를 넣는다(코딩 시에 사전을 '0'으로 사후를 '1'로 하였을 때는 '집단 1'에 '0'을 넣고, '집단 2'에 '1'을 넣으면 된다.

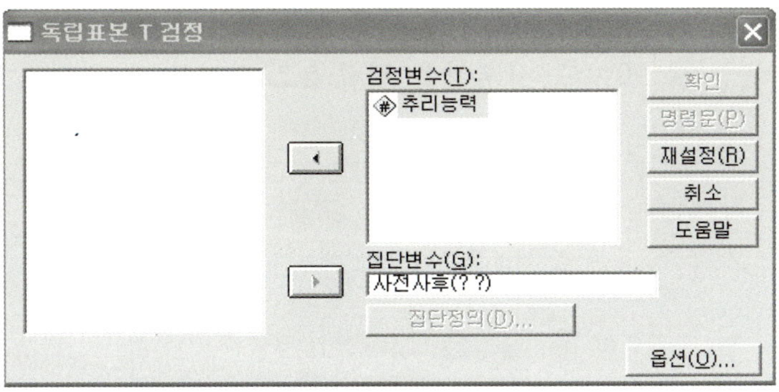

| 그림 10-39 | 독립표본 *t*-검정 변수 선택 항목

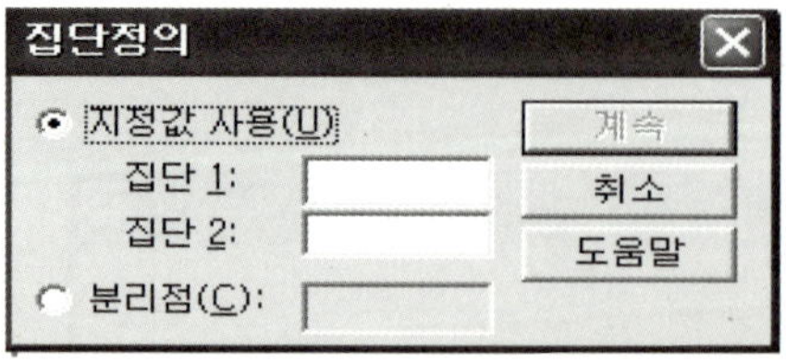

| 그림 10-40 | 독립표본 t-검정 집단변수 선택(코딩시 남자 '1', 여자 '2'이면 '집단 1'에 '1'을, '집단 2'에 '2'를 넣는다)

▶ 3단계: 옵션(O)... 을 선택하고 확인을 누른다. 신뢰수준을 95%로 설정하고 변수명칭을 출력하고 무응답치를 지닌 사례는 제외하도록 선택한다([그림 10-41]).

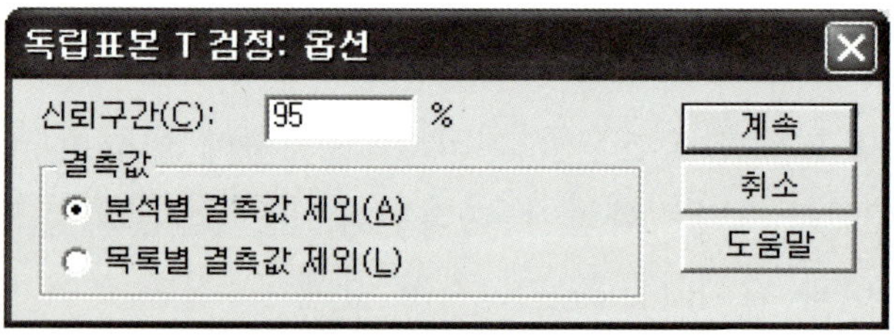

| 그림 10-41 | 독립표본 t-검정 신뢰구간 선택(연구자에 의해 신뢰구간을 달리 할 수 있다)

▶ 4단계: 3단계를 거치고 나면 다음과 같이 t-검정 집단 통계량표가 나타난다. 사전검사에서 22명, 사후검사에서 22명이다. 사전검사 평균은 .90이고 사후검사 평균 2.22점이다.

사전사후		N	평균	표준편차	평균의 표준오차
추리능력	사전	22	.9091	.68376	.14578
	사후	22	2.2273	.75162	.16025

t-검증 결과표에서는 Levene의 등분산 검정을 먼저 살펴본다. 변량의 동일성을 검증하는 것으로 사전집단과 사후집단과의 동일성

을 검증하는 것이다. 유의확률이 $p > .290$이므로 두 집단이 동일하다는 것을 뜻하며, 따라서 등분산이 가정된 것이다. 이런 경우에는 '등분산이 가정됨'을 읽으면 된다. 만약 Levene의 등분산검증에서의 유의확률이 .05보다 작으면 두 집단의 분산이 동일하다는 영가설을 수용할 수 없게 된다. 만약 $p < .05$보다 적으면 등분산이 가정된 것이 아니다. 이런 경우에는 '등분산이 가정되지 않음'을 선택하면 된다. 그리고 평균의 동일성에 대한 t-검정에서 't'값을 보고 '유의 확률' $p < .05$수준보다 적으면 두 집단 간에는 <표 10-7>과 같이 평균의 차이가 있다고 볼 수 있다.

표 10-7 Levene의 등분산 검정 판정표

		Levene의 등분산 검정		평균의 동일성에 대한 t-검정						
		F	유의확률	t	자유도	유의확률(양쪽)	평균차	차이의 표준오차	차이의 95% 신뢰구간 하한	차이의 95% 신뢰구간 상한
추리능력	등분산이 가정됨	1.149	.290	-6.085	42	.000	-1.31818	.21663	-1.75537	-.88100
	등분산이 가정되지 않음			-6.085	41.629	.000	-1.31818	.21663	-1.75548	-.88088

▸ 5단계: 보고서 작성

사전사후에 따른 추리능력은 <표 10-8>과 같다. 사전점수는 .90이고, 사후점수는 2.23로 사후과 사전보다 더 높게 나타났다. 이러한 차이가 통계적으로 의미가 있는지를 알아보기 위하여 t-검정을 실시하였는데, 분석결과 t-검정이 -6.08($p < .001$)로 통계적으로 유의한 차이가 있었다. 이는 ○○○프로그램은 학생들의 추리능력을 향상시킴을 알 수 있었다고 판별할 수 있다.

표 10-8 사전사후에 따른 추리능력

변 인	전후	빈도	t-검정 결과			
			평균	표준편차	t 값	유의수준
추리 능력	사전	22	.90	.68	-6.08***	.000
	사후	22	2.23	.75		

***$p < .001$

5) 대응표본 t-검정(t-test)

(1) 목적 및 원리

두 표본의 평균을 비교하는 경우에 한 표본의 선정이나 관찰이 다른 표본사례의 선정이나 관찰과 관계가 있는 경우를 종속 집단 간 종속변수에 차이가 있는지를 알아보고자 할 때 사용할 수 있다(최성재, 2005).

첫째, 한 집단을 반복 측정하는 경우의 2 표본: 전검사와 후검사를 시행하여 전후 검사의 차이를 비교하는 경우

둘째, 배합(matching)에 의해서 선정된 2 표본: 몇 가지 주요 변수에서 같은 사람들의 쌍을 선정하여 이들을 두 집단에 배치하는 경우

셋째, 상관된 조합에 의하여 선정된 2 표본: 예를 들어, 부부나 형제를 한 쌍으로 선정하여 각각을 두 집단에 배치하는 경우

그리고 대응표본 t-검정은 일반적으로 두 표본의 평균차 문제에서는 두 표본이 독립적이어야 한다.

(2) 대응표본 t-검정 통계 분석

▶ 1단계: 대응표본 t-검정 통계는 [메뉴] → [분석] → [평균비교] → [대응표본 t-검정(P)] 순으로 선택한다. [그림 10-42]와 같은 대화상자가 열리면 왼쪽에 있는 변수를 오른쪽에 있는 대응 변수(V)로 옮긴다.

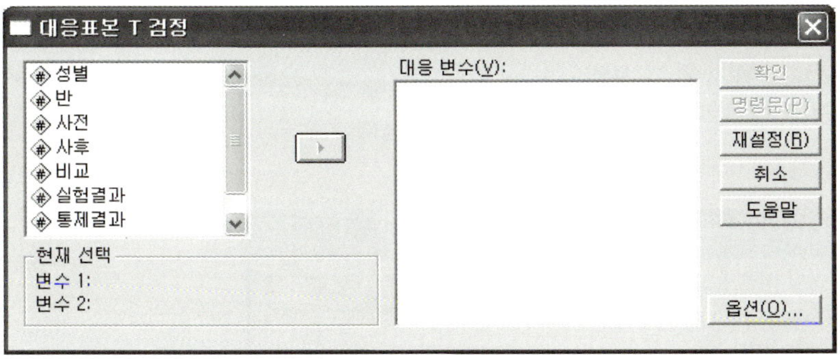

| 그림 10-42 | 대응표본 *t*-검정 초기화면

▸ 2단계: 왼쪽에 있는 '사전'과 '사후'에 마우스를 두고 클릭하면 [그림 10-43]과 같은 화면이 나타난다. 사전/사후 변수 선택하고 ▶를 누르면 [그림 10-44]와 같이 나타난다.

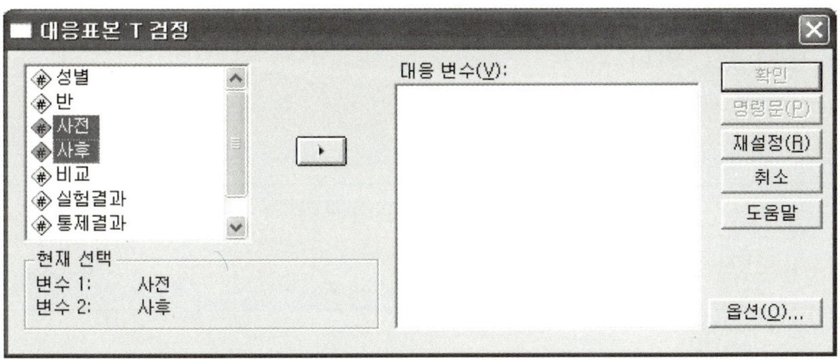

| 그림 10-43 | 대응표본 *t*-검정 초기 선택 화면

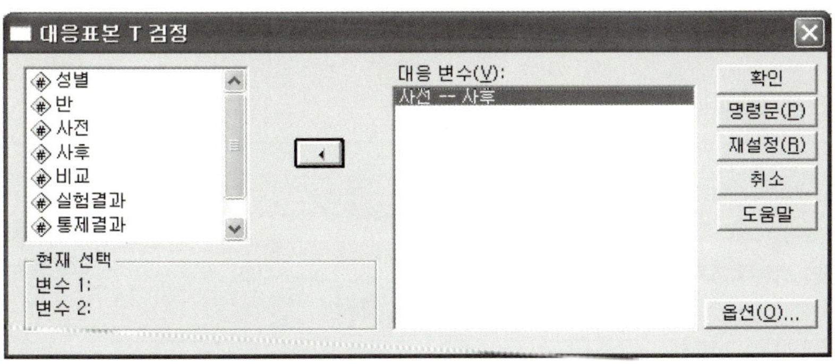

| 그림 10-44 | 대응표본 *t*-검정 선택 변수이동 화면

▸ 3단계: [그림 10-44]에서 옵션(O)... 을 누르면 [그림 10-45]이 나타난다. 여기에서 95%의 신뢰구간이 기본으로 설정되었다. 연구자가 임의로 신뢰수준을 입력할 수 있다.

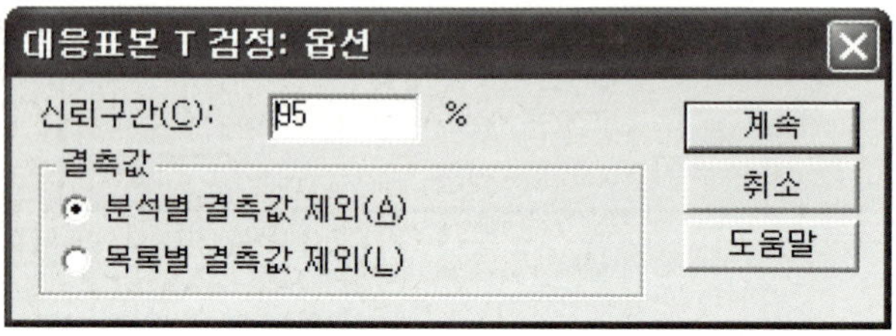

| 그림 10-45 | 대응표본 t-검정: 옵션

▸ 4단계: 옵션을 누르면 다음과 같은 결과가 나타난다. 이 결과를 보면 두 대응표본의 상관계수는 .769로 매우 강한 상관을 보이고 사전과 사후의 평균의 차이는 8.16이며, 표준편차는 8.16이고, 표준오차는 1.23이다.

<대응표본 통계량>

		평균	N	표준편차	평균의 표준오차
대응 1	사전	52.7083	48	12.12341	1.74986
	사후	60.8750	48	12.88843	1.86029

<대응표본 통계량>

		N	상관계수	유의확률
대응 1	사전 & 사후	48	.769	.000

<대응표본 통계량>

		대응차					t	자유도	유의확률(양쪽)
		평균	표준편차	평균의 표준오차	차이의 95% 신뢰구간 하한	차이의 95% 신뢰구간 상한			
대응 1	사전 - 사후	8.16667	8.52364	1.23028	-10.64167	-5.69166	-6.638	47	.000

▸ 5단계: 보고서 작성

보고서에 대응표본 t-검정을 할 때는 각 집단별 사례수, 평균 및 표준편차, 그리고 t 값을 기록하며 다음 <표 10-9>와 같다. 중학생의 문제해결능력 사전점수($M = 52.70$), 사후점수($M = 60.87$)로 사후가 사전보다 높았다. 이러한 차이는 $t = -6.63(p < .001)$로 통계적으로 유의미한 차이가 있었다. 따라서 중학생의 IT활용을 통한 교수・학습방법은 전통적 교수・학습방법에 비해 문제해결능력을 향상시키고 있음을 알 수 있었다.

표 10-9 사전사후에 따른 추리능력

변수값	평균	표준편차	t 값	유의수준
사전	52.70	12.13	-6.63***	.000
사후	60.87	12.88		

*** $p < .001$

6) F검정(ANOVA: Analysis of Variance)

(1) 목적 및 원리

주로 세 집단 이상의 집단 평균값의 차이를 검정하고자 하는 분석방법으로, 독립변인(비연속변인, 집단변인)에 따라서 종속변인(연속변인)이 어느 정도 차를 나타내고 있는가를 검정하기 위한 방법으로 사용되는 검정을 말한다. 이 때 집단 간의 차이가 있음을 검정하기 위하여 집단 간 평균분산을 집단 내 평균분산으로 나눈 값을 F값이라고 하며, 이 F값이 의미가 있는가는 F분포의 자유도에 따라 유의수준을 검증하게 된다. 또한, 일원분산분석에서 만약 영가설이 기각되었다면 모집단 평균이 어떤 집단에서 차이가 나타나는지를 찾아내는 통계적 방법을 사후비교분석(post-hoc comparison analysis)이라고 한다. 사후비교분석을 실시하는 방법으로는 쉐페(Scheffé), 던컨(Duncan), 튜키(Tukey)방법 등이 있다. 사후검증에서는 이 세 방법 중 어떤 방법을 사용해도 큰 차이는 없으나, Scheffé 검증은 변량분석을 한 후에 모든 평균들을 비교하는 데 사용되는 일반적인 방법이 된다. 나아가 모든 대응비교에만 관심이 있는 경우에는 튜키(Tukey) 방법을 많이 사용한다.

(2) *F*검정 통계 분석

① [메뉴] → [분석] → [평균비교] → [일원배치 분산분석(O)] 순으로 선택한다.

② [일원배치 분산분석] 대화상자가 열리면, 왼쪽에는 [종속변수]와 [요인] 목록이 나타난다([그림 10-46]).

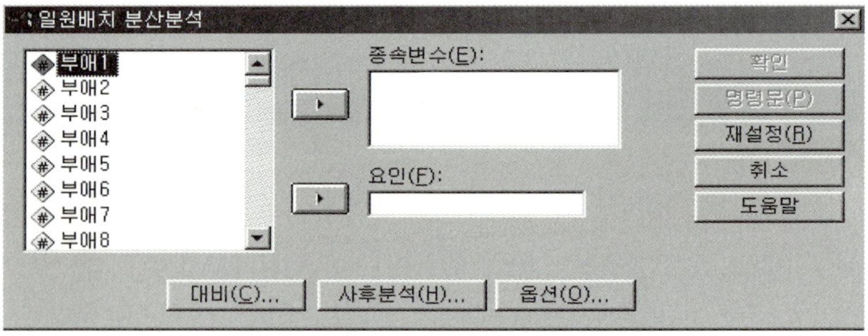

| 그림 10-46 | 일원변량분산 분석 초기화면

③ [종속변수]에는 '진로결정 수준', [요인]에는 '계열' 독립변수를 이동시킨다([그림 10-47]).

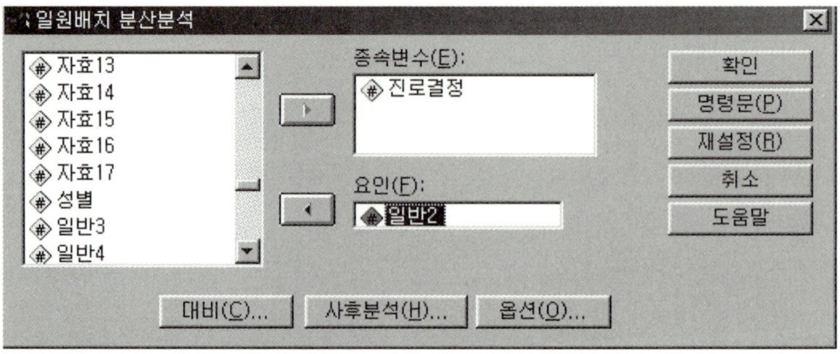

| 그림 10-47 | 일원변량분산 분석 변수선택

④ [일원배치 분산분석: 대비] 대화상자에서 (다항식)에 ∨표, (차수)에 1차를 선택한다([그림 10-48]).

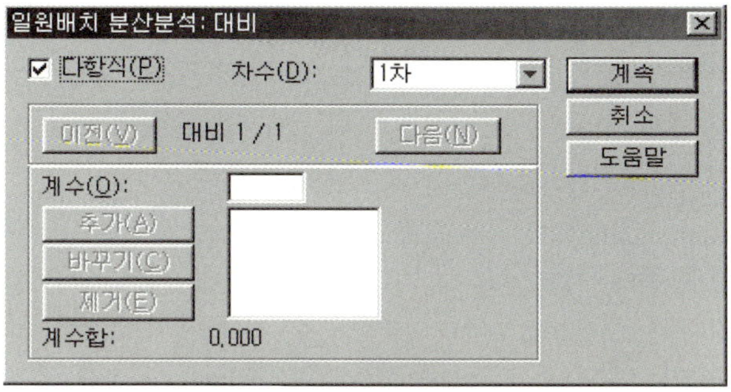

| 그림 10-48 | 일원변량분산 분석: 대비

⑤ [일원배치 분산분석: 사후분석-다중비교] 선택: 연구에 형태에 따라 쉐페(Scheffé), 던컨(Duncan), 튜키(Tukey) 방법을 선택한다([그림 10-49]).

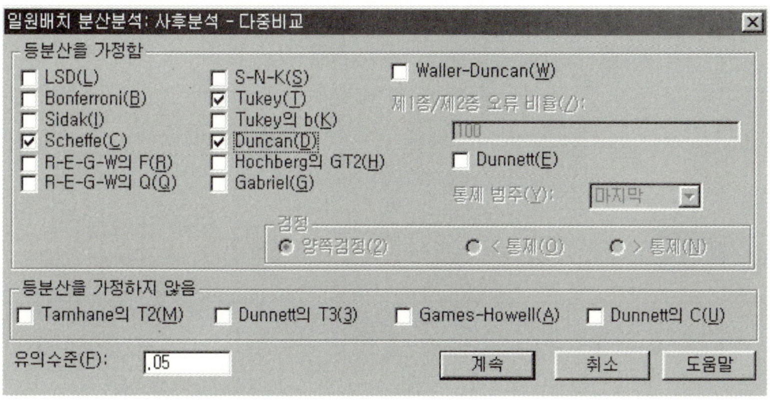

| 그림 10-49 | 사후분석 방법 선택

⑥ [일원배치 분산분석: 옵션] 대화상자: 추가적인 통계량을 구하거나 무응답치 처리 또는 처리시 집단을 나타내도록 변수명칭을 사용한다. (기술통계), (평균 도표), (분산의 동질성), (분석별 결측값 제외)를 선택한다([그림 10-50]). → 결과출력

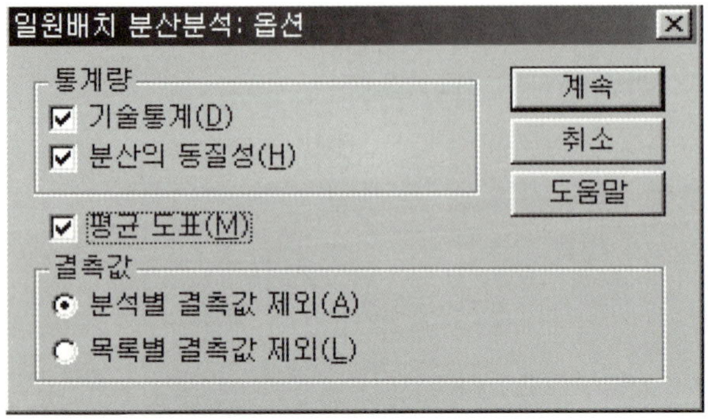

| 그림 10-50 | 출력 항목선택

⑦ F검정 보고서 작성

고등학생들의 계열별에 따른 진로결정수준은 <표 10-10>과 같다. 아래 표에서 평균의 차이가 통계적으로 유의한 차가 있는지를 검증하기 위해서 F검증을 실시하였는데, $p = .001$의 수준에서 유의한 차가 있는 것으로 나타났다. 따라서 고등학생들의 진로결정 수준은 계열별에 따라 다르게 나타나고 있는 것을 알 수 있다. 구체적으로 보면, 인문계가 가장 높게 나타났고, 다음으로 농업계, 공업계, 상업계 순으로 나타났다. 이러한 유의한 차가 어떤 집단 간에 나타났는지 알아보기 위하여 Turkey의 사후검정을 실시한 결과, 인문계와 실업계(농업계, 공업계, 상업계)와는 유의한 차이가 있으나, 실업계간에는 유의한 차이를 발견할 수 없었다.

표 10-10 고등학생의 계열별에 따른 진로결정수준

종속변수	독립변수	빈도	평균	표준편차	F				
						인	농	공	상
진로결정 수준	인문계	806	42.27	6.29	8.38***	–	*	*	*
	농업계	168	40.70	5.67			–		
	공업계	154	40.66	5.81				–	
	상업계	225	40.48	5.50					–

*** $p < .001$

7) 상관계수(r)

(1) 목적 및 원리

상관관계는 관계성을 의미하는 것이지 인과관계를 의미하는 것은 아니다. 두 변인 간의 관련 정도를 수량적으로 표시하는 것으로서, 1에 가까울수록 서로간의 관계가 매우 밀접하게 있다는 것을 의미한다. 상관관계는 관계가 있다 혹은 관계가 없다라는 흑과 백의 결정으로 끝나는 것이 아니라 어느 정도 관계가 있느냐에 관심을 둔다.

사회과학에서 사례수가 많으면 통계처리 프로그램에서 작은 상관에서도 통계적으로 유의미한 상관이 있다는 결과가 도출된다. 상관계수의 범위는 −1.0 이상 +1.0 이다. 두 변수의 관계는 상관계수에 의하여 정확히 상관관계를 표현하는 방법 외에 언어적 방법으로 표현할 수 있다. 상관계수에 의한 언어적 표현의 절대적 기준은 없으나 <표 10-11>과 같은 기준에 따라 상관관계를 표현한다. 상관관계에서 두 변수의 관계가 정적(+)인 관계이면 '양의 상관관계이다' 등으로 서술하고, 부적(−)인 관계이면 '음의 상관관계이다' 혹은 '상관이 부적으로 높다'라고 표현한다.

표 10-11 상관계수에 따른 상관관계의 언어적 표현

상관계수 범위	독립변수
.00 - .20	상관이 거의 없다.
.20 - .40	상관이 낮다.
.40 - .60	상관이 낮다.
.60 - .80	상관이 낮다.
.80 - 1.00	상관이 낮다.

출처: 성태제(2000). **현대기초통계학의 이해와 적용**, p. 140.

이상과 같이 연구결과는 다양한 통계적인 기법에 따라 해석하는 방법이 다르게 나타남으로 연구자는 조사연구시 통계적 기법에 대한 기초적인 능력을 배양해야 한다. 또한 연구결과를 제시함에 있어 논의를 해야 하는 부분은 서술하지 말아야 한다. 다만 가설을 통제할 수 있는 부분만을 접근하여 언급하여야 한다. 또한 개인의 점수나 원자료(raw data)는 서술할 필요가 없다. 이러한 사항은 부록을 이용하여 제시할 수도 있다.

(2) 상관계수 통계 분석

① [메뉴] → [분석] → [상관계수] → [이변량상관계수] 순으로 선택한다.

② [이변량 상관계수] 대화상자가 열리면, [변수] 칸에 변수를 이동시킨다. 이변량 상관계수(단순상관계수) 분석은 피어슨의 적률상관관계, 스피어만의 로(rho), 그리고 켄달의 타우－b를 계산하여 준다. 선택에 의해 단일변량 통계량, 공분산과 교차－적률편차값도 구할 수 있다.

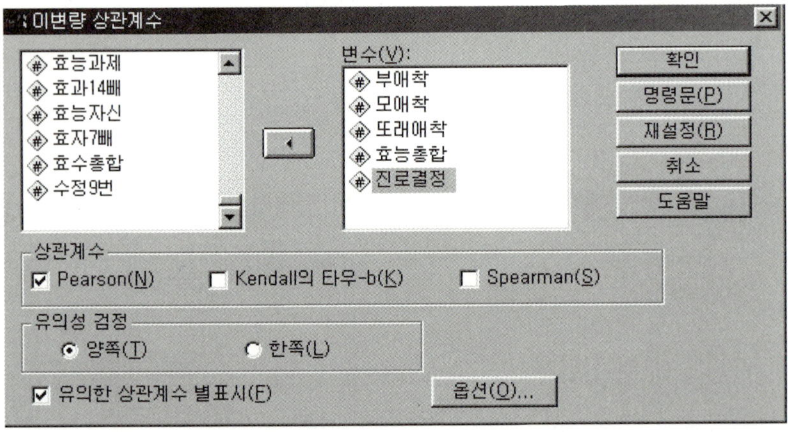

| 그림 10-51 | 상관관계 분석 변수 선택

③ [이변량 상관계수: 옵션] 대화상자를 선택한다. (평균과 표준편차), (교차곱 편차와 공분산), (대응별 결측값 제외)에 v표 선택한다([그림 10-52]). → 결과 출력

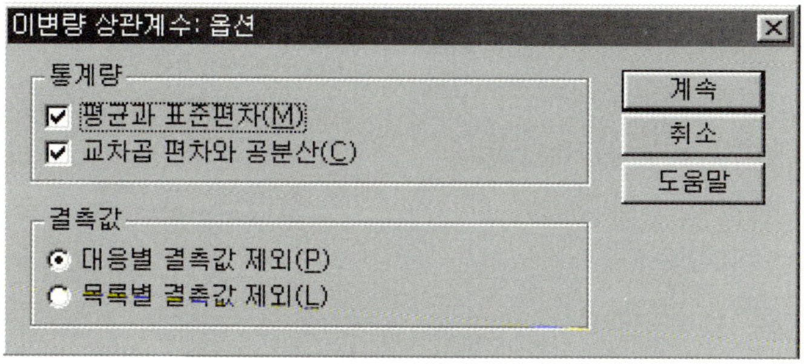

| 그림 10-52 | 상관관계 분석 출력 항목 선택

④ 상관계수 보고서 작성

고등학생의 사회경제적 배경 · 부애착 · 모애착 · 자아정체감 · 진로결정 수준 간의 상관관계는 <표 10-12>에서 보는 바와 같이 자아정체감과 진로결정 수준(r = .627, p < .001)에서 높은 정적 상관을 나타내고 있었으며, 부모의 사회경제적 배경과 자아정체감(r= .167, p < .001), 부애착과 진로결정 수준(r = .124, p < .001), 모애착과 진로결정 수준(r = .178, p < .001), 부모의 사회경제적 배경과 진로결정 수준(r = .157, p < .001)에서는 거의 상관이 없었으며, 부애착과 자아정체감(r = .280, p < .001), 모애착과 자아정체감(r =.306, p < .001)에서는 낮은 상관관계를 나타내고 있다.

표 10-12 상관관계

(N = 1353)

구 분	부모 SES	부애착	모애착	자아정체감	진로결정수준
부모 SES	1.000				
부애착	.212***	1.000			
모애착	.117**	.357***	1.000		
자아정체감	.161***	.280***	.306***	1.000	
진로결정수준	.157***	.124***	.178	.627***	1.000

** p < .01, *** p <.001

8) χ^2검정(chi-square test)

(1) 목적 및 원리

앞에서 서술한 *t*-검정이나 *F*검정은 모집단의 분포에 관한 어떤 가정에 입각한 통계적 방법으로 모수통계인 반면, χ^2검정은 모집단의 분포에 관한 특정한 가정을 하지 않는 면에서 비모수통계방법으로 기대빈도와 실제빈도간의 차이에 의해서 계산되는 검정 통계량이다. 교차분석은 모든 셀 1의 기대빈도가 5 이상이면 바람직하며, 특히 최소기대빈도가 2 이하이면 해석상 주의를 요한다([그림 10-53]).

(2) χ^2통계 분석

① [메뉴] → [분석] → [기술통계] → [교차분석] 순으로 선택한다.

② [교차분석] 대화상자가 열리면, 왼쪽에는 변수 목록이 나타난다([그림 10-53]).

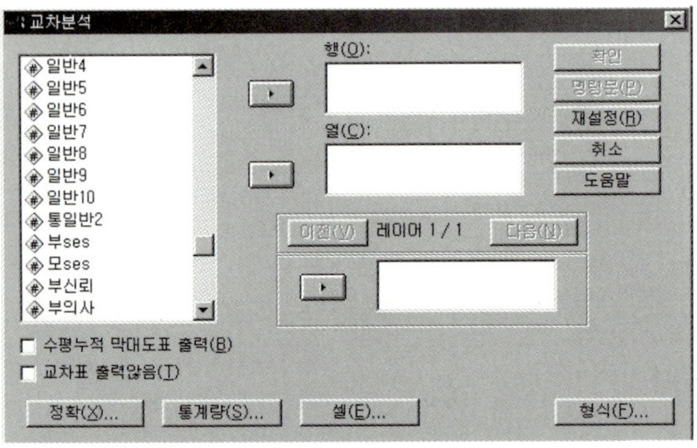

| 그림 10-53 | χ^2 분석 초기화면

③ [교차분석] 대화상자가 열린 상태에서 왼쪽의 변수 목록에서 오른쪽의 [행]의 난에는 '성별' 독립변인, [열]의 난에는 '졸업' 종속변인을 이동시킨다. 그리고 왼쪽 하단부에 수평누적 막대도표 출력(B)을 선택한 후 [통계량]의 단추를 누른다([그림 10-54]).

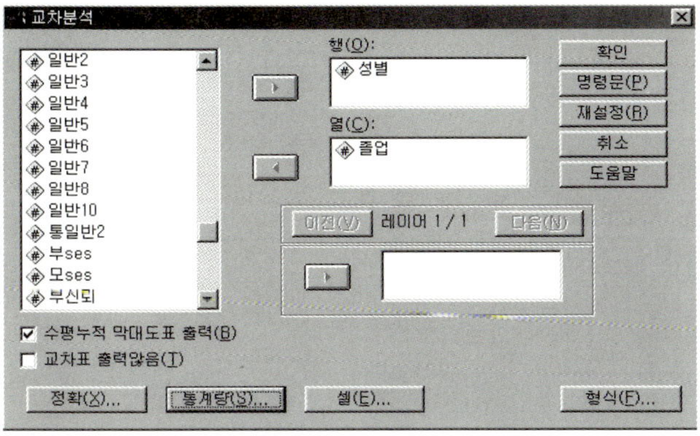

| 그림 10-54 | χ^2 분석 변수 선택

④ [교차분석: 통계량] 대화상자가 열리면, (카이제곱)과 (상관관계)를 선택한다([그림 10-55]).

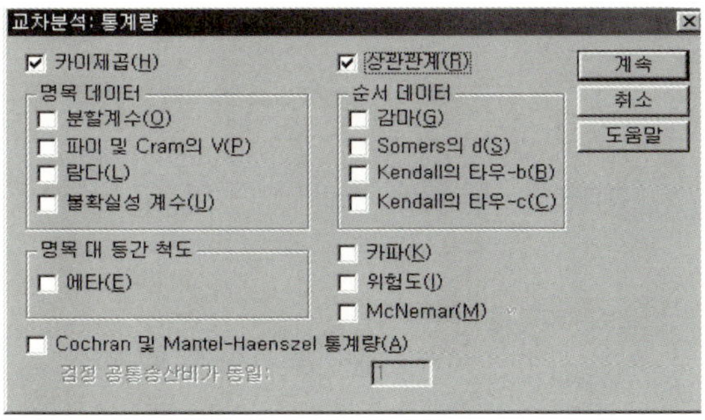

| 그림 10-55 | χ^2 분석 출력 항목 선택 1

⑤ [교차분석: 셀 출력] 대화상자가 열리면, (관측빈도), (행), (열), (전체)를 선택하고 [계속] 단추를 누른다([그림 10-56]).

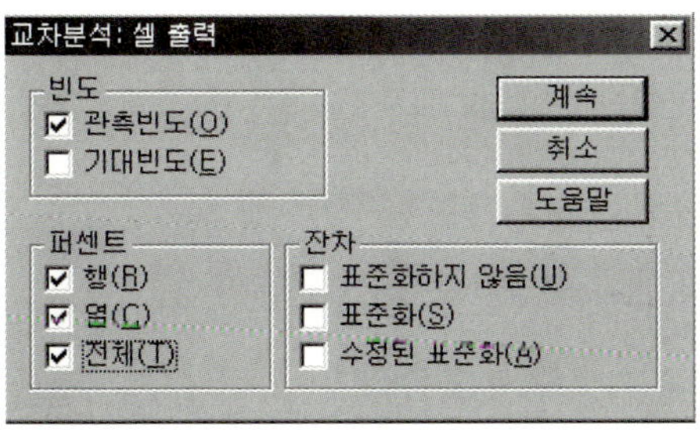

| 그림 10-56 | χ^2 분석 출력 항목 선택 2

⑥ [교차분석: 표 형식] 대화상자가 열리면, (오름차순)을 선택하고 [계속] 단추를 누른다([그림 10-57]).

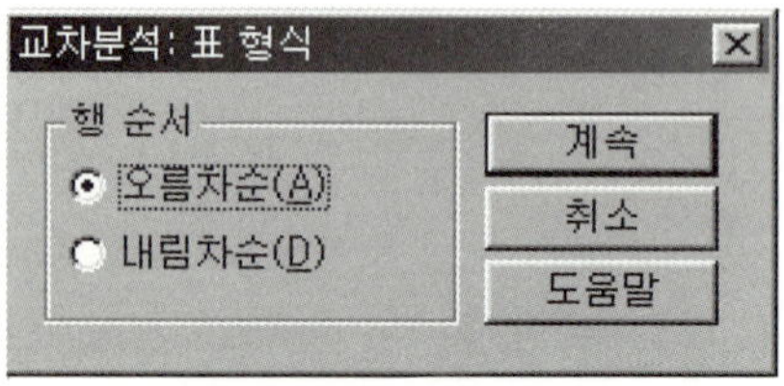

| 그림 10-57 | χ^2 분석 출력 항목 선택 3

⑦ [정확]한 검정 대화상자가 열리면, (점근적 검정)을 선택하고 [계속] 단추를 누른다. → 결과 출력

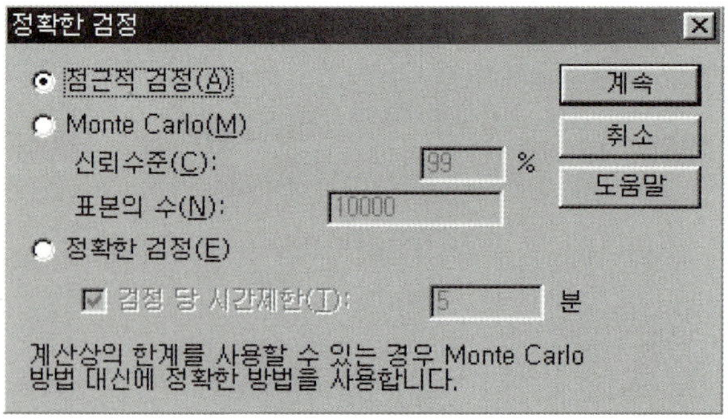

| 그림 10-58 | χ^2 분석 검정방법

⑧ χ^2 보고서 작성

고등학생의 개인특성(성, 계열)에 따라 어느 정도 교육을 받기를 원하는지에 대해 알아보기 위하여 χ^2 검정통계량을 이용한 교차분석을 실시한 결과는 <표 10-13>과 같다.

전반적으로 볼 때, 고등학생은 '4년제 대학 졸업' 45.4%, '2년제 대학 졸업' 25.8%, '대학원 졸업' 18.6%, '고등학교 졸업' 10.3% 순으로 나타났다. 일반적으로 여학생이 남학생보다 상대적으로 높은 희망교육 정도를 보유했음을 알 수 있다. '대학원졸'의 경우, 남학생에 비해 2배 이상의 선호 비율을 보이고 있고, 이에 반해 '고등학교 졸업'은 남학생에 비해 훨씬 낮은 비율 8.6% 선호비율을 보이고 있다.

표 10-13 고등학생의 희망 교육 정도

단위: 명; ( )는 %

항목 \ 집단	성별		계 열 별				계
	남자	여자	인문	농업	공업	상업	
고졸	80 (12.0)	59 (8.6)	54 (6.7)	36 (21.4)	22 (14.3)	27 (12.0)	139 (10.3)
2년제졸	188 (28.2)	161 (23.5)	77 (9.6)	93 (55.4)	73 (47.4)	106 (47.1)	349 (25.8)
4년제졸	318 (47.7)	296 (43.1)	449 (55.7)	35 (20.8)	52 (33.8)	78 (34.1)	614 (45.4)
대학원졸	81 (12.1)	170 (24.8)	226 (28.0)	4 (2.4)	7 (4.5)	14 (6.2)	251 (18.6)
계	667 (100.0)	686 (100.0)	806 (100.0)	168 (100.0)	154 (100.0)	225 (100.0)	1353 (100.0)
$\chi^2(df)$	37.35(3)***		38.31(9)***				

*** $p < .01$

계열별로 보면, '4년제 졸업', '대학원 졸업'은 인문계가 실업계열에 비해 높은 반응을 나타내고 있었다. '고등학교 졸업'은 농업계가 인문계, 공업계, 상업계에 비해 높은 반응을 나타내고 있었다. 실업계는 '2년제 졸업'을 농업계 55.4%, 공업계 47.4%, 상업계 47.1%로 인문계 9.6%보다 높게 나타났다. 즉, 실업계 학생은 4년제 대학보다는 2년제 대학을 선호하고, 역으로 인문계 학생은 4년제 대학을 희망함을 알 수 있다.

위의 결과를 종합해 볼 때, 어느 정도 교육을 받기를 원하는지는 성별($\chi^2 = 37.35$, $p < .05$), 계열별($\chi^2 = 38.31$, $p < .001$)에서 통계적으로 유의한 차를 보이고 있었다.

9) 회귀분석(regression analysis)

(1) 목적 및 원리

회귀분석은 모집단을 구성하는 변수들 간의 어떠한 관계가 있으며, 변수들 간의 인과관계가 존재한다면 이를 어떻게 함수로 표시하는 것이 합리적인가에 대한 문제를 다루고 있다. 즉, 독립변수의 변화에 의한 종속변수의 변화를 예측하고자 할 때 주로 사용하고 있다.

회귀방정식은 제곱합이 최소가 되는 최소자승법(Method of Least Squares: MLS) 모델을 이용하여 독립변인(X)와 종속변인 (Y)의 회귀식 Y = a + bX로 나타낸다.

(2) 회귀분석 통계분석

① [메뉴] → [분석] → [회귀분석] → [선형] 순으로 선택한다.

② [선형 회귀분석] 대화상자가 나타나면, 오른쪽 [종속변수]와 [독립변수]에 변인을 이동시킨다. 독립변수는 하나 이상을 이동시킨다([그림 10-59]).

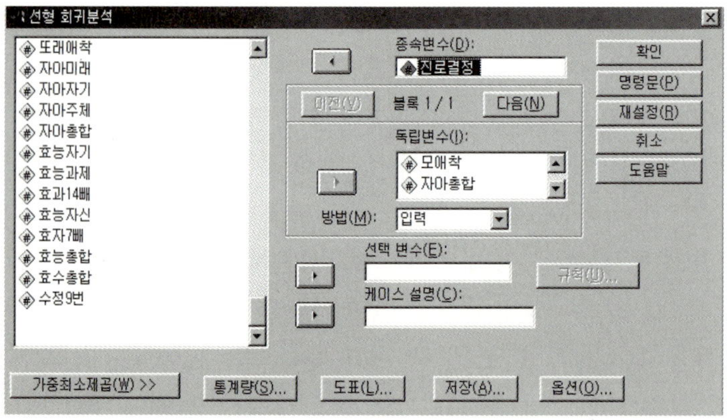

| 그림 10-59 | 회귀분석 변수 선택

③ [선형 회귀분석: 통계량] 대화상자를 선택하여 (추정값), (신뢰구간), (기술통계) 등을 선택하고 [계속] 버튼을 누른다([그림 10-60]).

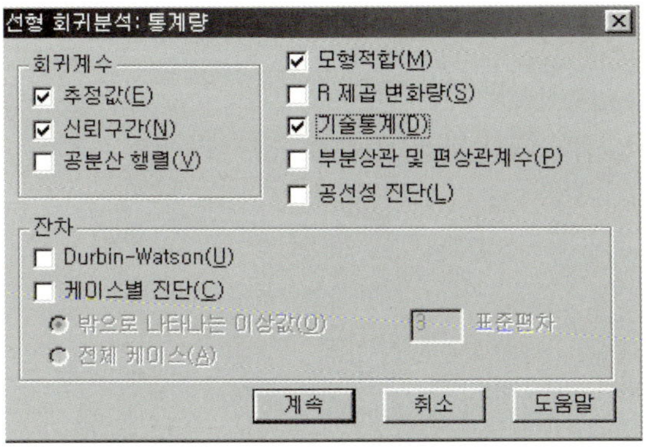

| 그림 10-60 | 회귀분석 선택 항목

④ [신형 회귀분석: 도표] 대화상자를 선택하여 (히스토그램), (정규확률도표)를 선택하고, [Y], [X] 왼쪽에 있는 *ZPRED, *ERESID를 이동시킨다([그림 10-61]).

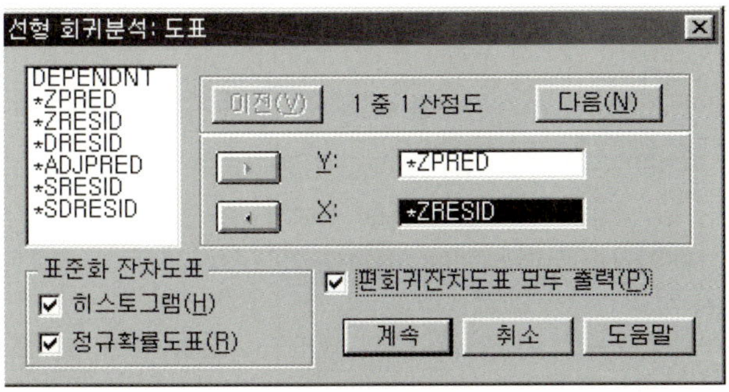

| 그림 10-61 | 회귀분석 도표선택

⑤ [선형 회귀분석: 저장] 대화상자를 선택하여 (예측값), (예측구간), (잔차) 등을 입력한다([그림 10-62]).

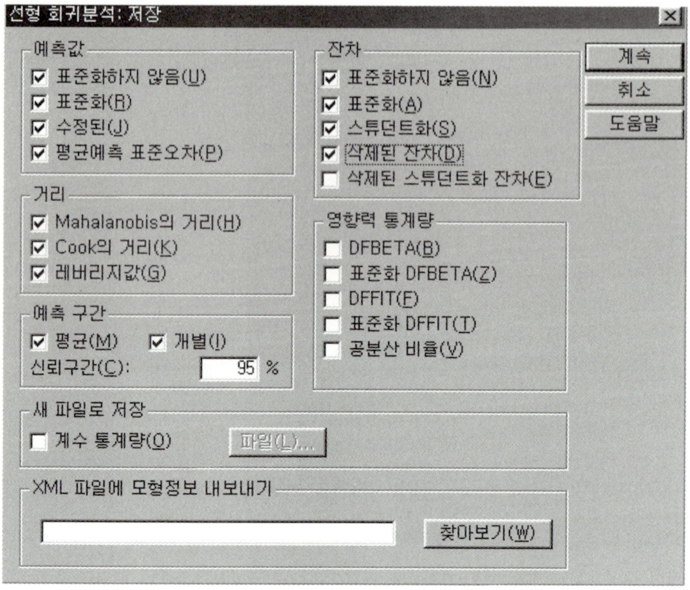

| 그림 10-62 | 회귀분석 결과 출력 항목

⑥ [선형 회귀분석: 옵션] 대화상자 선택하여 변수들을 등록 및 제거하거나 선택되어지는 범주를 통제하거나 또는 무응답치를 지닌 사례를 처리한다([그림 10-63]). → 결과 출력

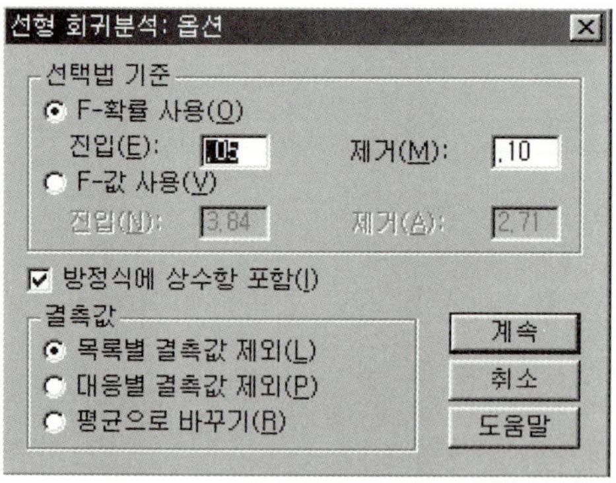

| 그림 10-63 | 회귀분석 옵션 선택 항목

⑦ 보고서 작성

부모의 사회경제적 배경, 부애착, 모애착 및 또래애착과 자아정체감간의 관계를 알아보기 위하여 부모의 사회경제적 배경, 부애착, 모애착 및

또래애착을 독립변인으로 하고, 자아정체감을 종속변인으로 하여 중다회귀분석을 실시한 결과는 <표 10-14>와 같다.

표 10-14 부모의 사회경제적 배경, 부애착, 모애착 및 또래애착이 자아정체감에 미치는 영향

종속변인	독립변인	비표준화계수		표준화계수	t	F	R^2
		8	표준오차	베타			
자아 정체감	(상수)	16.413	1.305		12.621***	19.369***	.150
	부모SES	.210	.057	.094	3.657***		
	부애착	.155	.026	.163	5.938***		
	모애착	.303	.042	.202	7.289***		
	또래애착	.159	.035	.120	4.529***		

*** $p < .001$

<표 10-14>를 통해 추정된 회귀식은 다음과 같다.

자아정체감(Y') = 16.473 + .210(부모의 사회경제적 배경) + .155(부애착) + .303(모애착) + .159(또래애착)

회귀모형에 대한 예측력은 15.0%(R^2=.150)로, 이에 대한 F값은 59.369이고, $p < .001$ 수준에서 유의미하였다. 각 독립변인의 상대적 기여도를 보기 위해 표준화된 베타값(Beta)을 비교해 보면 모애착 .202, 부애착 .163, 또래애착 .120, 부모의 사회경제적 배경 .094 순으로 종속변인을 설명하는 것으로 나타났다. 독립변인들을 t-검증한 결과 부모의 사회경제적 배경, 부애착, 모애착, 또래애착이 모두 유의미하여 이 변인들이 종속변인인 자아정체감을 설명하는 데 매우 적합한 변인들임이 판명되었다.

위의 연구결과를 정리하면, 고등학생의 자아정체감에는 모애착, 부애착, 또래애착, 부모의 사회경제적 배경 순으로 영향을 미치는 것을 알 수 있다.

10) 경로분석(path analysis)

(1) 목적 및 원리

경로분석이란 1930년대 Sewell Wright에 의해 개발된 방법으로, 변인이 3개 이상일 때 인과관계를 밝혀 인과 모형을 찾아내는 통계적 방법이며, 다중회귀분석(multiple regression analysis)의 확장된 형태이다. 경로분석의 목적은 여러 변인들 간의 가정된 인과관계의 크기와 유의성(magnitude and significance)의 추정치를 제공하는 데 있다(김계수, 2005). 경로분석을 위해서는 회귀분석에 적용되는 가정들에 추가하여 다음의 몇 가지 가정이 충족되어야 한다.

첫째, 독립변인과 종속변인의 관계는 직선적(linear)이고 합산적(additive)이다. 둘째, 경로모형의 방향은 일방적이다. 즉, 이것은 한 번 진행된 화살표는 역방향으로 진행할 수 없음을 의미한다. 셋째, 변수의 측정은 완벽하다. 넷째, 측정오차가 없다. 다섯째, 잔차 사이에는 상관관계가 존재하지 않는다. 여섯째, 변인들은 양적 척도로 구성되어야 한다.

어떤 경로모형에서 변인들의 경로가 $X_3 \rightarrow X_2 \rightarrow X_1$의 형태를 취하고 있다면, X_1은 X_3와 X_2 두 변인들에 의해 영향을 받는 종속변인으로 설정되어 있음을 알 수 있다. 또한 X_2는 X_3의 영향을 받아 이를 X_1에 전달되는 매개변인(intermediate variable)의 역할을 하고 있음을 알 수 있다. 이 모형에서 X_3은 다른 변인의 영향을 받는 것이 아니라 이미 주어진 것으로 간주되는데, 이러한 변인을 외생변인(exogenous variable)이라 한다. 그리고 X_2나 X_1처럼, 모형 안에서 다른 변인들에 의해 설명되는 변인들을 내생변인(endogenous variable)이라 부른다. 경로분석에서 인과적 흐름의 순서가 설정되면 두 변인 간의 공변량(covariance)을 인과적 효과(causal effect)와 비인과적 효과(non-causal effect)로 구분하고, 인과적 효과를 다시 직접효과(direct effect)와 간접효과(indirect effect)로 구분하는 것이 가능해진다. 즉, 공변량 = 인과적 효과(직접효과+ 간접효과) + 비인과적 효과의 관계가 성립하게 된다(김두섭 외, 2000).

(2) 통계분석

① [SPSS 프로그램 메뉴] → [분석] → [Amos5] 순으로 선택한다([그림 10-64]).

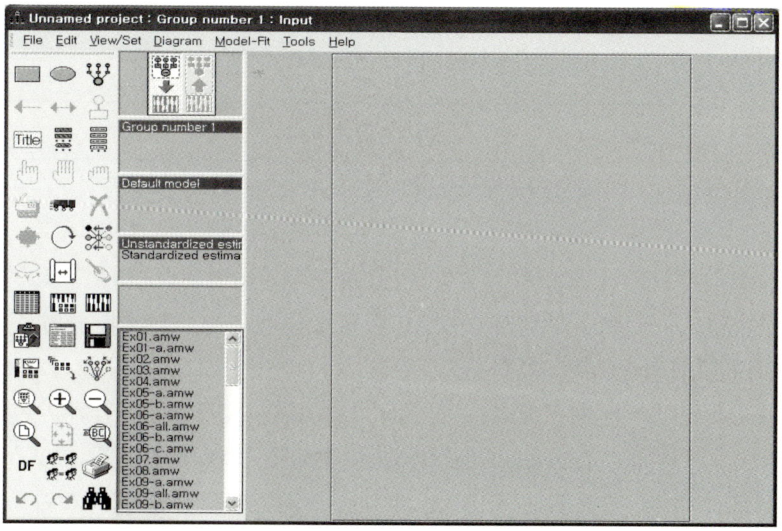

| 그림 10-64 | Amos 초기화면

② [Amos] 대화상자가 나타나면([그림 10-64]), 이론적 배경에서 설정된 모형에 따라 마우스로 Tools 모듈에서 Amos 5의 왼쪽 버튼에 있는 을 누른 후에 오른쪽에 를 그린다. 이를 반복하기 위해 을 누른 후에 계속해서 를 누른다. 그런 다음에 변수에 (오차항)을 그린다.

이론적 배경에서 살펴본 바와 같이, 교사의 학교조직 효과성에 영향을 미치는 변인들은 다양한데, 본 연구에서는 독립변인인 직업윤리 변인으로 자기관리윤리, 사회윤리, 직무수행윤리, 교권윤리, 학생지도윤리를 고려하였고, 매개변인인 심리적 변인으로는 조직몰입, 그리고 종속변인으로 학교조직효과성 변인을 설정하였다. 본 연구의 개념적 틀은 [그림 10-65]와 같다.

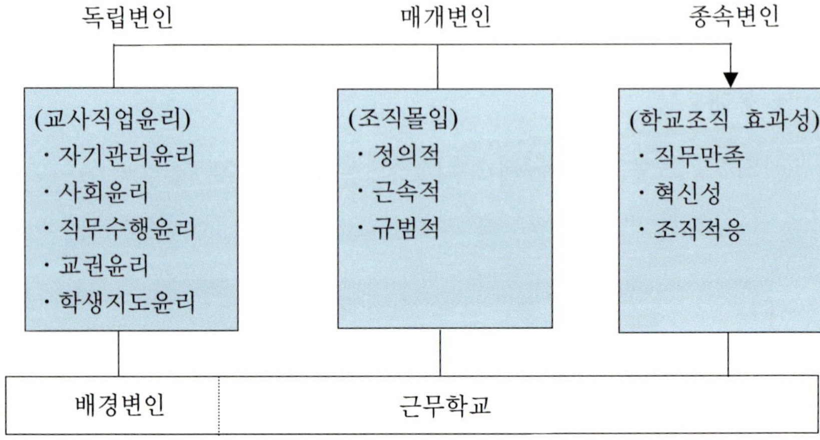

| 그림 10-65 | 연구의 개념적 틀

그리고 본 연구에서 설정한 직업윤리(자기관리윤리, 사회윤리, 직무수행윤리, 교권윤리, 학생지도윤리), 조직몰입(정의적, 근속적, 규범적), 학교조직 효과성(직무만족, 혁신성, 조직적응) 간의 관계는 경로분석의 연구를 참조하였다. 본 연구에서는 직업윤리의 요인들이 조직몰입에 영향을 미치고, 직업윤리 요인들은 조직몰입을 경로로 하여 학교조직 효과성에 영향을 미치는 모형을 도출했다. 본 연구에서 설정한 교사의 직업윤리, 조직몰입, 학교조직 효과성 간의 경로모형은 [그림 10-66]과 같다.

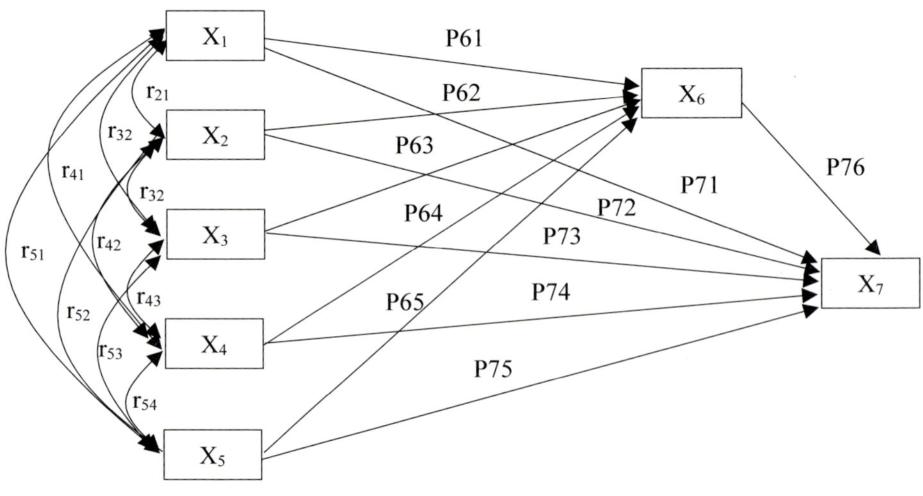

| 그림 10-66 | 교사의 직업윤리 · 조직몰입 · 학교조직 효과성 간의 경로모형

[그림 10-66]에서 X_1은 자기관리윤리, X_2는 사회윤리, X_3은 직무수행윤리, X_4는 교권윤리, X_5는 학생지도윤리, X_6은 매개변인으로 조직몰입, X_7은 종속변인으로 학교조직 효과성을 나타낸다. X_1, X_2, X_3, X_4, X_5, X_6, X_7 사이의 계수는 경로계수(path coefficient)의 값을 나타낸다.

본 연구에서는 이러한 변인 간의 관계를 탐색하기 위하여 이론적 모형을 구축하는 데 장점이 있는 경로분석(path analysis)을 사용하고자 한다. 경로모형에서 인과적 흐름의 순서가 $X_1 \rightarrow X_2 \rightarrow X_3 \rightarrow X_4 \rightarrow X_5$의 형태를 취하고 있다면, X_6은 X_1, X_2, X_3, X_4, X_5 변인의 영향을 받는 종속변인으로 설정되어 있음을 확인할 수 있다. 또한 X_6은 X_1, X_2, X_3, X_4, X_5의 영향을 받아 이를 X_7에 전달되는 매개변인(intermediate variable)으로 설정되었다. 이 모형에서 X_1, X_2, X_3, X_4, X_5은 외생변인이며, X_6와 X_7은 내생변인이다.

이와 같은 경로분석의 가정적 모형에 따라 본 연구모형을 통해 교사의 직업윤리 요인은 매개변인(조직몰입)에 영향을 주고, 매개변인을 통해 학교조직 효과성에 직·간접적으로 영향을 준다는 것을 검증하고자 한다([그림 10-67]).

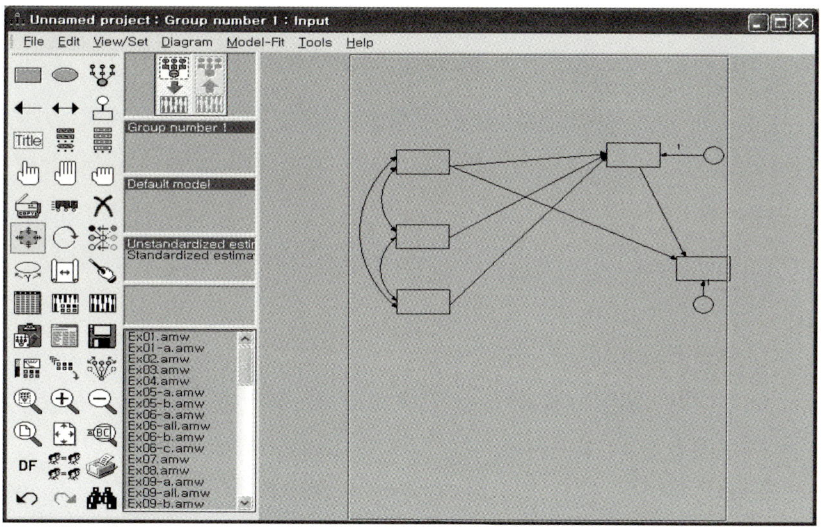

| 그림 10-67 | Amos 경로모형 그리기

③ [View/set] → [Analysis Properties] 대화상자를 선택하고 [계속] 버튼을 누른다([그림 10-68]).

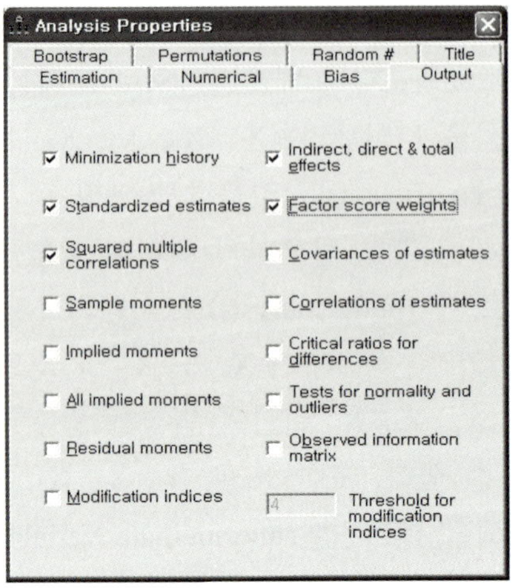

| 그림 10-68 | Amos 출력항목 선택

(3) 보고서 작성(양복만 · 문승태, 2007)

본 연구는 직업윤리, 조직몰입 및 학교조직 효과성 간의 인과관계를 경로분석으로 정리한 것이다.

1 연구모형의 합치도 검증

<표 10-15>는 본 연구에서 설정한 경로분석이 경험적 자료에 얼마나 잘 부합되는지를 판단할 수 있는 적합도 지수이다. χ^2의 통계치가 높다는 것은 적합도가 적당하지 않아 연구모형이 통계적으로 기각될 가능성이 큼을 의미한다. 일반적으로 χ^2/df의 값이 보수적으로 2 이하이고, 수용 가능한 권장 수준은 4 이하일 때 연구 모형의 적합성을 인정받을 수 있다. 본 연구의 χ^2/df는 수용 가능한 권장 수준이 4 이하이며, p > .20로 연구가설을 채택하고 있다.

또한 주어진 모형이 전체 자료를 얼마나 잘 설명하는지를 나타내는 지표인 기초적합지수(GFI)는 회귀분석에서 다중상관치(R^2)와 관련이 있는 것으로 0~1 사이의 값을 갖는다. 대개 0.9 이상일 때 좋은 모형으로 판단된다. GFI값이 크면 좋은 적합도를 나타낸다.

조정된 적합지수(AGFI)는 기초적합지수를 자유도에 의해 조정된 것으로, 기초적합지수보다 더 현실적인 지수라고 볼 수 있으며, 이 역시 0.9 이상일 때 좋은 모형으로 간주할 수 있다. 본 연구에서는 GFI, AGFI 등이 0.9 이상임을 알 수 있다.

카이자승 통계량의 한계를 수정하기 위해 개발된 RMSEA는 최근 카이자승 통계치의 대안으로 자주 등장하고 있다. 본 연구에서는 통계치가 .03으로 적합한 모형으로 볼 수 있다. 이러한 모형적 지수를 통해 직업윤리 하위요인과 조직몰입 및 학교조직 효과성 간에는 서로 관련성이 있음을 알 수 있다.

표 10-15 경로분석의 적합도 지수

구분	χ^2	df	p	χ^2/df	GFI	AGFI	TLI	RMSEA
지수	3.26	2	.19	1.63	.99	.98	.99	.03

2 직업윤리, 조직몰입 및 학교조직 효과성 간의 경로분석

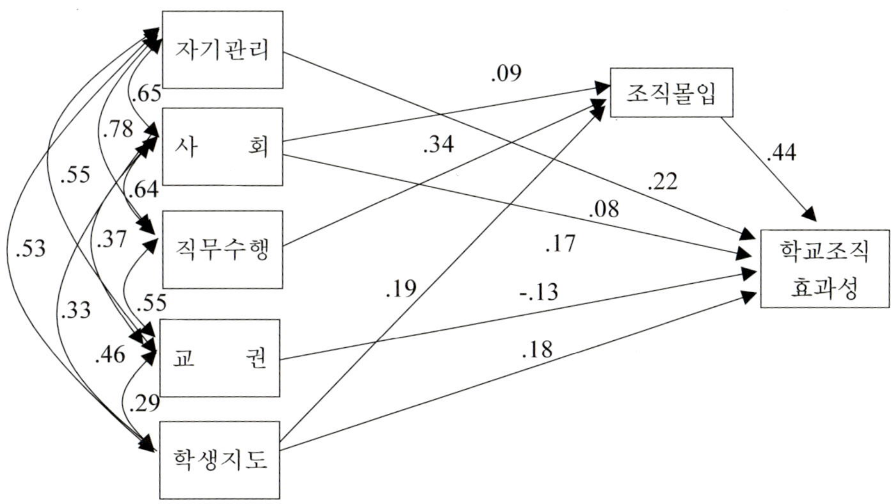

| 그림 10-69 | 직업윤리 하위요인, 조직몰입 및 학교조직 효과성 간의 경로분석

[그림 10-69]는 직업윤리의 하위요인, 조직몰입 및 학교조직 효과성 간의 경로분석은 나타낸 것이다. 직업윤리의 하위요인인 '자기관리요인', '사회윤리', '직무수행윤리', '교권윤리', '학생지도윤리'는 상호관련성이 있으며, 이들 요인 중에서 '사회윤리', '직무수행윤리', '학생지도윤리'요

인은 조직몰입에 영향을 미치고 있는 것으로 나타났으며, '자기관리요인', '사회윤리', '직무수행윤리', '교권윤리', '학생지도윤리', '조직몰입'은 '학교조직 효과성'에 영향을 미치는 것으로 나타났다. 다음으로 교사들의 학교조직 효과성에 영향을 미치는 직업윤리 및 조직몰입 간의 경로계수는 <표 10-16>과 같다.

<표 10-16>에서와 같이 조직몰입에는 사회윤리가 .09, 직무수행윤리 .34, 학생지도윤리 .19가 영향을 미치고 있었으며, 학교조직 효과성에는 자기관리윤리 .22, 사회윤리 .08, 직무수행윤리 .17, 교권윤리 -.13, 학생지도윤리 .18, 조직몰입 .44이 영향을 미치는 것으로 나타났다.

표 10-16 직업윤리, 조직몰입 및 학교조직 효과성의 구조계수

경로	Estimate	S.E	C.R
조직몰입 ← 사회윤리	.09	.14	2.08*
조직몰입 ← 직무수행윤리	.34	.11	7.69***
조직몰입 ← 학생지도윤리	.19	.11	4.69***
학교조직 효과성 ← 자기관리윤리	.22	.14	5.30***
학교조직 효과성 ← 사회윤리	.08	.17	2.25*
학교조직 효과성 ← 직무수행윤리	.17	.15	4.09***
학교조직 효과성 ← 교권윤리	-.13	.10	-3.87***
학교조직 효과성 ← 학생지도윤리	.18	.12	5.03***
학교조직 효과성 ← 조직몰입	.44	.04	15.39***

* $p < .05$, *** $p < .001$,

이를 정리하면, 첫째, 조직몰입에는 직업윤리의 요인 중에서 사회윤리, 직무수행윤리, 학생지도윤리가 영향을 미치는 것으로 나타났다. 둘째, 학교조직 효과성에는 조직몰입을 매개로 직업윤리 요인이 전체적으로 영향을 미치는 것으로 나타났다.

<표 10-17>은 학교조직 효과성에 대한 예언변인들의 인과효과를 나타낸 것이다. 조직몰입에는 사회윤리 .09, 직무수행윤리 .34, 학생지도윤리 .19가 직접적인 효과를 미치는 것으로 나타났다. 학교조직 효과성에는 조직몰입 .44, 자기관리윤리 .22, 교권윤리 -.13으로 직접적인 효과를 미치

는 것으로 나타났다. 사회윤리는 직접효과 .12, 간접효과 .08로 전체효과는 .12로 나타났고, 직무수행윤리는 직접효과 .17, 간접효과 .15, 전체효과는 .32이며, 학생지도윤리는 직접효과 .18, 간접효과 .08, 전체효과는 .26으로 나타났다. 다음으로 학교조직 효과성에 대한 직·간접 효과를 살펴보면 <표 10-17>과 같다.

표 10-17 학교조직 효과성에 대한 예언변인들의 인과효과

변인		학교조직 효과성		
		전체효과	직접효과	간접효과
조직몰입	사회윤리	.09	.09	-
	직무수행윤리	.34	.34	-
	학생지도윤리	.19	.19	-
학교조직 효과성	자기관리윤리	.22	.22	-
	사회윤리	.12	.08	.04
	직무수행윤리	.32	.17	.15
	교권윤리	-.13	-.13	-
	학생지도윤리	.26	.18	.08
	조직몰입	.44	.44	-

박스기사 10

하늘은 맑은데, 비가 온다? - 과학과 상식의 차이

당신이 마케터든, 경제학자든, 사회 및 행동과학자든 어떤 현상을 설명하고 예측하는 방식에 있어 공통적인 접근방법을 택해야 한다. 어떠한 설명이든 논리와 객관성을 견지해야 하고 모두가 인정할 수 있는 합리성이 있어야 한다. 그래야만 많은 사람들이 당신의 설명에 고개를 끄덕이며 신뢰할 것이다. 이것이 바로 과학의 논리이며 문제에 대한 체계적 접근법이다. 다시 말해, 우리는 현상을 설명하고 예측하려는 일련의 행위들이 논리적이고 체계적인 과학적 접근을 통해 이루어졌을 때 그것을 신뢰하고 타당한 것으로 받아들인다. 물론, 그러한 행위에는 연구를 계획하고, 자료를 수집하고, 적절한 분석도구를 사용하는 과정을 포함한다. 이런 점에서 현상을 설명하는 과학적 접근과 상식적 접근 간에는 큰 차이가 있다. 과학적 접근은 이론적 논리와 체계성을 바탕으로 원인과 결과를 객관적으로 검증하지만, 상식과 신념(혹은 우연적 믿음)을 바탕으로 현상을 파악한다. 그 차이는 작은 것 같지만 매우 큰 차이이며 중요한 것이다.

"하늘은 맑은데, 비가 온다!" 우리는 이런 현상에 상식을 가지고 있다. "호랑이가 장가가고 여우가 시집가기 때문에 맑은 하늘에서 비가 온다." 호랑이가 장가가고 여우가 시집가는 것이 한 원인이고 비가 온다는 것이 한 결과라는 해석이다. 이런 설명에는 미신적 신념은 있을지라도 논리성과 객관성은 없다. 이를 과학적 결과라고 생각하는 사람은 없을 것이다. 적어도 과학적 결과로서 신뢰할 수 있는 것은 비가 올 때의 기상학적 조건(대기의 온도, 습도, 기압의 변화 등)을 한 원인으로 설명할 때 가능한 것이기 때문이다. 이 예는 너무나도 당연한 것처럼 보이지만, 우리 주변에서 나타나는 복잡한 현상들(예: 거품경제, 청소년 범죄, 실업, 지역감정)에 대해 체계적이고 논리적인 해답을 얻는 과정은 그리 쉽지 않을 수 있다. 거품경제의 원인은 어디에 있는가? 어떤 사람들은 우리의 재벌 경제체제를 말할 것이고, 어떤 사람들은 정경유착과 정치적 부조리를 말할 것이다. 반면 어떤 사람들은 국민들의 잘못된 소비문화를 원인으로 생각할 수도 있다.

이러한 복잡한 현상을 체계적이고 논리적으로 설명하기 위해 필요한 것이 과학적 접근이고, 과학적 접근에 사용되는 합리적인 도구가 통계적 방법인 것이다. 즉, 통계적 방법은 수학적 논리를 통해 현상간의 관계성

> 을 양적인 데이터로 분석해주는 하나의 과학적 도구이며 이 도구를 이용함으로써 미신적 신념이 아닌 합리성과 객관성을 바탕으로 현상을 체계적으로 설명하고 예측할 수 있는 것이다.

출처: 양병화(1998). **다변량 자료분석의 이해와 활용**. 서울: 학지사.

참고문헌

강완숙(2000). 지각된 부와 모의 가치, 부/모-자녀 간 정서적 친밀도 및 부/모의 과잉통제와 대학생의 소외감과의 관계. 서울대학교 박사학위논문.

강진령 편(2002). APA 논문작성법. 서울: 양서원.

권효숙(2002). 초등학교 '귀국반' 아동의 적응에 대한 문화기술적 사례 연구. 서울대학교 대학원 박사학위논문.

김경희(2002). '난상토론' 프로그램 시청과 신문 사설의 분석적 읽기 지도를 통한 논술능력 신장 방안. 2002 한국교원단체총연합회 전국현장교육연구대회 국어분과 1등급.

김계수(2005). AMOS 구조방정식 모형분석. 서울: SPSS 아카데미.

김병성(1996). 교육연구방법. 서울: 학지사.

김병진 · 소재진(2006). 사회복지조사방법론. 서울: 법문사.

김봉환(1997). 대학생의 진로결정수준과 진로준비행동의 발달 및 이차원적 유형화. 서울대학교 대학원 박사학위논문.

김석우(2000). 교육연구법. 서울: 학지사.

______(2007). 교사를 위한 현장연구의 이론과 실제. 서울: 학지사.

______(2007). 기초통계학. 서울: 학지사.

김석우 · 최태진(2007). 교육연구방법론. 서울: 학지사.

김재은(1987). 교육 · 심리 · 사회연구방법. 서울: 교육과학사.

김태웅 · 이원준(2006). 통계학개론. 서울: 선영사.

김태웅 · 이원준 · 이한철(2003). 통계학의 이해. 서울: 신영사.

김해식(1988). 컴퓨터 분석기법 SPSS. 서울: 박영사.

김호권(1990). 교육통계신강. 서울: 문음사.

김희수(2001). REBT를 중심으로 한 진로 집단 상담 프로그램이 대학생의 자기효능감, 대인관계 능력, 진로태도 성숙, 의사결정 유형에 미치는 효과. 건국대학교 박사학위논문.

남순현(2000). 가족의 정서체계 역동성에 관한 연구 －성인 자녀 가족과 3세대 가족을 중심으로－. 고려대학교 대학원 박사학위논문.

노형진(2001). 한글 SPSS 10.0에 의한 조사방법 및 통계분석. 서울: 형설출판사.

문승태(2002). 고등학생의 진로결정 수준에 영향을 미치는 개인변인과 심리적 변인 간의 인과관계. 건국대학교 박사학위논문.
문승태 · 김민배(2007). 농업교사의 전문성 요인 척도 개발. 한국농업교육학회, 39(2), 23-46.
박도순(2001). 교육연구방법론. 서울: 문음사.
______(2007). 교육평가: 이해와 적용. 서울: 교육과학사.
박홍서(2002). 사이버 토론 지도를 통한 토론 및 논술능력 신장. 2002 한국교원단체총연합회 전국현장교육연구대회 국어분과 1등급.
서울대학교 교육연구소 편(2007). 교육학용어사전. 서울: 하우동설.
성태제(2000a). 교육연구방법의 이해. 서울: 학지사.
______(2000b). 현대 기초통계학의 이해와 적용. 서울: 양서원.
______(2003). 교육연구방법의 이해. 서울: 학지사.
손충기(2006). 교육연구방법론. 서울: 대영출판사.
손충기 · 백영균 · 박정환 공저(2000). 내가 하는 통계분석 SPSS. 서울: 학지사.
송해균 · 류청산(1997). 교육현장연구법. 서울: 학문사.
심혜영(2002). 바른생활 체험활동의 날 프로그램 운영을 통한 기본생활습관 함양. 2002 한국교원단체총연합회 전국현장교육연구대회 도덕분과 1등급.
양복만 · 문승태(2007). 교사들의 직업윤리 척도 개발 및 타당화 연구. 한국진로교육학회, 20(4), 103-119.
이계원(2001). 청소년의 인터넷 중독에 관한 연구. 이화여자대학교 대학원 박사학위논문.
이승미(2000). 인권교육 프로그램의 인지 · 정서 요인에 관한 실험 연구. 서울대학교 대학원 박사학위논문.
이제실(2002). 역사적 인물 행위 중심의 추체험 학습이 역사적 사고력 신장에 미치는 영향. 2002 한국교원단체총연합회 전국현장교육연구대회 국사 · 사회분과 1등급.
이종성(1996). 교육연구의 설계와 자료분석. 서울: 교학연구사.
이종승(1988). 교육연구법. 서울: 배영사.
이화여자대학교(2002). 연구방법과 논문작성법. 서울: 이화여자대학교 출판부.
이희춘 · 박지원(1999). 한글 SPSS WIN을 이용한 통계조사분석. 서울: 학문사.

임인재(1990). 통계방법. 서울: 박영사.

______(2000). 논문작성법. 서울: 서울대학교 출판부.

임희수(2001). 아동의 기질, 어머니의 정서조절 및 양육행동과 아동의 정서조절간의 관계. 이화여자대학교 대학원 박사학위논문.

정충영 · 최이규(1997). SPSS WIN을 이용한 통계분석. 서울: 무역경영사.

조용환(2000). 질적연구 방법과 사례. 서울: 교육과학사.

최종덕 · 조호성 · 구자항(2005). 통계학이론. 서울: MJ 미디어.

한국교원단체총연합회(1999). 현장교육연구방법론. 서울: 한국교육신문사.

한국교원단체총연합회(2003). 2003년 전국현장교육연구운동 추진요강.

한국교육심리학회 편(2000). 교육심리학 용어사전. 서울: 학지사.

한국교육심리학회(2000). 교육심리학용어사전. 서울: 학지사.

한국심리학회 상담 및 심리치료 학회(2001). 2001년 상담 및 심리치료학회 동계연수 자료.

허혜경(2002). 체험활동 중심의 유 · 초 연계교육을 통한 기본생활습관형성 방안. 2002 한국교원단체총연합회 전국현장교육연구대회 특수영역분과 1등급.

황정규(1988). 학교학습의 교육평가. 서울: 교육과학사.

American Education Research Association, American Psychological Association, and National Council on Measurement in Education (1985). *Standards for educational and psychological testing.* Washington, D. C: American Psychological Association.

Borg, W. R., Gall, M. D. & Gall, J. P. (1996). *Educational research: An introduction* (6th ed). New York: Longman Publishers.

Dampier, W. C. (1961). *A history of science and its relation with philosophy and religion* (4th ed). Cambridge, England: Cambridge University Press.

Guilford, J. (1956). *Fundamental statistics in psychology and education* (3th ed.). New York: McGraw-Hill.

Hair, J. F., Anderson, R. E., Tatham, R. L. & Black, W. C. (1995). *Multivariate data analysis* (4th ed.). Englewood Cliffs, NJ:

Prentice Hall.

Kerlinger, F. N. (1973). *Foundations of behavioral research* (2nd ed.). New York: Holt, Rinehart & Winston.

Messicak, S. (1989). Validity. In R. L. Linn (ed.), *Education measurement* (3rd ed., pp. 13-103). New York: Macmillan.

Shavelson, R. J. & Webb, N. M. (1991). *Generalizability theory: A primer*. Newbury Park, CA: Sage.

Yin, R. K. (1994). *Applications of case study research* (2nd ed.). Thousand Oaks, CA: Sage Publications.

Yin, R. K. (2002). *Applications of case study research* (3rd ed.). Thousand Oaks, CA: Sage Publications.

■ 인터넷 사이트

http://explore.kwangwoon.ac.kr

http://www.kamall.or.kr/paper/학회지양식.htm

http://koreadrug.org/sampling.htm

http://www.ispwin.com/sa/lecture

http://www.pvalue.co.kr/tong/experiment/experiment1.html.

http://untrodden.com/thesis2-2.htm.

http://www.vanguard.edu/faculty/ddegelman

http://www.wits.ac.za/supervise/3

http://kin.naver.com/detail/detail.php?d1id

부 록

Appendix

연구계획서 예시

부록: 연구계획서 예시

(2006년도 한국학술진흥재단 신진교수 연구과제) Appendix

- 제목 : 데이터마이닝을 통한 동일계 진학 대학생들의 학교적응 예측모형에 관한 연구(Research on Adaptation Model of Students from the Same Type of High Schools through Data Mining)

1. 연구목적(필요성)

지식기반사회 및 정보화 사회로 전환되면서 지식과 정보는 새로운 가치 창출의 핵심적인 요소로 등장하였고, 21세기에 접어들면서 세계적으로 국가의 경쟁력을 좌우하는 중요한 경제요소가 되고 있다. 이러한 지식과 정보가 강조되고 있는 지식기반사회로의 성공적인 전환을 위해서는 그 사회의 구성원 개개인의 능력 신장이 기본적으로 이루어져야 한다.

이러한 요구가 실업계 고등학교에도 예외가 될 수 없다. 지식기반사회의 도래에 따른 직업세계의 구조적인 변화와 노동시장 인력수요의 변화, 국민소득 향상과 핵가족화로 인한 고등교육에 대한 욕구증대, 국민 특유의 높은 교육열 등으로 실업계 고등학교의 성격에도 변화를 가져와 기존의 종국교육 중심의 실업교육에서 계속교육을 확대하는 방향으로의 변화를 가져왔다. 그 결과 1979년부터 시작된 실업계 고등학교 졸업자들의 동일계열 특별전형 제도에 의해 대학에서 입학정원의 일정비율 이상을 실업계고교 졸업생을 대상으로 선발해왔고 그 비율이 갈수록 증가하고 있다. 또한, 1997학년도부터 새 대학입학 전형제도의 시행으로 취업자, 특기자 등의 입학전형 확대실시로 1990년 8.3%에 불과하던 실업계 고등학교 졸업생의 진학률은 매년 증가하여 2004년에는 전체 졸업생의 절반에 가까운 49.8%가 진학을 하고 있다.

그러나 많은 학생들이 전공에서의 학업적 적응에 실패하고 방황하는 경우가 있다. 서울대학교에 진학한 학생들을 대상으로 조사한 연구에 의하면, 학업 및 진로문제(25.9%), 대인관계(18.0%), 정서문제(17.3%), 이성 및 성 문제(14.3%) 순으로, 학업문제로 고민하는 학생들이 의외로 증가되는 추세에 있다(서울대 학생생활연구소, 2003). 예비신입생에 영수과외를 하며(조선일보, 2003. 6. 1), 대학생 학력저하 현상이 심각한 수준에 있다(조선일보, 2003. 11. 26).

이러한 문제들이 실업계 고등학교 출신 대학생들은 인문계 고등학교 출신에 비해서 더욱 심각할 것으로 예상된다. 이는 인문계 고등학교를 진학할 수 없는 학생들이 실업계 고등학교를 진학하기 때문에 실업계 고등학생들의 학업성취는 인문계 고등학교 출신에 비해서 매우 낮다. 이로 인해서 인문계 진학을 원하는 학생들이 대부분 인문계로 수용되면서 폐허화 되어가고 있는 실업계 고등학교의 학교붕괴 현상은 더욱 심각하다(월간조선, 1999; 강연홍, 1999).

이들의 경우 초등학교시절부터 계속하여 학업 실패를 경험하여 학습된 무력감이 심각하며(나승일, 2001), 학교 교육과정을 정상적으로 이수하기에는 부족하거나 낮은 수준의 학습능력을 가지고 있어서 교수-학습 과정에서 여러 가지 심각한 문제에 직면하고 있다(김선태 · 김종우 · 정향진, 2001; 나승일, 2001). 실업계 고등학생의 절대다수가 재학 중 학업수행에 어려움을 느낄 정도로 학습능력이 많이 뒤떨어져 있다는 것은 많은 연구에서 지적되고 있다(한국직업능력개발원, 1999).

동일계 전형으로 입학한 학생들은 학과만족도가 일반전형 학생들에 비해 낮은데 그 주된 이유가 적성이 맡지 않아서와 전공공부가 어렵다는데 있는 반면, 학업태도는 일반전형 학생들의 능력과 태도 수준이 오히려 낮은 것으로 보고되고 있다(김현묵 외, 2003).

특히, 발달심리학자들은 성공적인 학교생활 적응이 중요한 개인 발달과제 중 하나이다(Rutter, 1985). 대학에서 학생들은 고등학교까지의 단조로운 인간관계, 대학입학이라는 하나의 목표아래 획일화되었던 학교생활에서 벗어나 색다른 환경과 가치관, 그 동안 학교에서 배웠던 것과는 다른 차원의 전공지식, 진로문제 등에 직면하게 된다. 따라서 대학시절은 자신이 가지고 있는 개인적 특성을 환경과 조화시키면서 살아가는 방법을 배우는 시기라고도 할 수 있으며, 이 시기에 얼마나 적응을 잘 하느냐에 따라 성인기의 출발이 달라지게 된다.

개인의 적성과 흥미가 무시된 채 성적에 따르거나 주위의 권유에 따른 전공선택이나 대학진학이 이루어지는 경우에는 많은 학생들이 전공에서의 학업적 적응에 실패하고 방황하게 된다. 그래서 뒤늦게 전공을 바꾸거나, 새로 대학입시를 치르는 경우를 보게된다. 이런 결과는 학생 개인과 가족에게 부담이 될 뿐만 아니라, 국가적인 차원에서도 교육의 저효율성을 초래하게 된다.

이에 따라 대학생들의 적응에 관한 연구들이 많이 이루어졌으나, 대부분이 단편적인 것들이었다. 즉, 대부분의 연구들이 학생의 학업 수행, 진보 혹은 성취, 우울이나 불안과 같은 일반적인 정서상태나 신체적 건강상태를 평가해 보는 것이었다. 반면, 고등학교 출신 계열에 따른 대학생활의 학업적 적응, 태도, 가치관 등에 대한 연구가 매우 부족하였다.

그러나 최근 몇몇 연구들은 달리 동일계 진학을 한 학생들의 전공적응력은 매우 높은 수준에 있다는 연구도 있다. 결국 교육활동의 궁극적인 목적은 학생의 성공적인 학업성취에 있다고 하여도 과언이 아니다.

그러므로 실업계 고등학교 출신 대학생의 대학생활의 적응에 대한 연구는 두 가지 관점에서 이루어져야 할 것이다. 첫째, 실업계 고교를 졸업하여 특별전형 및 일반전형으로 대학에 입학한 학생들은 대학생활에 어떻게 적응하고 있으며, 그들이 입학하기 전에 계획하거나 기대한대로 대학생활이 이루어지는 가에 대해서 살펴보아야 한다. 둘째, 가정, 학교, 사회에서의 사회·심리적 환경, 자신의 심리적 상태, 자아정체감, 학업성취수준, 성격유형 등을 고려한 다면적인 접근이 이루어져야 할 것이다.

이에 본 연구에서는 척도의 특성에 구애 받지 않고 통계적 가정에 제한받지 않으면서, 다양한 변인들의 모든 상호작용을 고려하는 방식인 데이터마이닝을 통하여 광범위하게 동일계 진학 대학생들의 학교적응 예측모형을 밝히고자 하는 데 있다. 즉, 데이터마이닝의 의사결정 나무 분석의 CHAID방식의 경우 가능한 모든 상호작용을 자동적으로 밤색해 낸다.

따라서 이 연구의 결과를 통하여 실업계 고등학교 교육과정 운영, 실업계 고등학교 정상화, 나아가 동일계 진학 대학생들의 학교적응의 준거를 확립하고자 수행된다.

2. 연구내용, 범위 및 방법

2.1 연구내용

실업계 고등학생들은 대학에 일반전형과 특별전형으로 입학할 수 있다. 일반전형으로 입학하는 학생들은 대학수능시험의 성적에 따라서 진학할 수 있다. 반면, 특별전형은 대학이나 전문대학에서 필요에 따라 독자적으로 기준을 정하고 입학정원의 일부 혹은 입학정원 외로 학생들을 모집하는 방법이다. 2005학년도 현재 대학에서 실시한 특별전형의 유형은 '가업후계자', '개근자', '경시대회 입상자', '고교장 추천', '농어촌', '자영업자', '영농후계자', '농어민후계자 및 그 자녀', '공무원 재직자 및 그 자녀', '동일계', 등 40여 가지에 이르고 대부분의 대학에서 1가지 이상의 특별전형을 실시하고 있다.

특별전형 방법 중에서 실업계 고교 졸업생들에게 가장 흔하게 적용되는 동일계 특별전형의 원칙은 첫째, 대학은 다양한 특기와 적성의 학생을 선발할 수 있도록 학생의 특별한 경력이나 소질을 전형기준으로 설정하며, 둘째, 대학교육의 본질을 훼손하지 않는 범위내에서 입학자 선발에 차별적으로 적용되는 차등적 보상의 원칙 적용이 가능하고, 셋째, 사회적 통념과 합치되는 범위 내에서 합리적인 교육적 기준에 따라 전형한다.

모집인원은 2005학년부터 국・공립 산업대의 경우 주간 모집 정원의 20% 이상을 특별전형으로 모집할 수 있다. 또한, 특별전형은 입학정원의 2%이내(모집단위별로 10%)에서, 농・어촌학생 특별전형 및 실업계고교 졸업자 전형은 입학정원의 3% 이내(모집단위별로 10%)에서 정원 외로 모집할 수 있다. 이는 고등교육법 제2조 제1호・제2호・제4호 및 제6호의 규정에 의한 학교에 입학하는 경우로서 당해 학교의 장이 실업계 고등학교에 설치된 학과와 동일계열이라고 인정하는 모집단위에 한하여 정할 수 있을 뿐만 아니라 동일계열의 범위는 대학이 모집단위 학문특성을 고려하여 자율 설정하되 출신 고교장의 의견을 참고하여 정할 수 있다.

2005학년에 실시된 전형에서는 대학 모집인원에서 제일 큰 비중을 차지하는 "일반학생전형"은 총 모집인원의 87.6%에 해당하는 222,615명을 모집하며, 전체 모집인원의 12.4%를 차지하는 특별전형의 총 모집인원은 31,415명으로써 취업자 전형 33개 대학 1,444명, 특기자전형 35개 대학 707명, 대학독자적 기준전형 8,394명, 산업대 정원내 특별전형 12개 대학 3,577명, 정원외 특별전형 17,293명이다.

본 연구에서 다루고자 하는 내용은 다음과 같다. 첫째, 실업계 고등학교(농업계, 공업계, 상업계)에서 동일계 특별전형으로 진학한 학생들의 학교생활을 구체적으로 비교 고찰하고, 변인들 간의 관련성을 분석함으로서 대학생활에서 어떤 문제점이 있는지를 구명하는 일이다. 둘째, 실업계 고등학교에서 진학한 학생들의 고등학교에서의 배경지식, 사회적지지, 개인변인 등을 고려하여 실업계 고등학생들이 대학에서 학교적응을 위한 예측 모형을 밝히는데 있다.

2.2 연구범위

위의 연구내용에 따라 연구범위를 설정하면 다음과 같다. 이 연구의 모집단은 2004년 3월 1일 기준 전국에 소재한 171개 4년제 일반 대학교(국·공립 26개 대학, 사립 145개 대학) 학생 316,795명중에서 동일계 진학생 20,867의 1,040(정원의 .05%)명을 연구대상으로 한다. 단, 교육대학교, 경찰대학교, 산업대학교와 같은 특수 대학과 2005년 500명 미만인 신학대, 의과전문대, 예술대와 같은 특수 목적대, 야간대 등은 모집 총 35개 대학교는 모집단에서 제외한다. 서울에 분교를 둔 지방 분교는 별도의 대학으로 취급한다. 또한, 본 연구는 동일계 진학 대학생들을 지역, 학년을 고려하여 연구대상으로 선정한다.

2.3 연구방법

2.3.1 표집방법

이 연구에서 사용한 표집방법은 다중층화추출법(stratified multistage random sampling)이다. 구체적으로 제시하면 첫째, 전국의 대학을 지역을 기준으로 층화한다. 층화의 기준은 한국 행정구역에 따라 대도시/광역시/기타 시, 도 등의 지역적 특성과 각 지역에서의 대학교 수이다. 각 층에 대학 수와 학생 수에 큰 편차가 없도록 설계한다. 둘째, 각 층에서 대학을 무작위 추출한다. 여기서 대학은 본 표본설계에서 일차추출 단위

(primary sampling unit)이다. 분산을 추정하기 위해서 각 층의 학생 수에 비례하여 무작위로 각 층에서 최소한 2개 이상의 대학을 일차적으로 추출한다. 다만, 추출 방법은 일련번호를 부여한 후 난수표를 이용한다. 셋째, 2차 추출 단위는 각 대학의 학과이다. 다른 계열에 비해 진로가 비교적 안정적으로 결정되어 있다고 알려진 사범, 예・체능, 의・치・간호계열을 제외한 인문・사회와 이공・자연 계열에서 각 1개 학과씩을 무작위로 추출한다. 단, 추출방법은 각 대학교의 인문・사회와 이공・자연 계열에 속한 모든 학과(부)에 일련번호를 부여한 후 난수표를 이용한다. 넷째, 3차 추출 단위는 추출된 학과(부)의 3학년에 재학 중인 학생이다.

2.3.2 측정도구

의사결정 나무 분석의 CHAID방식을 이용하여 동일계 진학 대학생들의 학교적응을 예측하고자 하기 위해서 동일계 진학 대학생의 학교적응에 미치는 관련 변인을 다음 <표 1>과 선정한다.

표 1 학교적응에 미치는 관련 변인

구 분	하위 요인
개인요인	성별, 연령, 계열, 자아정체감, 자기효능감, 학습사, 수능 점수 분포, 대학에서의 성적, 성격유형
가족요인	부모직업, 부모학력, 부모-자녀 간의 애착, 부모에 대한 태도, 가족지지, 가정의 수입, 부모연령
친구요인	친구유형, 친구지지
학교요인	학력, 계열(농업계, 상업계, 공업계), 수능 점수 분포, 고등학교에서의 교사지지, 대학에서의 교수지지
사회요인	성장지역, 재학지역, 아르바이트 경험유무

<표 1>에서와 같이 선행연구와 학교적응에 관한 이론을 통하여 학교적응에 미치는 관련변인을 크게 5가지 요인으로 구분하였다. 5가지 요인 중에서 개인요인으로는 성별, 연령, 계열, 자아정체감, 자기효능감, 학습사, 수능 점수 분포, 대학에서의 성적, 성격유형 등 8개 요인으로 구성되어 있다. 가족요인으로는 부모직업, 부모학력, 부모-자녀 간의 애착, 부모에 대한 태도, 가족지지, 가정의 수입, 부모연령으로 7개 요인으로 구성되

어 있다. 친구요인으로는 친구 유형, 친구지지로 2개의 요인으로 구성되어 있다. 학교요인으로는 학력, 계열(농업계, 상업계, 공업계), 수능 점수 분포, 고등학교에서의 교사지지, 대학에서의 교수지지 5개 요인으로 구성되어 있다. 사회요인으로는 성장지역, 재학지역, 아르바이트 경험유무로 3개 요인으로 구성되어 있다.

2.3.3 자료처리

본 연구는 동일계 진학 대학생들의 학교적응을 예측 모형을 밝히는데 있다. 따라서 독립변인들은 인구통계학적인 변인(성별, 연령, 계열 등)들과 사회 · 심리학적(사회적 지지, 자기효능감 등)인 변인들이며, 종속변인은 학교적응과 학교만족도, 나아가 학교성적이다. 본 연구에서는 우선 명명척도와 서열 척도, 그리고 연속 변인이 혼합된 22개의 독립변인들을 동시에 투입하여 각각 명목형 종속변인(학교 만족도)과 연속형 종속변인(학교적응과 학교성적)을 가장 효과적으로 변별하는 독립변인들과 그 상호작용 유형을 알아내고자 비모수 통계를 기초로 하는 데이터마이닝을 적용한다.

본 연구에서는 의사결정나무분석(decision tree analysis)을 실시하며, 사용 프로그램은 Answer Tree 2.1v(1999)를 사용한다. 특히 독립변인들의 구간별 조합으로는 명목형 종속변인의 빈도를 확인하고자 실재 빈도와 기대 빈도가 다를 확률을 χ^2값으로 디지 분리(multiway-split)를 적용하며, 각 범주에 따른 연속형 종속변인의 평균차는 F값으로 디지분리한다. 채택한 알고리즘은 CHAID(ChiSquared Automatic Interaction Detection)이며, 독립변인들의 분리와 병합을 기준은 .05수준으로 한다. 그리고 자동적으로 집단내의 구간을 변경한 것을 감안해 p값에 대한 Bongerroni조정을 거친다. 결측치는 특정마디에서 예측이 일치하는 순서에 따라서 대체규칙을 설정한다. 결측치는 최대한의 나무깊이(maximum tree depth)는 4수준이었으며, 부모마디(parent node)와 자식마디(child node)의 사례 수는 하위 집단 모두 각각 100과 50으로 지정한다.

3. 기타사항

3.1 예상되는 기대효과

본 연구를 통해서 예상되는 기대효과는 다음과 같다.

첫째, 동일계 특별전형으로 진학한 대학생들의 학교적응 예측 모형을 의사결정 나무구조를 통해서 추론할 수 있을 것이다.

둘째, 동일계 특별전형으로 진학한 대학생들의 학교적응에 미치는 인구사회학적, 심리학적 변인들 간의 관련성을 추론할 수 있을 것이다.

셋째, 동일계 특별전형으로 진학한 대학생들의 학교적응 예측 모형을 성별, 계열별에 따라서 추론할 수 있을 것이다.

넷째, 동일계 특별전형 대학생들의 학교적응 예측모형에서 종속변인으로 선정된 학교적응, 학교만족도, 학교성적에는 각각 다른 독립변인들이 영향을 미치고 있음을 추론할 수 있을 것이다.

3.2 구체적인 활용방안

첫째, 동일계 진학 대학생들이 학교생활에서 직면하는 다양한 스트레스, 이에 대응하는 개인, 환경적 차원 등의 요인, 학교적응 간의 직, 간접 영향력을 종합적으로 분석하여 동일계 특별전형으로 진학한 대학생의 학교적응 프로그램 개발에 기초자료를 제공한다.

둘째, 동일계 진학 대학생을 위한 학교적응 예측 모형개발을 통해 대학과 교육당국은 학교적응이 초래하는 개인적 사회적 영향의 중요성을 인식하여 동일계 진학 대학생의 학교적응을 제고하기 위한 각종제도 개선의 방향을 모색해 볼 수 있을 것이다.

셋째, 연구결과에서 밝혀진 대학생들의 대학생활과 관련된 문제점들과 이러한 문제에 대응할 수 있는 개인적 차원의 사회, 심리적 요소의 영향력을 분석하여 교육서비스의 개선과 지원체계를 마련하여 대학교육의 경쟁력을 강화시킬 수 있을 것이다.

넷째, 실업계 고등학교에서 대학에 진학하고자 하는 학생들의 교육력을 제고할 수 있는 방향들을 실업계 고등학교에 제공할 수 있을 것이다.

4. 참고문헌

-생 략-

찾아보기

공저자 소개

노석준(szroh@sungshin.ac.kr)
전남대학교 사범대학 교육학과 졸업/전남대학교 대학원에서 석사(M.A.), 인디애나대학교 대학원에서 석사(M.S.) 및 박사학위(Ph.D.) 취득/전남대, 광주대, 건국대 시간강사/인디애나대학교 교수컨설팅(Instructional Consulting) 교수컨설턴트/현재 성신여자대학교 사범대학 교육학과 교수, 교수학습지원센터(CTL) 센터장, 한국현대사회연구소(ICKS) 연구위원/웹기반 원격학습자의 학업성취도에 영향을 미치는 요인에 관한 연구 외 다수의 논문과 교육적 관점에서 본 학습이론(공역, 아카데미프레스), 보편적 학습 설계(역, 아카데미프레스) 등 역서 4권, 한국교육의 이해(제2판, 공저, 교육과학사)

문승태(dream@sunchon.ac.kr)
순천대 사범대학 졸업/건국대에서 석사, 교육학박사 학위 취득/법무연수원, 건국대, 광주교대 외래교수/현재 순천대학교 사범대학 농업교육과 교수/상담심리학(동문사), 데이터마이닝 분석을 통한 대학생의 학교생활적응 예측 모형(한국농업교육학회) 외 다수의 논문 및 저서 5권.

장선철(scjang@jj.ac.kr)
대구교육대, 대구대 사범대학 졸업/고려대에서 석사학위 취득/건국대에서 교육학 박사 학위 취득/초, 중등, 특수학교 교사/부산경상대학 교수, 안산1대학 겸임교수/조선대, 건국대, 상명대학 대학원 외래교수/현재 전주대학교 사회과학대학 상담심리학과 교수/건전한 성격론(배영사 교육신서), 현대인의 정신건강(동문사) 등 저서 23권.

저 자
인 지

교육연구방법 및 통계

2008년 3월 10일 초판 인쇄
2008년 3월 15일 초판 발행

공저자 / 노석준 · 문승태 · 장선철
발행인 / 이 중 수
발행처 / 동 문 사

서울특별시 서대문구 홍제동 137-8
Tel : (02) 736-3718(대), 736-3710, 3720
Fax : (02) 736-3719
등록번호 : 제9-17호
가격 : 17,000원

ISBN : 978-89-8251-313-8 (93370)
E-mail : dms736@korea.com
www.dongmunsa.com